本书获吉林财经大学资助出版

东亚区域产业结构演进与中国制造业产业升级

唐 乐 著

科学出版社

北 京

内 容 简 介

本书基于产业结构、产业分工及国际生产网络理论，利用投入产出方法与计量经济方法，探索东亚区域产业结构演进的趋势与基本关联机制，衡量东亚区域内贸易价值分配，勾勒东亚区域产业分工格局，揭示中国制造业在东亚区域产业结构演进中的升级效应，为中国制造业在经济发展新常态下的产业结构调整与产业升级的战略选择提供参考。

本书适合国内外高校及科研机构从事区域经济研究的专家、学者和大学生，尤其是对国际区域产业结构调整及产业升级研究感兴趣的广大读者参考使用。

图书在版编目（CIP）数据

东亚区域产业结构演进与中国制造业产业升级/唐乐著. —北京：科学出版社，2019.6
ISBN 978-7-03-061292-2

Ⅰ. ①东… Ⅱ. ①唐… Ⅲ. ①区域产业结构-研究-东亚 ②制造工业-产业结构升级-研究-中国 Ⅳ. ①F131.042 ②F426.4

中国版本图书馆 CIP 数据核字（2019）第 099978 号

责任编辑：郝　悦 / 责任校对：杨　赛
责任印制：张　伟 / 封面设计：无极书装

科 学 出 版 社　出版
北京东黄城根北街 16 号
邮政编码：100717
http://www.sciencep.com

北京虎彩文化传播有限公司 印刷
科学出版社发行　各地新华书店经销

*

2019 年 6 月第　一　版　　开本：720×1000　1/16
2019 年 6 月第一次印刷　　印张：10 1/4
字数：210 000

定价：86.00 元
（如有印装质量问题，我社负责调换）

前　　言

经济全球化和区域化已成为世界经济发展的重要趋势与特征,当代产业结构的演进也由过去以自然资源与制造业为基础的国别演进,转变为以信息资源和现代服务业为基础的区域演进。区域产业结构演进在深化国际分工体系的同时,也影响着处于不同分工地位的国家的产业升级效应。因此,产业结构的国际化问题已成为当今学术界关注的热点。

东亚是一个地理区位性概念,现今存在狭义与广义之分。狭义上的东亚只指亚洲东部地区,包括中国、蒙古、韩国、朝鲜和日本五个国家;广义上的东亚则泛指东北亚地区(中国、蒙古、日本、韩国、朝鲜)和东南亚地区(马来西亚、新加坡、印度尼西亚、泰国、菲律宾、越南、老挝、柬埔寨、缅甸、文莱等)。本书是从广义上使用东亚这一概念来研究区域性产业结构调整及其演进。

随着日本经济的长期低迷与亚洲金融危机的爆发,东亚区域产业结构演进的雁行模式也日渐式微。特别是中国经济的崛起不但重新构建了东亚区域的国际分工体系,也使区域产业结构的演进模式发生了本质的变化。因此,在新形势下,系统分析东亚区域产业结构演进的趋势与关联机制,把握东亚区域国际分工格局的变迁,正确认识东亚区域产业结构演进下中国制造业的产业升级效应,具有重要意义。本书基于产业结构、产业分工及国际生产网络理论,利用投入产出方法与计量经济方法,探索东亚区域产业结构演进的趋势与基本关联机制,衡量东亚区域内贸易价值分配,勾勒东亚区域产业分工格局,揭示中国制造业在东亚区域产业结构演进中的升级效应,为中国制造业在经济发展新常态下的产业结构调整与产业升级的战略选择提供参考。

学术界对产业结构演进与产业升级问题的关注由来已久,最早可追溯到英国古典经济学家威廉·配第的研究。伴随着空间经济学与分工理论的发展,学者们对产业结构演进和产业升级问题的研究逐步深化,开始由国内向国际、宏观向微观领域渗透,并且在不同层面基于不同视角来重新审视产业结构演进与产业升级问题。

产业结构是社会大生产过程中劳动分工的结果,是影响经济发展的核心问题。产业结构的状况不仅能够反映社会经济的发展水平,而且是决定社会经济发展的重要因素,因此,学术界对产业结构演进的研究不断扩展,步步深入,其中与本书研究内容密切相关的理论主要集中在产业结构的内部构造与一般演进趋势、产业结构演进与其他国家的相互关联及国际产业结构调整的关联效应与波及效应等方面。对于产业结构理论的研究与发展,本书在第2章进行详细叙述。

对于产业升级问题的研究,学术界尚未形成一致的理论分析体系。随着国际分工进一步深化和全球生产网络的形成,越来越多的国内外学者以国际区域为切入点,分析产业分工与产业升级效应,主要集中在以下三个方面。

第一,基于国际产业转移视角的产业升级研究。国外从国际产业转移视角对产业升级的研究可追溯到日本学者赤松要提出的雁行模式理论,但早期的雁行模式理论仅局限于对单个后进工业国家、个别产业发展模式与升级的研究,没有深入到对国家间通过产业转移实现产业升级问题的分析。真正将雁行模式理论拓展到国际区域(东亚)产业转移与产业升级研究中的是日本学者小岛清。小岛清在比较优势理论的基础上,将对外直接投资引入雁行模式理论,强调一国实施对外投资,进行产业转移,对本国及周边国家的产业升级具有明显的带动作用,并据此创立了"边际产业扩张"理论。山泽逸平将成熟阶段和逆进口阶段补充至雁行模式理论,强调了国际产业转移过程中对外直接投资和技术转移对区域产业结构调整与优化升级的重要性。松石达彦又将资本品纳入雁行模式理论,提出了关于该理论的四阶段模型。以区域产业转移与产业升级为主要研究对象的雁行模式理论,基于贸易与对外直接投资的视角,不仅阐明了后进工业化国家产业发展的阶段性特征,更加揭示了国家之间产业结构调整与升级的基本联动机制,其理论的提出与完善为后续国际产业关联与产业分工等问题的研究奠定了坚实的基础。然而,和其他理论一样,雁行模式理论体系也存在一些缺陷,例如,忽略了"头雁"效应是否能够持续;技术追赶下各经济体经济水平的差距能否一直存续;国家间的贸易与投资是否能够一直保持平衡等问题。

进入21世纪,随着全球化进程的不断深化,中国也加入了国际产业转移的浪潮,国内学者开始从国际产业转移视角对中国产业的产业升级展开研究。郭克莎(2000)利用1979~1998年我国吸引外商直接投资(foreign direct investment,FDI)的数据,系统分析了我国FDI的产业结构分布特点,深入探讨了FDI对我国产业结构优化的影响,研究发现外商对我国的直接投资主要集中在工业部门,特别是加工工业,并且具有周期性变动的特点;FDI虽然加大了我国三大产业的结构偏差,但提高了三大产业发展的水平与国际竞争力。赵张耀和汪斌(2005)对网络型国际产业转移模式及其所包含的三种细分模式进行了全面、深入的研究,揭示了新型国际产业转移模式对国际分工格局的影响,并对如何在网络型国际产业转移的趋势中实现产业升级提出了对策及建议。范文祥(2010)在梳理了国际产业转移对产业结构演进与升级的作用机理的基础上,通过对计量模型的回归分析,发现国际产业转移对中国产业结构优化与升级具有阶段性影响,只有在国际产业转移层面与产业发展层面建立起动态的相互推进机制,才能使中国产业结构优化获得持续的正向效应。张琴(2012)利用我国吸引 FDI 的产业层面数据，通过构建计量模型，实证检验了 1983~2007 年国际产业转移对我国产业结构的影响，结果显示，吸引 FDI 对中国产业结构的优化具有显著的促进作用。

第二，基于全球价值链视角的产业升级研究。价值链理论的研究体系于 20 世纪 80 年代由美国经济学家迈克尔·波特(Micheal Poter)等提出。波特(1997)认为企业的价值创造主要由生产、营销、运输、售后服务等基本活动和原料供应、技术、人力资源、财务等支持性活动共同完成，这些活动构成企业价值创造的行为链条，称为价值链。在波特(1997)建立的价值链分析框架基础上，Kogut(1985)进一步论证了价值链的垂直分离与全球空间配置之间的关系，认为国家的比较优势和企业的竞争能力的相互作用机制是一国确定国际商业策略的基础。国家的比较优势决定了整个价值链条的各个环节在国家之间的空间配置，企业的竞争能力决定了企业在价值链条上进行投入的环节和技术层面。这一观点将波特(1997)的价值链理论上升到国际空间配置层面，奠定了全球价值链理论形成的基础。在价值链的国际分割与重组方面，Krugman 等(1995)曾对单一商品生产流程中的各个环节在不同区位重新进行配置的问题进行了探讨。Arndt 和 Kierzkowski(2001)利用生产的"片断化"来形容价值链环节分割的现象。Ernst(1997)在分析韩国电子产业发展时，将产业升级分为产业间升级和产业内升级，成为最早从价值链角度界定产业升级的学者。他指出产业间升级是指一国的主导产业从低附加值产业向高附加值产业的转换，是产业结构的转型升级。产业内升级可以从要素间升级、需求升级、功能升级及产业关联升级等四个方面体现，其中，要素间升级是指生产要素从"禀赋性""自然性"向"创造性"转化，即物质资源、人力资源和社会资源的移动；需求升级是指消费者对商品消费等级的提升，即从必需品到便利品再到奢侈品的过程；功能升级是指在价值链分工环节中，由加工、组装向产品设计研发的移动；产业关联升级是指从有形的劳动密集型制造类生产或供给向无形的知识密集型服务类提供的转换。Gereffi(1999a)认为，在全球价值链理论框架下，产业升级是指一国产业及其内部企业的资本盈利能力和技术密集型领域的经营能力，通过参与国际分工而获得提升的过程。这一过程能使其在价值链分工中从低附加值环节向高附加值环节转换，实现竞争力及价值链地位的提升。这一过程同时又包括了企业通过融入国际生产网络而获得的价值创造能力的提升和技术研发能力的提升。Gereffi(1999b)还指出产业升级可以通过企业的研发能力来衡量，而研发能力又可以通过研发成果产生前后的若干指标加以刻画。例如，研发成果产生前可以将研发经费、新产品研发投入及科研人员从业数量等指标视为技术研发能力提升的原因；研发成果产生后可以选择专利数量、新产品销售收入等指标作为技术研发能力提升的结果。Humphrey 和 Schmitz(2002)在考察全球价值链升级及其治理模式时，将产业升级的模式归纳为工艺流程升级、产品升级、功能升级及链条升级四种类型。Poon(2004)在对中国台湾信息技术产业进行分析时指出，产业升级是产品的制造商成功地由生产低价值的劳动密集型产品向生产高价值的资本或技术密集型产品转换的过程。

国内学者在借鉴全球价值链理论的基础上，主要结合我国产业发展的实际经验，从不同角度对我国产业升级问题展开研究。谭力文等(2008)运用全球价值链理论，借助企业市场占有率与出口企业构成等微观层面数据对中国服装产业的国际竞争力进行了分析，研究发现中国服装业仍处于全球价值链的低端，完全遵循 OEM(original equipment manufacturer，原始设备制造商)—ODM(original design manufacturer，原始设计制造商)—OBM(original brand manufacture，代工厂经营自有品牌)的产业升级途径是不切实际的，选择符合中国产业发展现状的升级方式才具有现实意义。刘林青等(2009)利用 1987~2007 年中国和世界的进出口数据，从国家和民族两个维度对中国产业的国际竞争力进行了测算，并从"量"和"质"两个方面来评价中国制造业的国际竞争力，认为中国制造业的国际竞争优势具有明显的脆弱性，还未实现真正意义上的产业升级。张其仔(2008)在对比较优势的动态演化与产业升级路径选择问题的研究中指出，我国经济增长方式转变的实质是改变比较优势，改变国际分工地位，实现产业升级。但是，一国比较优势的演化与产业升级路径的选择不一定都是线性的、连续的，有可能出现"分岔"与"断档"，正确认识比较优势演化中的"分岔"与产业升级中的"断档"的风险，是中国产业升级未来面临的主要难题。刘志彪和张杰(2007)在对全球价值链分工体系的分析中发现，发达国家的跨国公司与发展中国家的代工者之间形成了基于俘获型网络治理的国际生产格局，导致发展中国家及其代工企业无法实现向高端价值链的攀升，并指出发展中国家若想摆脱被俘获的关系应从国内价值链的培育着手，寻找由俘获型网络向均衡型网络转化的有效路径。杨高举和黄先海(2013)将增加值率和生产率作为衡量国际分工地位的指标，分析了技术创新、劳动力投入、资本投入及 FDI 溢出效应对国际分工的影响机理，并构建了计量模型，实证检验了这些因素对发展中国家在全球价值链中的位置的影响，指出在全球价值链分工的背景下，要实现中国分工地位的提升，推动产业升级，应更关注技术进步与市场配置效率等内部因素。金碚等(2013)利用联合国商品贸易统计数据库提供的数据，对中国 35 类工业制成品的技术含量与显示性比较优势指数进行了测算，并使用产品空间分析方法对中国具有潜在比较优势的产业进行了判定，提出客观看待劳动密集型产品在出口结构转型升级中的双重作用，未来应把价值链攀升作为产业升级的优先目标。戴翔(2015)基于贸易附加值，对 1995~2011 年中国 14 个制造业部门的出口显示性比较优势指数进行了计算，分别从细分产业和要素密集型产业层面分析比较了中国制造业的国际竞争力，结果发现，不同要素密集型制造业出口的真实附加值不同，中国产业转型升级不能脱离经济发展的实际情况，应依据自身比较优势采取跟随模仿的发展战略带动产业升级。

第三，国际生产网络学说是对全球价值链理论的进一步完善与补充，是全球价值链理论发展的高级形式。Gereffi 和 Korzeniewicz(1994)提出了全球商品链的概念，以分析全球经济体中企业之间复杂的网络关系，并指出所谓全球商品链，就是在经济全球化的背景下，把分布在世界各地从事同一商品的不同生产环节的企业组织起来，形成一种跨越国界的生产体系。Ernst 和 Guerrieri(1998)在对东亚贸易与分工模式进行分析时正式提出国际生产网络概念，他们认为当代国际分工体系的主要特征是将整个价值分割成不同的生产环节，并且各环节分散于世界各地，每个生产环节可能由一个企业完成，也可能由多个企业共同完成。Kessler(1999)对北美自由贸易区的跨国服装生产网络进行了研究，发现国际生产网络内技能、知识和技术的传递，使参与国纺织、服装产业不断升级，并占据了较高的附加值环节。Ernst 和 Kim(2002)考察了领导厂商与国际生产网络内供应商的关系，发现加入国际生产网络后，领导厂商为网络内供应商提供了新的技术和管理方式，并提出新的要求和激励，促使供应商提高产品质量与层次，从而促进产业升级。Coe 等(2008)认为利用全球生产网络的分析框架，可以明确产品价值的创造与捕获环节，有助于提升产品的附加价值和企业升级。Humphrey 和 Schmitz(2000，2002)提出，国际生产网络下产业升级的另一个表现是对价值链控制能力的提升，也就是从价值链的低端环节向高端环节的迈进，或是从低端价值链向高端价值链的转变，并且在此过程中伴随着企业利润率的明显上升。

国内学者从国际生产网络视角对产业升级的研究多以测算与实证检验中国参与国际垂直专业化分工为主要手段。张小蒂和孙景蔚(2006)就垂直专业化分工对中国产业国际竞争力动态变化的影响进行了经验分析，揭示了该影响在不同产业中的差异性，从理论上进一步探索了差异性产生的机理，并在此基础上为提升中国产业国际竞争力提出了政策建议。胡昭玲(2007)从理论上分析了国际垂直专业化对产业竞争力的影响机制，就中国工业参与国际垂直专业化对行业竞争力的影响进行了实证研究，并得出与张小蒂和孙景蔚(2006)不一致的结论。文东伟和冼国明(2009)利用相关数据测算了中国制造业的垂直专业化水平与贸易竞争力的变化趋势，并考察了影响中国制造业贸易竞争力的主要因素。张明志和李敏(2011)利用投入产出表通过对相关指标的计算发现，20 世纪 90 年代中后期中国产业结构演进出现了新的特征，即产业间升级与产业内升级的背离，国际垂直专业化对促进中国产业间升级具有积极作用，而对产业内升级具有阻碍作用。张彬和桑百川(2015)根据相关数据对加入世界贸易组织后中国制造业出口垂直专业化水平与产业间、产业内升级状况进行了测算，并通过构建计量模型验证了国际垂直专业化分工对制造业两种升级的影响，最后依据结论进行了原因分析，提出了对未来中国制造业升级的建议。另外，还有学者基于东亚生产网络对中国产业升级与竞争力提升从不同角度进行了分析。

通过对上述产业结构及产业升级等研究成果的梳理发现，国内外学者对国际区域产业结构演进的关联机制研究多以投入产出理论为主，从国家和产业两个层面分析国际产业结构的基本关联机制，但这一过程容易忽略贸易价值分配问题。并且，对东亚区域产业结构演进下的中国制造业产业升级效应的研究较少。因此，本书在对东亚区域产业关联进行分析的基础上，进一步剖析区域贸易价值的分配机制，尝试从增加值角度探讨东亚区域产业结构演进的本质。同时，以国际生产网络为视角，对东亚区域产业结构演进下的中国制造业产业升级效应进行系统分析，为中国制造业立足于东亚区域的产业升级战略提供理论参考。主要的创新性工作体现在以下几点：第一，依据产业结构理论，通过对东亚各国和地区产业结构独立演进与整体演进的系统分析，揭示区域产业结构演进的规律、特征及其内部的关联关系。第二，利用亚洲国际投入产出表衡量东亚区域产业的关联效应与波及效应，从经济体和产业两个层面分析东亚区域产业结构演进中的相互关联、相互制约机制。第三，从贸易增加值视角出发，利用结构分解技术对东亚区域主要经济体的出口贸易价值进行分解，从整体和产业两个层面比较出口贸易价值含量及其来源，并据此勾勒出东亚区域分工格局及其变迁，揭示在全球化背景下产业结构演进与升级的本质特征。第四，利用投入产出方法，测算中国制造业融入东亚生产网络的程度与产业升级状况，并通过构建计量模型，就融入东亚生产网络对中国制造业产业升级的影响进行实证检验，揭示在东亚区域产业结构演进下，参与区域分工对中国不同要素密集型制造业产业升级的作用。

唐　乐
2019 年 1 月

目 录

第1章 国际区域产业结构的形成及特征 ·················· 1
   1.1 国际区域产业结构演进的内涵 ·················· 1
   1.2 国际区域产业结构演进的基本机制 ·················· 2
   1.3 国际区域产业结构演进的特征 ·················· 7

第2章 国际区域产业结构演进的相关理论概述 ·················· 9
   2.1 产业结构理论 ·················· 9
   2.2 产业关联理论 ·················· 14
   2.3 产业分工理论 ·················· 23
   2.4 国际生产网络理论 ·················· 28

第3章 东亚区域产业结构演进的趋势分析 ·················· 31
   3.1 东亚各国和地区产业结构的相对独立演进 ·················· 31
   3.2 东亚区域产业结构的整体演进 ·················· 44
   3.3 东亚区域产业结构整体演进的动因 ·················· 50
   3.4 相互贸易与投资对东亚区域产业结构演进的影响 ·················· 55

第4章 东亚区域产业结构演进的关联性分析 ·················· 67
   4.1 东亚区域产业结构关联性的分析工具 ·················· 67
   4.2 东亚区域产业结构演进的关联效应 ·················· 69
   4.3 东亚区域产业结构演进的波及效应 ·················· 79

第5章 东亚区域产业结构演进与国际(地区)分工格局变迁 ·················· 96
   5.1 产业结构国际化下的贸易价值分配机制 ·················· 96
   5.2 贸易价值与国际(地区)分工地位的衡量方法 ·················· 98
   5.3 产业结构演进中出口贸易价值含量的国际(地区)比较 ·················· 103
   5.4 产业结构演进中东亚区域分工格局的变迁 ·················· 110

第6章 东亚区域产业结构演进下的中国制造业产业升级 ·················· 117
   6.1 基于国际生产网络视角的产业升级机理 ·················· 117
   6.2 中国制造业融入东亚生产网络的程度测评 ·················· 121

6.3 中国制造业融入东亚生产网络的产业升级现状 ················· 125
6.4 融入东亚生产网络对中国制造业产业升级影响的实证检验 ········ 127

参考文献 ·· 133

附录 ·· 144

后记 ·· 152

第1章 国际区域产业结构的形成及特征

20世纪中期以来，随着科学技术的进步与贸易自由化的快速发展，经济全球化和区域经济一体化已成为世界经济发展的主题。在此背景下，当代产业结构演进呈现出一些本质性的变化，产业结构的国际化问题已成为当代国际产业经济研究中的一个重要方向。

1.1 国际区域产业结构演进的内涵

所谓国际区域产业结构是指在地域空间上相邻或者相近的多个国家产业结构的集合。这个集合并不是简单的静态联系，而是一个动态体系，受内外因素的影响而不断地改变着自身的状态。与任何事物发展的规律一样，国际区域产业结构也经历着一个从初级形态向高级形态不断转化的过程。

从上述国际区域产业结构的简要定义来看，国际区域产业结构演进的内涵包括两个方面的统一：一方面是国际区域内各经济体产业结构的相对独立演进；另一方面是国际区域内经济体之间相互关联的产业结构的整体演进。

国际区域内各经济体产业结构的相对独立是指，一经济体社会再生产过程不仅依靠其自身产业内部的生产分工满足，而且与其国际产业分工相关联，产业结构处于半封闭状态。因此，当该经济体产业结构调整、演化之际，就构成了产业结构的相对独立演进。与此对应的是国际区域内经济体之间相互关联的产业结构的整体演进。国际区域内经济体之间相互关联的产业结构的整体演进是指，在开放经济条件下，国际区域内各经济体通过相互贸易、相互投资等机制建立起一定模式的国际分工体系。在国际分工体系中，一经济体的产业结构调整、优化会对其他经济体的产业结构运行产生关联与波及效应；与此同时，一经济体的产业结构优化、升级，又会依赖其他经济体的产业结构调整与产业转移，从而整个区域形成了一个相互关联、相互依存的产业结构集合，进行整体演进。

从逻辑上来看，整体是个别或局部的总和。然而，国际区域产业结构整体并不是域内各国产业结构的简单加总，而是一个具有内在联系的有机总体。受自发演化因素和自觉调整因素的驱动，国际区域内各国产业结构呈差异化演进。影响产业结构演化的自发性因素较多，不仅包括国家规模、制度组织、政治环境等社会因素，还包括人均收入、产业结构初始状况、生产要素与自然资源禀赋等经济因素。从一些经济学家对经济增长与产业结构演进的研究来看，往往强调的是影响因素不同。自觉调整因素是指社会与人为的控制行为，即经济发展战略、产业政策及经济体制等。由于历史与现实条件等方面的差异，国际区域内地域相近或相邻的各国的产业结构演进过程各不相同，其演进轨迹、结构转换时间及转换形态均表现出明显的差异。因此，从国际区域内来看，各国的产业结构调整呈现差异化的独立演进。然而，自发性演化与自觉性调整在对产业结构变动起作用后，其影响会通过产业结构运行和国际分工渠道越出国界，使该国与其他国家之间形成生产技术、经济关系等各种内在联系，并经历不断紧密化的动态演化，这样，区域产业结构就形成了相互关联的整体演进趋势。这里，生产技术联系是指，国际区域内各国的产业结构调整必然伴随着相互联系。一方面，一国的产业结构调整，促使进口替代产业向出口产业转化和发展并不断培育新兴产业的动态过程必然与他国的生产产生技术联系；另一方面，创新培育新兴产业及进口替代产业，需进口他国的中间产品组织国内生产，与此同时，出口行业的发展也与国际市场密切相关，这都反映出一国的产业结构演进也离不开对他国产业结构运行的依赖。所谓经济关系联系是指，国际区域内各国之间在一定经济交换关系下的利益联系。这种利益联系是各国发展水平或产业结构演进的差异造成的，主要通过产品交换、资本投资及产业国际转移关系体现出来。为了协调各国在产业结构的相对独立演进过程中的利益矛盾与摩擦，取得双赢或者多赢的结果，国际区域往往建立一体化程度不同的各类组织形式和制度框架。随着一体化程度的不断提高和区域内成员的不断融入，从而形成相对统一的利益转化联系。

国际区域产业结构内各经济体之间不仅保持着质的联系，也存在着量的关系。各国的产业结构在相对独立演进的过程中，产业结构内部部门之间需保持一定的数量关系，这种数量关系也会通过国际分工扩展到其他国家的相关产业部门，从而使国内产业结构与国际区域产业结构同样保持一定的数量比例关系。随着国际区域产业结构的整体演进，这种数量关系在各国的相互依存、相互关联中满足各自的再生产过程，而这种以各种资源和生产要素为基础的配置与重组关系，往往通过国际区域内的贸易、投资及产业转移体现出来。

1.2 国际区域产业结构演进的基本机制

现实中的国际区域产业结构是一个开放的体系。在经济全球化的背景下，国际区域产业结构的演进，除了内部的相互作用外，也离不开全球经济产业结构演进的外部环境。当然，外部环境对区域产业结构的演进又要通过内部结构关系的变动表现出来，因此，为了使研究问题简化，这里暂且将国际区域产业结构作为一个封闭的体系，研究其演进的基本机制。

为了能够简明、直观地体现国际区域产业结构演进的基本机制，本书参照汪斌(2004)提出的封闭型国际区域产业结构演进的一般理论模型，对国际区域产业结构的内部构造关系及演进机制进行分析。如图 1.1 所示。

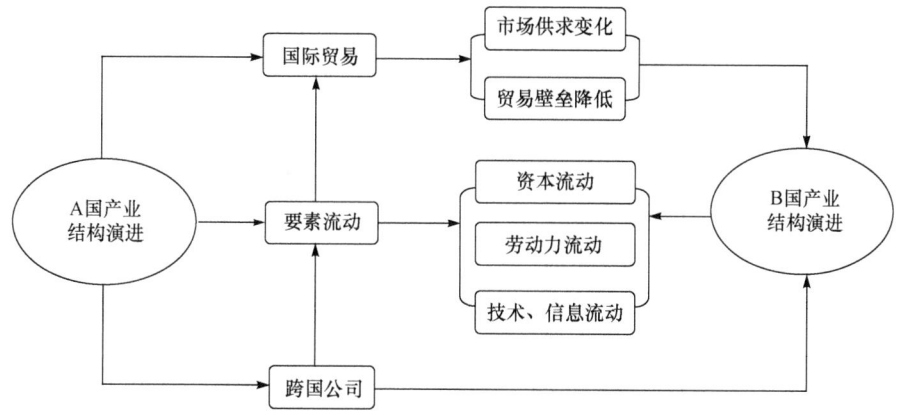

图 1.1 封闭型国际区域产业结构演进的一般理论模型

在图 1.1 中，假设一个国际区域内存在两个国家 A、B。它们不仅各自处于产业结构的相对独立演进中，而且这种演进是在相互关联、相互依存中进行的。很明显，使 A、B 两国产业结构相互关联呈整体演进的机制包括国际贸易，资本流动，劳动力流动，技术、信息流动及跨国公司等。正是由于商品与生产要素的频繁流动，A、B 两国的产业结构关联成整体实现了国际区域产业结构的演进。这种区域性整体的演进并不是各国产业结构演进的简单叠加，而是有机相连、相互促进、相互依存的关联整体。在当代经济条件下，由于大部分的国际贸易、跨国直接投资及技术、信息的跨国转让等集中在跨国公司内部，跨国公司在连接各国并使各国产业结构形成互动关系的机制中起着重要的核心传导作用。

封闭型国际区域产业结构演进的一般理论模型虽然建立在一定简化性假设的基础上，但仍符合当代产业经济运行特征。在国际区域经济一体化的背景下，随着各国开放度的不断提高及经济联系的日益密切，经济增长和产业结构演进越来越受到各种国际因素的影响和制约。以跨国公司为载体的相互贸易和相互投资及国际技术、信息流动等经济往来，改变了各自原有的要素禀赋、技术程度及产业结构等状况，使生产要素从相对丰富或报酬较低的国家流入相对短缺或报酬较高的国家。因此，各国生产要素的投入产出效率均得到提高，经济增长和产业结构演进、升级得以实现。在这一过程中，各国产业结构的联系日益密切，进而实现国际区域产业结构的整体演进。

需要说明的是，劳动力作为重要的生产要素之一，在国际区域产业结构演进中的作用是举足轻重的。但这一要素与其他生产要素相比，其流动并非自由的、双向的，而是具有单向性的，即向发达国家流动的倾向。另外，技术与信息的流动通常是伴随着资本流动而产生的，因此，这里仅将国际贸易与国际投资作为关联机制进行详细分析。

1.2.1 国际区域内相互贸易

从国际区域内来看，由于各国生产要素禀赋存在一定差异，国际分工获取的比较利益也不尽相同。但可以肯定的一点是，各国通过各自的要素禀赋建立起相应的比较优势，以此为基础开展国际分工和国际贸易，进而通过获得比较利益的机制影响产业结构的演进。

为了说明国际区域内相互贸易对产业结构演进的传导机制，本书这里仍假定某一国际区域内存在F、H两个国家，并且将其产业部门分为开放性部门和非开放性部门，进一步考量不同国家的进出口贸易对产业结构变动的影响与作用。如图1.2所示，F国的产业结构调整会反映在其进出口商品结构和价格的变动上，直接影响H国开放部门的生产规模和产品价格。随后这种影响的传导机制会逐渐扩散至H国非开放部门，由于非开放部门向开放部门提供原材料、能源、中间产品等，其生产规模、产品价格也会做出相应调整，最终与开放部门达到新的均衡，也就意味着H国的产业结构发生了调整；反之，H国的产业结构调整也会通过国际贸易的传导机制对F国的产业结构产生类似的影响。当然，这种传导机制和过程在实际经济生活中要复杂得多。多国与多国之间的传导机制将会形成一个复杂的空间多维模型，并且国与国之间的传导强度、供求机制、价格机制、汇率机制及贸易壁垒等均存在差异，使这种传导机制存在不对称性。另外，在开放经济条件下，国内产业部门并非可以划分为完全开放部门和完全非开放部门，通常各产业部门既有开放业务也有非开放业务，从而使上述传导机制在产业层面变得更加复杂。但是，根据该模型我们可以看出，通过频繁的相互贸易、相互反复传导，F、H两国间产业结构的演化的相互依赖性不断加深，一国产业结构的变动会波

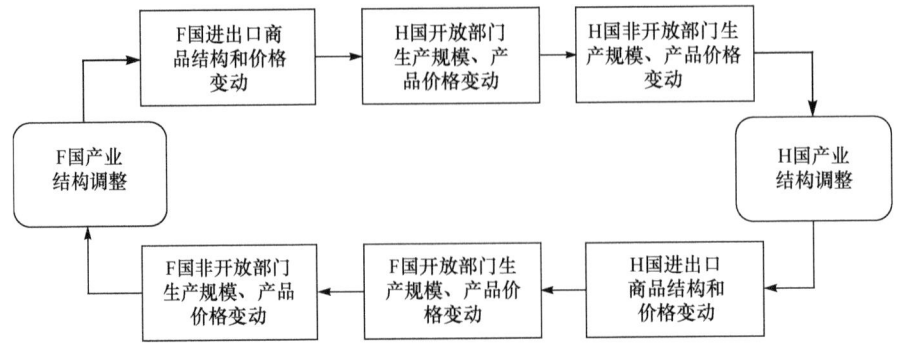

图1.2 国际区域产业结构调整的传导机制

及另一国，进而形成相互关联、相互依存的整体演进。

从国际区域内相互贸易的商品内容和贸易结构来看，各国产业结构的联系也日趋紧密。初始的国际贸易通常是域内发达国家的工业品与发展中国家的初级产品之间的交换。随着国际分工由产业间逐步深化至产品内部，再加上域内部分发展中国家工业化进程加快，发展中国家的产业结构不断升级转型为新兴工业化国家的产业结构，它们与发达国家之间的贸易上升为工业制品贸易，并且中间产品、资本品的贸易比重也在不断增加。不仅如此，发达国家和发展中国家之间的贸易也不再仅局限于工业品与初级产品之间的交换，而是逐渐出现资本品、中间产品、高档消费品及技术与劳动密集型工业制成品之间的国际交换。随着贸易内容的不断变化，国际区域内的贸易结构也从垂直型向水平型方向发展，更加有力地提高了国际区域内各国之间产业结构联系的紧密性。

1.2.2 国际区域内的直接投资

国际区域内的投资通常是指域内发达国家向发展中国家进行的资本投资行为，一般采取直接投资和间接投资两种方式。直接投资是指投资者在投资国家设立企业或合作、合资办企，是企业经营上控制权的资本流动。间接投资作为资产经营的一种手段，是指借贷性投资和债权性或股权性的金融证券投资。由于国际直接投资对国际区域产业结构相互关联呈整体演进的影响明显大于间接投资，本书仅对国际直接投资促进区域产业结构演进的影响机理进行分析。

有学者认为，对外直接投资是向被投资国家传播资本、经营能力、技术知识的经营资源综合体。因此，通常情况下，对外直接投资会伴随着资本、技术、信息、管理技能和市场营销经验等资源的转移。这里我们主要关注的是对外直接投资是如何影响投资国与东道国的产业结构，进而影响国际区域产业结构的整体演进的。

对投资国来说，对外直接投资通常是促进其产业结构调整和升级的重要途径。从产业结构演进的历史来看，发达国家主要经历了从农业向传统工业、从传统工业向高技术工业转化的过程，也是国民经济重心由初级产品生产部门向高级产品生产部门、服务业转移的过程。随着经济发展、产业结构升级，发达国家为了充分利用具有比较优势的生产要素，通常将其劳动密集型、低技术及低附加值的产业或生产工序转移到其他国家，而将高技术、高附加值的产业或生产工序留在本土，以便将资源充分配置到新兴产业部门，摆脱落后的或处于相对劣势的产业或生产环节，使自身产业结构不断高级化。从发达国家的产业结构演进趋势和直接投资的作用可以看出，其对外投资的内容通常都滞后于本土的产业结构演进阶段，也就是说，其投资内容并非体现最新的生产技术，而是一些成熟或者落后的技术。

对东道国来说,吸引对外直接投资从而获取资本积累效应、技术扩散效应及管理示范效应,对产业结构调整及产业升级起到了重要的促进作用。跨国公司所在的投资国在东道国新建工厂或企业,本身就意味着新资本的注入,直接构成资本积累的新生部分,直接影响着东道国的产业结构及其演进。与此同时,直接投资带来的新技术水平和产品种类要优于东道国的厂商或企业,通过先进技术的转移、扩散促进当地企业的技术进步,以此影响东道国产业结构的质量。另外,直接投资在经营管理内部组织与体制等方面均采用国际上先进的管理手段与方法,对当地企业具有良好的示范效应。当地企业可以充分借鉴其先进的管理方法提高原有产业的技术水平和管理水平,从而使东道国的产业结构不断优化。

无论对投资国还是东道国来说,对外直接投资都会对其自身产业结构演进产生重要而深刻的影响。那么,就国际区域整体而言,对外直接投资的发展主要通过其所产生的生产联系深入到不同国家的产业结构内部,进一步加深了国际区域产业结构的内在联系。一方面,对外直接投资增加了商品、服务和资源的交换和流动,并使其沿着价值增值链条延伸至国际区域内更深的层次和更广阔的领域。另一方面,其传导影响机制直接深入产业结构内部,通过投资组建企业,借助多种生产要素向其他企业的流动形成了跨国投入产出关系和强大的国际竞争力,从而促进产业结构的变化与调整,这种传导机制在扩散和渗透等方面具有明显的短效特点。从微观层面来看,跨国直接投资的主体是跨国公司,跨国公司在全球范围内配置资源时,通常将其所在国与发展中国家相似的重叠产业或生产工序进行转移,在发展中国家生产其所需要的全部或大部分产品或零部件,再返销回本土。这种产业转移实际上是把发达与发展中国家的产业结构调整与演进从内部紧紧联系到一起,形成了一种有序、严密的传递与跟进机制。因而在国际区域内部出现了各国产业之间结构转换和调整的有序连锁转换效应,这种连锁转换效应有时表现为垂直阶梯型,有时表现为水平同步型。但无论表现为哪种形式,对外直接投资都进一步强化了国际区域内各国产业结构的相互关联,促进了国际区域产业结构的整体演进。

这里需要指出的是,对外直接投资对发展中国家的产业结构演进具有双重性。也就是说,除了有利于其产业结构调整与升级外,对外直接投资也存在产生负面效应的可能。如前所述,发达国家对外直接投资的内容往往是已经失去优势的产业或落后技术,虽然短期内对发展中国家的产业结构调整和改善具有一定的促进作用,但在长期容易陷入国际分工的比较优势陷阱,不利于发展中国家的产业结构升级。另外,发达国家在对外直接投资和产业转移中,往往将核心技术控制在自己手中,而把低技术、低附加值和高能耗的生产工序转移至发展中国家,导致通过直接投资产生的技术渗透和扩散效应并没有与发展中国家的产业结构升级保持一致,反而扭曲了发展中国家的产业结构,阻碍了其产业结构的演进。由此可见，发展中国家在吸引外资及接受产业转移时，需采取一定的措施和政策加以引导、选择，使其符合本土产业结构演进和调整、升级的方向。

1.3 国际区域产业结构演进的特征

国际区域产业结构演进的特征主要表现在宏观和微观两个层面。在宏观层面，产业结构的调整不再仅局限于主导产业在一国内部经济发展不同阶段的交织、更替，而是超越了国家界限，通过多种渠道向国际纵深化方向发展。也就是说，一国产业结构的变动既通过其外部经济联系(贸易、投资、技术转移等)促进周边国家的产业结构演进，同时又受周边国家产业结构变动的影响。因此，处于同一区域内的各国产业结构的变动往往连为一体，形成相互关联、相互波及的"板块状"演进态势。在微观层面，跨国公司以降低生产成本、提高产品差异化及接近消费市场为目的，通过对外直接投资积极构建以自身为主导的跨国生产体系，在全球范围内合理配置资源。所以，跨国公司的生产组织行为可以被看作发达国家在全球范围内的新一轮产业结构调整战略。在产业发展的新形势下，产业结构演进的现实运行主体与物质基础的形式也发生了明显的改变，由过去单一国家以自然资源与制造业为基础的国别型调整，逐步转向国际区域以信息资源与现代服务业为基础的区域型演进。因此，产业结构的国际化问题已成为当代国际产业经济研究中的一个重要方向。

区域产业结构的演进效应体现在国际产业关联、产业分工及产业升级等方面。国家间产业结构的联动最初以商品贸易为联结纽带，并遵循比较优势原理展开，随着产业政策与贸易政策的调整，直接投资所引发的渗透效应与示范效应进一步加强了国际产业关联的机制，促使资源与生产要素在不同国家间自由流动、合理配置，由此引发不同产业生产技术与生产效率的变化，不断改变着产业结构相互关联的初始形态。产业结构的演进与产业分工体系的构建是相互影响、相辅相成的。在开放条件下，产业结构的调整必然会引发国际产业转移，而产业结构的国际关联机制决定了商品、服务、资本、技术等生产要素伴随国际产业转移的方向与规模，从而影响国际产业分工体系的形成与演进趋势。反过来，在国际产业分工体系不断深化的过程中，有些国家能够有效利用其内外条件，适时抓住产业结构调整和产业转移的机遇，提升自身在原有国际分工体系中的地位，进一步推动区域产业结构的演进，改变产业结构关联的基础，形成了区域产业结构发展的自律循环机制。

在东亚区域，第二次世界大战后至20世纪80年代末期，伴随着多次显著的国际产业结构调整与产业转移浪潮，东亚各经济体相继崛起，区域内市场联系也不断深化，东亚区域的经济发展取得了举世瞩目的成就，被世界银行誉为"东亚奇迹"。由此也引发了学术界对东亚区域产业结构演进、产业分工模式乃至产业升级的广泛关注与探讨，其中，雁行模式理论的提出最具有代表性，该理论不但揭示了一个后进工业化国家主导产业变迁的结构发展模式，还对产业结构调整与产业转移引发的关联机制与国际分工效应做出了解释，为进一步分析区域产业结构演进奠定了坚实的理论基础。进入20世纪90年代，在科学技术快速发展、信息网络全球共享的背景下，雁行模式长期形成的技术相似与技术追赶效应越来越明显，东亚各经济体之间的差距不断缩小，原有基于技术梯度的经济发展模式被逐渐打破，区域内的产业分工转化为一个多层次、交叉叠加的多边生产网络体系，区域产业结构的整体演进也从"点—线"式拓展为"点—线—面"的形态，产业结构的国际关联机制也变得更加复杂。

作为东亚区域最大的经济体，中国在市场经济建设与对外开放政策的正确引领下，凭借丰富的资源、廉价的劳动力成本等优势，积极参与国际分工与国际竞争，全面加入经济全球化进程，并迅速成为全球制造业中心，产业结构演进也呈现出国家与国际区域并存的二元化特征。特别是加入世界贸易组织之后，中国政府制定并实施"引进来""走出去"的产业发展战略，一方面，继续贯彻市场开放的政策与措施，吸引国际投资，外资的大量涌入不仅为中国的经济发展带来了充沛的资本和先进的技术，也带来了国际经济资源配置机制，使中国产业结构运行与调整步入了新的阶段。另一方面，积极开展对外直接投资，使本国产业突破了本国界限，延伸到国外有关国家和地区，产业结构调整的国际带动作用也进一步提升，形成了"你中有我，我中有你"的错综复杂的国际产业关联。世界产业结构演进中国际直接投资的来源与对外直接投资的流向具有明显的选择性与区域性，区域联动效应越来越明显。因此，中国产业结构的调整与升级必然与东亚区域产业结构的演进息息相关。近年来，随着国际经济形势的变化，中国经济发展呈现出一些新的特征，如人民币升值、劳动力成本上升、参与国际分工的地位有所改善，这些都影响着中国产业结构调整及东亚区域产业结构演进的方向与速度。东亚区域产业结构演进的趋势与关联机制，中国在东亚区域产业结构演进中的国际分工地位，东亚区域产业结构演进下中国制造业的产业升级效应等问题值得研究。

第 2 章 国际区域产业结构演进的相关理论概述

2.1 产业结构理论

2.1.1 产业结构理论的形成与发展

产业结构理论的思想产生于威廉·配第关于世界各国国民收入水平的差异与经济发展阶段的论述。正是产业结构的变化促使了各国经济发展的不同阶段中国民收入差异现象的产生。法国政治经济学家魁奈于 18 世纪中叶在他的著作中提出了"纯产品"学说,阐述了社会阶级结构的划分:生产阶级,即从事农业活动创造"纯产品"的阶级,包括租地农场主和农场工人;土地所有者阶级,即通过赋税和地租从生产阶级那里取得"纯产品"的阶级;不生产阶级,即不创造"纯产品"的阶级,包括工商资本家和工人。魁奈的主要贡献在于对社会资本再生产和流通的分析。亚当·斯密提出了资本投资的四种途径,即投资于农业、工业、运输业和商业。他认为这四种投资联系紧密、相互依存、缺一不可。这一观点体现出了"产业关联"的思想萌芽。虽然没有提出产业结构的概念,但其强调的遵循一定的产业发展顺序对经济发展的思想具有重要的指导意义。

产业结构理论形成于 20 世纪 30 年代,该时期对产业结构理论的形成做出重要贡献的学者有英国经济学家克拉克和美国经济学家库兹涅茨等。英国经济学家克拉克在继承了威廉·配第等学者的理论思想的基础上,通过对国际上 40 多个国家三次产业中劳动力数量和人均国民收入的相互关系的比较研究,发现了三次产业中劳动力结构与国民收入的变化存在一定的规律性:随着人均国民收入水平的提高,第一产业劳动力逐渐向第二产业转移,进而最终向第三产业转移,即所谓的克拉克法则。自此,便出现了比较完整的、系统的产业结构理论框架。美国经济学家库兹涅茨进一步发展了克拉克的理论,在其著作《国民收入及其构成》一书中,系统地阐述了国民收入与产业结构的重要联系,并利用国民收入这一概念,将产业结构重新划分为农业部门、工业部门和服务部门。这些经济学家的理论研究为产业结构理论的进一步发展奠定了重要基础。

产业结构理论在 20 世纪五六十年代得到了快速发展,这一时期做出重要贡献的经济学家有美国经济学家里昂惕夫、刘易斯及罗斯托等。美国经济学家里昂惕夫应用数量经济学的方法,在对美国经济结构进行深入分析的基础上,建立了投入产出分析体系，应用投入产出分析方法，分析了一国经济发展与各部门生产之间的关系，以及技术水平发生变化对经济的影响。刘易斯在1954年所发表的《劳动无限供给条件下的经济发展》一文中提出了二元经济结构模型，即经济体系由资本主义部门和传统农业部门组成，经济发展初始阶段的资本主义部门还比较弱小，而传统农业部门比较强大，经济发展的过程就是资本主义部门逐渐强大而传统农业部门逐渐弱小的过程。加拿大经济学家希金斯也对二元经济结构进行了研究，他认为，原有部门和先进部门具有不同的生产函数，它们基于自身生产函数所体现出的部门特点而选择技术类型，即原有部门选择劳动密集型技术，而先进部门选择资本密集型技术。罗斯托从经济发展的非均衡角度出发，提出了主导产业理论，认为主导产业对产业结构的性质和特点具有决定性影响，产业结构随着主导产业的更替而进行相应的调整，并且主导产业的扩展又会辐射到其他相关产业，即主导产业具有扩散效应。罗斯托根据社会生产力的发展水平将经济成长过程分为五个阶段，分别为"传统社会"阶段、"为'起飞'创造前提"阶段、"起飞"阶段、"向成熟挺进"阶段及"高额大众消费"阶段。

此外，几位经济学家提出的有关"不平衡"的学说也推动了产业结构理论的发展。美国经济学家赫希曼在他的著作《经济发展战略》中阐述了国民经济各部门的发展应该有所侧重，注重优先顺序的选择，遵循一种不平衡的发展路径，从而否定了之前经济学家提出的一国经济部门的发展应遵循平衡增长路径的论述。美国经济学家迈耶充分论述了"平衡增长"与"不平衡增长"的辩证关系。他认为，一个发展中国家应以平衡增长作为最终目标，稳定平衡的增长可以解释为一系列不平衡增长不断调整过程中的最终结果；而不平衡增长则为最终的平衡增长提供了基础、创造了条件，即在适当的运动中造成了适当的数量的不平衡。

从总体上来讲，上述欧美学者对产业结构演进的分析尽管在研究思路与研究方法上各有不同，但这些理论的基本倾向和主线是一致的，都是从单一国家出发，以若干国家为分析对象，通过横向的经验比较总结出产业结构变动的一般标准模式和共同演进趋势。

国内学者对产业结构演进的研究起步相对较晚，改革开放以前，仅局限于马克思主义思想的"两大部类"分析框架中，直至1985年，杨治先生首次在其公开出版的《产业经济学导论》中将西方产业结构理论引入国内，开了我国学者对产业结构演进的研究的先河(杨治，1985)。孙尚清和马建堂(1988)以我国产业结构在1949~1985年的原始数据为样本，结合西方产业结构理论，分析比较了中国和外国产业结构演进的差异，揭示了我国产业结构演进的特征与问题，并提出了产业结构调整的合理化建议。王育琨(1989)对孙尚清和马建堂(1988)的研究结果进行了总结与评论，并指出将产业结构演进置于经济周期波动与通货膨胀条件下的研究应该是未来中国产业结构理论发展的新方向。刘伟(1995)从经济发展史的角度出发,结合工业化进程中产业结构演进的规律,对中国产业结构演进的特点进行了系统分析。周振华(1995)借鉴了西方结构动态经济学的思想与分析框架,基于产业结构变动对经济增长的效应角度,从不同层面揭示了经济结构效应实现的机制。沈玉良(1998)将制度变迁引入经济结构演进的理论分析,揭示了经济结构演进与制度调整的联动关系。张平(2005)将中国划分为东、中、西部三大区域,比较分析了各区域产业结构演进的特征,认为中国区域产业结构演进以第二产业为主导,受制于二元经济结构,并且在政府主导下产业结构演进的轨迹趋同。简新华和叶林(2011)利用相关数据,对1979~2009年中国三次产业结构演进的特征与优化情况进行了测算,认为体制改革、经济与消费结构的调整、工业化与城镇化进程的加速及对外开放是影响中国改革开放以来产业结构演进的主要因素。张捷和周雷(2012)在分析了中国产业结构演进迟滞性原因的基础上,提出了一个关于新兴工业体出口贸易过度发展会导致产业结构陷入"低水平过度制造化"陷阱的一般性假说,并构建了计量模型,利用中国相关数据对该假说进行了实证检验,认为中国出口贸易的发展模式虽然对工业化进程有明显的促进作用,但却抑制了产业结构演进的服务化趋势。

2.1.2 产业结构演进理论

产业结构处在不断的演进当中。随着经济的发展,产业结构不断从低级向高级演进,从产业关联的角度来看,产业彼此之间的联系更为紧密,联系的方式呈多样化的特点,即产业结构内部关联由简单向复杂演进,最终推动产业结构向合理化方向发展。

1. 配第-克拉克定理

配第-克拉克定理揭示的是国民收入与劳动力流动之间的相互关系,是克拉克在威廉·配第的理论基础上提出的。在人均国民收入不断增长的过程中,劳动力呈现出从第一产业逐渐向第二产业转移的规律,当人均国民收入进一步提高时,劳动力最终向第三产业转移。在人均国民收入较高的国家,第一产业劳动力所占比重较低,而第二、第三产业劳动力所占比重较高;在人均国民收入较低的国家,第一产业劳动力所占比重较高,而第二、第三产业劳动力所占比重较低。

2. 库兹涅茨法则

库兹涅茨在配第-克拉克定理的基础上进行了进一步的研究,从而揭示了国民收入与劳动力内部结构变化的规律,阐述了产业结构的变化方向。库兹涅茨指出,随着经济的发展,第一产业国民收入占整个国民收入的比重逐渐下降,第一产业劳动力占全部劳动力的比重也呈现下降趋势。第二产业国民收入占整个国民收入的比重大体上升,但第二产业劳动力占比大体不变或略有上升。第三产业劳动力占全部劳动力的比重呈现上升趋势,但第三产业国民收入占比却没有与第三产业劳动力占比同比例增加,而是大体不变或略有上升。

3. 钱纳里标准结构

美国经济学家钱纳里对经济增长与产业结构演变的关系进行了更加深入的研究。在对 101 个国家的统计资料进行分析的基础上,钱纳里构造出了一个经济发展的"标准结构",即经济发展的不同阶段对应经济结构不同的标准数值。他认为,经济发展的不同阶段有着不同的经济结构与之相对应。这一结论为不同国家的经济发展过程中的产业结构是否"正常"提供了参照规范,也为不同国家根据经济发展目标制定产业结构转换政策提供了理论依据。

4. 霍夫曼经验定理

德国经济学家霍夫曼在其 1931 年出版的著作《工业化的阶段和类型》中,通过总结不同国家工业发展的不同阶段的数据,提出了资本资料工业占工业产值的比重会不断上升并超过消费资料工业所占比重的观点。其定义了消费资料工业净产值与资本资料工业净产值的比例为霍夫曼比例,霍夫曼比例随着工业化发展不断下降的规律被称为霍夫曼经验定理。

依据霍夫曼经验定理,进入工业化后期阶段后,资本资料工业产值的比重不断上升,将成为整个国民经济中的主导产业部门。

5. 雁行模式理论

日本经济学家赤松要根据本国产业发展规律,阐述了一国产业发展要经历的三个阶段,即进口—国内生产—出口,产业结构的演变及产业政策的制定也要依据这三个阶段的发展规律来进行。他强调一国的经济发展不能封闭于本国的范围内,要与国际市场相结合。这种从进口增长到出口增长的过程从图形的描绘上来看很像张开翅膀的三只大雁,因此该理论也被称为雁行模式理论。关于雁行模式理论的产生与发展,本书将第 3 章进行详细介绍,这里不再赘述。

2.1.3 产业结构优化升级理论

产业经济学的理论研究表明,产业结构优化升级就是指产业结构协调化与高度化的发展过程。产业结构协调化是指通过制度创新与市场机制的完善增强产业间的有机联系,利用产业间的关联效应实现结构效益的最大化,协调产业结构向符合演进规律的方向发展。产业结构高度化是指产业结构从低水平状态向高水平状态发展的动态过程。

1. 协调化

产业结构协调化是产业间和谐比例关系加强与关联水平提高的动态发展过程，是产业结构向高度化转化的基础。产业结构协调的表现并不是产业间发展的绝对均衡，而是各产业间能够建立起相互补充、相互转换的关系。从产业间生产和技术关联的角度来看，产业结构协调化包括下列主要内容：①各生产要素(劳动、资本、资源、技术、知识)密集型多层次产业的协调发展；②产业间相对地位的协调发展；③产业间联系方式的协调发展；④产业部门增长速度的协调发展；⑤产业素质之间的协调发展；⑥产业阶段交替的协调发展。

产业结构的协调化是经济平衡增长的客观要求，只有产业之间具有相互协调的联系方式，各产业间的关联效应才能够合理展开，优先发展的产业才能够带动其他产业部门共同发展，从而实现国民经济体系的平衡增长。产业结构的协调化也是经济持续增长的客观要求，产业结构的协调化影响着稀缺资源的配置效果，只有产业结构之间相互协调，与国际、国内市场相适应，与技术发展水平相适应，才能在极大程度上提高资源配置的效率，使投入能够保证产出，经济增长得以持续。由此可见，产业结构的协调化对一国经济增长的平衡性与持续性具有十分重要的意义。

2. 高度化

产业结构高度化是各产业调整的综合结果。要达到产业结构高度化的要求，就需要通过技术创新、技术引进和传统产业技术改革等方式促进产业结构优化升级。高度化从低水平状态向高水平状态发展的动态过程主要包括以下几个方面的特征：①产业结构中的优势产业沿着第一、第二、第三产业的方向演进；②产业结构中的优势产业沿着劳动密集型、资本密集型、技术密集型、知识密集型的方向演进；③产业结构发展沿着低附加值产业到高附加值产业的方向演进；④产业结构发展沿着低加工度产业到高加工度产业的方向演进；⑤产业结构发展由生产初级产品的产业占优向生产中间产品和最终产品的产业占优的方向演进；⑥知识产业化和国民知识化的程度提高。

一般来说，产业结构高度化表现为一国的经济发展在不同时期的最合理的产业结构，往往以与经济发展阶段相适应的主导产业与支柱产业的形成作为标志。主导产业的选择如果超越了经济发展阶段的条件与水平，就会降低资源使用的效率，导致产业结构演进的不协调。产业结构的高度化与协调化相互渗透、相互作用。实现高度化要以协调化为前提和基础，实现协调化要以高度化为目标，两者均是产业结构优化升级的基本点，共同构筑了产业结构优化升级的动态发展过程。

2.2 产业关联理论

2.2.1 产业关联理论概述

产业关联理论的思想萌芽最早可以追溯到法国经济学家魁奈用来分析产业间贸易关系的《经济表》，而法国经济学家瓦尔拉斯提出的一般均衡理论为产业关联理论的形成奠定了重要基础。一般均衡理论指出，各种经济活动都可以表现为数量关系，它们相互影响、相互作用，处于共同发展变化当中，当某些条件出现时即出现相对稳定状态时达到均衡。该理论还认为，经济体系中各种商品的价格并不是独立存在的，它们之间具有某种内在联系，并在所有商品的供求关系一致时达到均衡状态。美国经济学家里昂惕夫在吸取了一般均衡理论思想的基础上，结合马克思主义社会再生产理论、凯恩斯的国民收入决定理论等前人成果，创立了产业关联理论，其在1941年出版的著作《美国的经济结构，1919~1929》中，系统地阐述了投入产出理论的基本原理及发展，提出了"把一个复杂的经济体系中各部门之间的相互依存关系数量化的方法"。该理论一经提出，就由里昂惕夫运用美国劳工部提供的数据编制了第一张官方投入产出表，自此以后，世界上已有近百个国家编制了投入产出表，该理论体系迅速发展并得到了广泛应用。

从现有的相关研究成果来看，产业关联理论主要体现在两个方面。

1. 产业结构演进与其他国家的相互关联

第二次世界大战后，随着东亚经济的复苏与发展，产业结构的演进呈现出一些新的特征，引发部分日本学者立足本国国情，对产业结构演进的新规律进行探索，并形成一套独具特色的产业结构演进理论，补充并修正了早期欧美学者关于产业结构演进理论和模型的研究。赤松要根据日本国内棉纺织业的发展路径提出了雁行模式理论，被学术界公认为研究国际区域产业结构演进的先驱。雁行模式理论认为，后发工业化国家由于在资金、技术等方面的欠缺，无法较早地开发与生产先进产品，国内对先进产品的需求也只能通过进口来满足。随着国内需求与进口的进一步增加，后发工业化国家通过引进技术与资本等手段逐渐创造并积累生产先进产品的要素，待技术与资本条件成熟便进行规模化生产，逐步以国产化产品取代进口产品，随着市场需求和生产规模的扩大，相应产业也应运而生。在国内市场的不断扩展与工业化进程的作用下，国内企业逐渐具备了规模经济与廉价生产要素的比较优势，产业的国际竞争力也快步提升，在满足国内市场的同时开始尝试出口并进一步拓展国际市场，最终达到带动产业与经济增长的目的。赤松要将上述后发工业化国家产业发展的轨迹归纳为进口—国内生产—出口三个阶段,这三个阶段如同三只展翅飞翔的大雁,故称其为雁行模式。这一时期的雁行模式理论与美国经济学家弗农提出的产品周期理论较为相似,只是出发点不同。产品周期理论以先进产品的研制为出发点,总结了先发国家从开发国内市场到大量生产再到出口资本和技术的产品循环过程;赤松要的雁行模式理论是以先进产品和技术的引进为起点,揭示的是后发国家追赶先发国家的产品循环过程。筱原三代平突破了大卫·李嘉图的静态比较成本学说,针对日本基本国情提出了动态比较成本说,认为国际贸易的开展必须建立在国内产业结构循环体系的基础上,一国比较成本不利地位的改变要与本国产业结构调整相联系,从而利用产业结构比较优势的动态转化获得动态比较利益。

国内学者对中国与相邻国家产业结构演进的关联分析始于20世纪90年代初期。慕海平(1993)对1965~1990年世界发展中国家和发达国家的产业结构变化趋势进行了分析,进一步揭示了世界产业结构变化对经济增长、国际贸易结构和国际资本流动的影响,并结合中国产业结构与贸易结构的发展特点,提出了我国应坚持的产业结构调整思路。齐良书(1998)从产业结构调整的规模和范围、产业转移的重点及产业科技水平的发展等方面,对东亚区域产业结构演进的特点进行了概述,分析了中国在东亚区域产业结构调整中的作用,并结合所面临的机遇与挑战对中国产业结构调整提出了策略与建议。张纪康(2000)利用世界主要发达国家对外直接投资与吸引对外直接投资的数据,从行业层面与国家层面对产业国际化发展进行了比较,并指出受资源禀赋、竞争优势等因素的影响,不同国家、不同行业的产业国际化程度存在较大差异。王述英和姜琰(2001)通过对产业全球化的特点分析,认为产业全球化是经济全球化发展的必然结果,中国产业的走向应顺应全球化趋势,积极参与全球与区域产业合作,用全球化的思维对产业结构进行调整。厉无畏和王慧敏(2002)通过对产业发展趋势形成的内在动因与机制的分析,指出产业集聚、产业融合和产业生态化是当代国际产业发展的主要趋势。金芳(2004)利用世界100家大型跨国公司的数据,对这些跨国公司在产业上的跨国程度进行了测算,重点分析了产业全球化的表现与本质,揭示了产业特征与全球化动机的关系,并对中国产业在全球化条件下的发展提出了对策及建议。汪斌(2004,2006)以国际区域为切入点,对全球化浪潮中当代产业结构的国际化问题从理论上进行了新的探讨,构建了一个一般理论和新的分析范式,并在此基础上,从21世纪的中国在参与国际分工中实现产业结构的战略性调整的角度做出了应用性分析。张建红等(2012)立足微观层面,利用2003~2009年中国企业海外并购的数据,通过构建计量模型实证检验了中国36个产业的国际化与产业特征之间的关系,并揭示了影响中国产业国际化发展的主要因素。

2. 国际产业结构调整的关联效应与波及效应

随着科学技术的进步与国际贸易的快速发展,国际分工体系不断深化,越来越来越多的学者开始关注国家间产业结构调整的内在联动机制。事实上，库兹涅茨在对产业结构的研究中就曾提及产业结构变动的国际扩散效应，他指出各个国家并不是孤立存在的，而是相互联系的，一国的经济增长会影响到其他国家，反过来也受其他国家的影响，所有国家都可以利用超越国界的资源和生产要素以促进国内经济增长。但库兹涅茨并没有对国家间经济增长与产业结构调整的联动机制展开具体的分析，仍将产业结构变动的国际化问题置于对发达国家与发展中国家的比较之中。以里昂惕夫、艾萨德和钱纳里为代表的一批学者，将投入产出分析法应用到产业结构国际关联研究领域，为学术界对产业结构国际关联的实证研究奠定了坚实的理论基础。投入产出分析法是由美国经济学家里昂惕夫基于瓦尔拉斯的一般均衡理论提出的，是研究国民经济体系中各部分(产业、行业、产品等)之间表现为投入产出的相互关联与依存关系的经济数量分析方法。从1931年开始，里昂惕夫利用美国国情普查的资料分别编制了1919年和1929年的美国投入产出表，用以分析美国的经济结构与经济均衡状况，并于1936年发表了第一篇关于投入产出分析法的论文——《美国经济制度中投入产出的数量关系》，标志着投入产出分析法的产生。受数据与计算能力的限制，里昂惕夫的投入产出分析法仅停留在对一国内各经济部门间的产业关联性进行分析，而没有扩展到区域间的产业联系之中。艾萨德首次提出区域间投入产出(interregional input-output，IRIO)模型，将投入产出分析法应用到区域经济空间联系中。与区域内投入产出模型相比，IRIO模型要求将全部产业按照区域进行划分，不仅要考虑各区域内的投入产出关系，还要对各区域间产品贸易的流动和流向进行调查，详细记录每个区域的每个部门产品在本区域内和其他区域的投入产出情况，是一个非竞争型的投入产出模型。该模型对基础数据的需求量非常庞大，研制过程比较困难，因此，部分学者试图研制一些对数据要求较少的模型，其中被广泛应用的是钱纳里和摩西提出的多区域投入产出(multiregional input-output，MRIO)模型，也称为Chenery-Moses(钱纳里-摩西)模型。MRIO模型假设任一部门产品对任一区域内各部门的供应比例相同，在此前提下只需利用每一部门产品在各区域间流量的数据就可以推算出区域间贸易系数，而不需要直接研制区域间投入产出矩阵，因此其编制过程较IRIO模型简单得多，是一个区域间竞争型投入产出模型。目前，研究机构定期推出的亚洲国际投入产出表与世界投入产出表就是分别基于IRIO模型和MRIO模型编制的。

投入产出模型在学术界被广泛应用于对国际产业结构调整的关联效应与波及效应的分析当中。例如，Wonnacott(1961)沿用了MRIO模型，首次将投入产出模型应用到国家间产业关联分析中。Rasmussen(1957)通过建立影响力系数与感应度系数研究国际产业关联中的后向关联效应与前向关联效应。Jones(1976)在Rasmussen(1957)研究的基础上，提出利用分配系数的逆矩阵来计算感应度系数，分析国际产业间的前向关联。在众多关于国际产业关联的研究成果中，基于世界投入产出表数据对欧洲联盟(简称欧盟)内部及世界主要经济体间的产业结构关联方面的研究相对较少,如 Dietzenbacher 和 Romero(2007)对六个欧洲国家的产业关联和生产链条的研究;世界贸易组织和日本贸易振兴机构亚洲经济研究所(Institute of Developing Economies Japan External Trade Organization,IDE-JETRO)借助产业关联强度和产业距离等指标,分析了东亚与北美区域生产网络的演进,其中对东亚区域产业结构调整的联动效应分析较为突出。佐野敬夫利用 1975 年、1985 年和 1990 年的亚洲国际投入产出表数据分析了东亚各国和地区产业结构间的关联情况。学者呼子彻(2005)利用 1995 年亚洲国际投入产出表的贸易矩阵数据,对韩国产业结构的投入产出特征进行了描述性分析。Kuroiwa(2006)利用亚洲国际投入产出表数据对东亚区域产品生产的本地成分与本地成分积累进行了测算,并通过结构分解技术分析了影响东亚区域本地成分变化的因素。Kuwamori 和 Okamoto (2007)利用亚洲国际投入产出表 1990 年和 2000 年的数据,分析了中国经济的快速增长对东亚区域产业结构的影响,研究发现,20 世纪 90 年代,尽管日本和美国仍然是东亚区域制造业生产的主要供给者,但区域产业特别是纺织业和电子制品业对中国产业发展的依赖性明显加强。Meng 等(2006)使用 1985～2000 年的亚洲国际投入产出表数据,测算了东亚主要经济体产业结构变化的情况,利用聚类分析法将东亚主要经济体产业结构的演进划分为不同类型,并且通过构建专业化系数和离散系数等指标体系,比较东亚各主要经济体的产业专业化水平和产业结构发展的非均衡性。Kuroiwa 和 Kuwamori(2010)将亚洲国际投入产出表数据升级,利用结构分解技术将东亚区域各产业对美国的出口进行分解,分析了 2008 年金融危机对东亚经济冲击的传导机制,研究结果发现,从部分产业来看金融危机对东亚区域的冲击甚至超过了对美国本土的影响,区域产业关联程度越大的产业受金融危机影响的程度越深,且传播路径基本遵循着东亚区域的三角贸易模式展开。

国内学者对国际产业调整的关联效应和波及效应的研究也多基于东亚区域视角。张亚雄和赵坤(2006)在详细介绍了现有国家间和中国区域间投入产出模型的研制及应用分析方法的基础上,对区域间投入产出模型进一步进行了理论探讨,并应用该模型对东亚区域产业关联与技术追赶效应等问题进行了系统分析。李晓和张建平(2010a)详细总结归纳了国外关于东亚产业关联的研究方法与研究现状,并厘清了亚洲国际投入产出表的理论渊源、研制进展、制表方法及其实际应用,为进一步深化东亚产业领域的相关研究提供了重要的理论参考。不仅如此,李晓和张建平还通过构建两国模型、多国模型和地区模型对东亚区域产业关联问题展开系统的分析,并对中国在东亚区域经济合作中的战略选择提出了建议。除此之外,还有部分学者立足于国际产业关联机制,分析比较中国与其他国家(特别是日本)间的产业联系与经济影响。例如,金继红和张琦(2007)利用国际投入产出表数据,对中国和日本产业的相互依存关系进行了实证研究,并得出相关结论。马明和林秀梅(2011)基于日本大地震的背景,分析了日本汽车产业与中国产业的关联效应,并对中国汽车产业的发展提出建议。王勇(2016)基于区域间投入产出技术,从宏观整体与产业细分两个层面对中国和日本经济影响的乘数效应、溢出效应与反馈效应进行了测度及分析,并指出当前中国对日本的经济影响要大于日本对中国的经济影响。

2.2.2 产业关联理论的研究内容

产业关联实质上就是产业部门之间供给与需求的关系。国民经济中的每一个产业部门都处于社会化再生产链条中,它既需要其他产业部门为其提供产品,以确保再生产过程顺利进行;同时,它也需要其他产业部门消耗自身所生产的产品,即对自身产品的需求,以便进行下一轮的资源投入与产品生产。产业关联的具体内容包括以下几点。

1. 产品和劳务关联

国民经济各产业部门之间最直接的联系就是某一个产业部门向其他产业部门提供产品与劳务,以及对其他产业部门的产品与劳务产生需求。因此,产品与劳务是各产业部门之间产生关联的媒介和纽带,它们所体现的本产业部门的技术水平、生产方式、服务内容等将传递给关联产业部门,如果这些方面发生变化,也将会对关联产业部门产生影响。

2. 生产技术关联

产业部门间的产品与劳务关联是它们之间存在生产技术关联的主要原因。某一产业部门在产品生产过程中,为满足自身产品在生产工艺水平、技术水平、生产标准化等方面的要求,必然对为其提供产品的产业部门提出相关要求,以保证本产业部门产品的质量。另外,本产业部门产品在生产技术等方面的变化也将推动下游关联产业部门生产技术等方面的改变。产业部门间的生产技术的变化将直接影响产业部门间产品和劳务的联系。

3. 价格关联

产业关联实质上是产业部门之间供给与需求的关系,而价格是产品和劳务在产业部门之间形成投入产出关系的价值表现,因此,这种投入产出的关联关系是以货币为媒介的等价交换关系,即体现为价格关联。

4. 就业关联

产业部门之间的关联的变化,将导致各产业部门对就业人员需求的改变。某个产业部门生产技术水平提升，必将带动关联产业部门生产技术的提升，因而该关联产业部门需要吸纳高素质的就业人员来实现生产目的。此外，一个产业部门的发展会促进更多新产业部门的产生和发展,同时也会使某些传统产业部门消亡，这些影响将会使产业部门间的就业数量和就业结构发生改变，表现为产业部门间的就业关联。

5. 投资关联

当某一产业部门增加投资以扩大生产规模、提高产品质量时，其关联产业部门必然采取措施以适应这种变化，即同样通过增加投资来扩大生产规模、提高产品质量，以实现产业部门之间的协调发展。这种由投资带来的关联产业的变化被称为投资关联效应。

2.2.3 产业关联分析的基本工具

投入产出分析是研究经济体系各个部门间投入与产出的经济数量分析方法。因此，投入产出表与投入产出模型是产业关联分析的基本工具。里昂惕夫认为，整个经济体系的投入与产出是均衡的，但它内部的组成部分——各产业的均衡状态是处于动态变化中的，当与其相关联的产业处于供给与需求的均衡状态时，假定在一定时期内科学技术水平不发生变化，则该产业达到均衡状态，否则，便处于不断调整的过程中。因此，经济体中的各经济活动不是独立不相关的，而是相互联系、相互影响、相互依存的。当某一产业部门从事某种再生产活动时，一方面，需要与其相关联的前向产业部门为其提供生产所需，才能保证生产活动的持续进行；另一方面，与该产业部门相关联的产业链下游产业部门也要对上游产品产生消耗即产品需求，才能保证上游产业部门有充足的资金支持生产活动的循环进行。国民经济正是在这种各产业部门的动态均衡中不断发展。

投入产出表为进行投入产出分析提供了数据来源，从量的角度去揭示国民经济各部门的供需关系是国民经济核算体系的重要组成部分。投入产出表包括实物型和价值型两种，使用较为广泛的是价值型投入产出表，其简化形式如表 2.1 所示。

表 2.1 价值型投入产出表框架

投入		产出					总产出
		中间产品			最终产品		
		部门 1	…	部门 n	积累	消费	净出口	
物质消耗	部门 1	第Ⅰ象限(x_{ij})			第Ⅱ象限(y_i)			
	⋮							
	部门 n							

续表

投入		产出						总产出
		中间产品			最终产品			
		部门 1	...	部门 n	积累	消费	净出口	
毛附加值	劳动者报酬	第Ⅲ象限(N_j)						
	固定资产折旧							
	社会纯收入							
总投入								

资料来源：刘树林等(2012)

在表 2.1 中，第Ⅰ象限是由横纵交叉的 n 个部门组成的棋盘式表格，反映了国民经济 n 个产业之间的需求与供给联系。其中任意元素 x_{ij} 既可以看作 j 产业消耗 i 产业的价值量，也可以表示 i 产业分配给 j 产业的价值量，体现了产业之间的经济联系。第Ⅱ象限反映的是各产业的最终产品 y_i，分为积累、消费、净出口，从行向来看，反映了某产业的最终需求结构；从列向来看，反映了国民经济某项最终需求的构成。第Ⅲ象限表示的是毛附加值 N_j，包括劳动者报酬、固定资产折旧和社会纯收入，从行向来看，代表每一项毛附加值是由哪些产业提供的；从列向来看，反映了每一产业生产的毛附加值的构成。

依据表 2.1，建立行方向、列方向均衡方程，如下所示。

1. 按行方向建立的模型

$$\sum_{j=1}^{n} x_{ij} + y_i = X_i \quad (i=1,2,\cdots,n) \tag{2.1}$$

引入直接消耗系数 a_{ij}，其计算公式为

$$a_{ij} = \frac{x_{ij}}{X_j} \quad (i,j=1,2,\cdots,n) \tag{2.2}$$

其中，X_j 为 j 产业部门的总产值；x_{ij} 为 j 产业部门消耗 i 产业部门产品的价值量；则直接消耗系数 a_{ij} 为 j 产业部门单位产值中消耗的 i 产业部门产品的价值量。将 a_{ij} 代入式(2.1)中，则有

$$\sum_{j=1}^{n} a_{ij} X_j + y_i = X_i \quad (i=1,2,\cdots,n) \tag{2.3}$$

用矩阵表示为

$$AX + Y = X \tag{2.4}$$

由此可得

$$X = (I - A)^{-1}Y \tag{2.5}$$

2. 按列方向建立的模型

$$\sum_{i=1}^{n} x_{ij} + N_j = X_j \quad (j = 1, 2, \cdots, n) \tag{2.6}$$

其中，N_j 为 j 产业部门的毛附加值。将直接消耗系数 a_{ij} 代入式(2.6)得

$$\sum_{i=1}^{n} a_{ij} X_j + N_j = X_j \quad (j = 1, 2, \cdots, n) \tag{2.7}$$

可以用矩阵表示为

$$(I - A_c)X = N \tag{2.8}$$

其中，A_c 为中间投入系数矩阵，表示为

$$A_c = \begin{bmatrix} \sum_{i=1}^{n} a_{i1} & \cdots & 0 \\ \vdots & & \vdots \\ 0 & \cdots & \sum_{i=1}^{n} a_{in} \end{bmatrix} \tag{2.9}$$

还可以建立其与总投入之间的联系，即

$$X = (I - A_c)^{-1} N \tag{2.10}$$

3. 总量平衡关系

总量平衡关系方程表示如下：

$$\sum_{j=1}^{n} x_{ij} + y_i = \sum_{i=1}^{n} x_{ij} + N_j \quad (i, j = 1, 2, \cdots, n) \tag{2.11}$$

2.2.4 东亚产业关联理论基础

20 世纪 50 年代之后，学者们对投入产出模型进行了广泛的理论研讨和实际应用，各种空间投入产出模型被提出，目前应用比较广泛的投入产出模型有国家投入产出模型和地区投入产出模型，这类模型以单一国家或地区为研究对象。另外一类模型是基于不同国家或不同地区的整体投入产出表，以不同国家或不同地

区的联合体为研究对象所提出的投入产出模型，包括 MRIO 模型、IRIO 模型和国家间投入产出模型。其中，第一类投入产出模型随着"国民经济账户体系"的不断发展和完善而得到广泛应用；第二类投入产出模型中有两种应用最为广泛，分别是 IRIO 模型和 MRIO 模型，它们是国家间投入产出模型和国际产业关联理论的基础。

国际产业关联理论和投入产出数据在分析国际产业关联、国际贸易、产业内贸易、国际分工等领域具有广泛的应用。目前，世界上定期推出的国家间的投入产出表有世界投入产出表和亚洲国际投入产出表。其中，前者以 MRIO 模型为基础构建，后者以 IRIO 模型为基础构建。

1. IRIO 模型

Isard(1951)构建了"地区×产业"的投入产出结构以探究不同地区产品的差异性。他给出了一个"n 地区×m 产业"的 IRIO 模型。具体模型可以表示为

$$X_i^k - \sum_{l=1}^{n}\sum_{j=1}^{m} x_{ij}^{kl} = Y_i^k \quad (k,l=1,2,\cdots,n; i,j=1,2,\cdots,m) \tag{2.12}$$

其中，k 和 l 为地区；i 和 j 为产业；X_i^k 为 k 地区第 i 产业的总产出；Y_i^k 为 k 地区第 i 产业向其他所有地区提供的总需求；x_{ij}^{kl} 为 k 地区第 i 产业向 l 地区第 j 产业提供的中间投入。

定义技术投入系数 $a_{ij}^{kl} = \dfrac{x_{ij}^{kl}}{X_j^l}$，式(2.12)可以改写为

$$X_i^k - \sum_{l=1}^{n}\sum_{j=1}^{m} a_{ij}^{kl} X_j^l = Y_i^k \quad (k,l=1,2,\cdots,n; i,j=1,2,\cdots,m) \tag{2.13}$$

IRIO 模型细化至各地区各产业部门，不仅可以分析一国内部产业部门的投入产出关系，还可以体现各个国家或地区某产业产品的生产和消费的关联关系。

2. MRIO 模型

Moses(1955)使用一个"3 地区×3 产业"的简化模型将产出均衡方程进行改写，即对于 r 地区的 i 产业，其产出方向上的均衡方程可以表示为

$$X_i^r - \sum_{s=1}^{n}\sum_{j=1}^{m} x_{ij}^{rs} = \sum_{s=1}^{n} Y_i^{rs} \quad (r,s=1,2,\cdots,n; i,j=1,2,\cdots,m) \tag{2.14}$$

其中，r 和 s 为地区；i 和 j 为产业；X_i^r 为 r 地区第 i 产业的总产出；Y_i^{rs} 为 r 地区第 i 产业向 s 地区提供的最终需求；x_{ij}^{rs} 为 r 地区第 i 产业向 s 地区第 j 产业提供

的中间投入。应用技术投入系数 $a_{ij}^{rs} = \dfrac{x_{ij}^{rs}}{X_j^s}$，式(2.14)可以改写为

$$X_i^r - \sum_{s=1}^{n}\sum_{j=1}^{m} a_{ij}^{rs} X_j^s = \sum_{s=1}^{n} Y_i^{rs} \quad (r,s=1,2,\cdots,n; i,j=1,2,\cdots,m) \tag{2.15}$$

2.3 产业分工理论

分工是社会劳动独立化、专业化的一种表现形式，是生产力发展到一定历史阶段的必然产物。自亚当·斯密确立了分工理论在经济学中的地位后，分工理论成为经济学界研究的重要组成部分，经历了从传统的古典贸易理论到新兴古典贸易理论的发展历程，并得到不断的丰富与拓展。产业分工理论是分工理论在中观层面的集中体现，是产业发展与规划的重要理论基础，对确立一国或地区的产业发展方向与发展优势具有重要的指导意义。

2.3.1 产业分工的内涵与分类

产业分工是基于中观层面生产行为活动的必然组织形式，是指将一个经济活动分解为多个不同的操作过程，进而由不同的参与主体分别去操作完成。这里，被分解的经济活动既可以是资源加工过程，也可以是产品生产的工艺过程。在分工组织形式中，每一个参与主体都只针对某一既定操作流程进行反复工作，使其对这一操作越来越熟悉，越来越简化，这种过程被称为专业化。专业化与分工密切相连，相互促进。

在贸易自由化、经济全球化的历史背景下，产业分工在国际的发展比在国内的发展更为广泛、深入。国际分工从不同角度来看有不同的划分方法。

从生产的关联性来看，国际分工可以被划分为水平型国际分工、垂直型国际分工和混合型国际分工。这种划分方法的主要依据是参与国家在自然资源、生产技术水平及工业发展状况等方面的差异。其中，水平型国际分工是指经济发展水平相同或相接近的国家之间在工业制成品生产上的国际分工，如发达国家之间、部分新兴工业化国家之间都曾开展过大规模的水平型国际分工。垂直型国际分工是经济发展水平存在悬殊差异的国家间的分工，如发达国家与发展中国家间的分工。垂直型国际分工既可以体现在产业间合作上，例如，发展中国家提供初级原料，发达国家提供制成品；又可以贯穿于产业内部，例如，同一产业内，发展中国家提供技术密集度较低的产品，发达国家提供技术密集度较高的产品。这种国际分工形式的出现主要是产业内部的技术差距所引致的。混合型国际分工就是把水平型国际分工和垂直型国际分工结合起来的国际分工方式。

从国际分工的深入程度来看，国际分工可以被划分为产业间分工、产业内分工和产品内分工。产业间分工主要是指不同产业部门之间生产的专业化组织形式；产业内分工是指产业内部各细分部门之间生产的专业化组织形式；产品内分工是指将产品生产流程中的不同工序与环节分散到不同国家完成，使分工对象深入到产品内部生产工序与生产环节的国际分工体系。下面我们就按照这一划分方法介绍产业分工理论的发展和主要思想。

2.3.2 主要产业分工理论

1. 产业间分工理论

第一，绝对优势理论。古典经济学派的奠基人之一亚当·斯密在其代表作《国民财富的性质和原因的研究》(简称《国富论》)中提倡自由贸易与国际分工。他认为，如果一国在生产某些特定产品上具有绝对有利的生产条件，且这些生产条件能够使其所付出的绝对成本低于其他国家，那么该国应将资源集中起来，专门生产这种产品。各国若均按照各自绝对有利的生产条件进行专业生产后再交换，将会提高其劳动生产率，最大程度上利用其自然资源、资本及劳动力等生产要素，从而增加国家的物质财富。这一观点被称为绝对优势理论(theory of absolute advantage)，又被称作绝对成本学说。根据绝对优势理论，地域分工成为国家间贸易往来的主要基础，并且，参与国际分工对世界各国来说都是有利的。该理论打破了重商主义学派的贸易差额论，也让人们清楚地认识到国际贸易不再是所谓的"零和游戏"(zero-sum game)，而是"双赢"或"多赢"的国际分工局面。当然，该理论存在一定的局限性，它无法解释现实社会中，在任何商品生产上均不具备绝对有利的生产条件的国家同样能够参与国际分工的现象。

第二，比较优势理论。在亚当·斯密的绝对优势理论基础上，英国经济学家大卫·李嘉图提出了著名的比较优势理论(theory of comparative advantage)。该理论认为，一国参与国际分工的条件不必完全建立在生产成本具有绝对优势的基础上，只要具有产品生产成本上的相对优势，即可参与国际分工，开展国际贸易。比较优势理论指出，在两国生产相同的两种商品时，如果其中一国在生产上均具有绝对优势，而另一国均处于绝对劣势，那么前者应专业化于相对优势较大的产品生产，后者应专业化于相对劣势较小的产品生产，双方开展贸易仍可提高劳动生产率及资源的配置效率，使彼此获得比分工前更大的收益。虽然比较优势理论更多地解释了先进国家与落后国家间开展国际分工的原因，在理论上更广泛地论证了国际分工的基础，但其仍未突破绝对优势理论的基本假设，并且也没有指出一国获取比较优势的来源。

第三，要素禀赋理论。20世纪30年代，瑞典经济学家赫克歇尔和俄林提出要素禀赋理论,开创了国际分工与国际贸易理论新古典主义时期。要素禀赋理论又被称为赫克歇尔-俄林理论,在俄林的代表作《域际和国际贸易》一书中被较为完整地提出。该理论认为,各国开展国际分工的基础是其所拥有的生产要素禀赋,即生产要素的"丰富"和"稀缺",参与国际分工的国家应集中生产丰富要素密集型的产品并出口,进口稀缺要素密集型产品,从而在国际贸易中获取贸易利益。要素禀赋理论不仅从生产要素的禀赋与使用比例阐述了贸易的基础,同时也揭示了贸易对要素价格的影响,指出生产要素的流动与商品的流动具有替代性,因此,要素价格将因商品和生产要素的流动而区域均等化。美国经济学家萨缪尔森在上述观点的基础上,对生产要素价格均等化的趋势进行了补充,提出要素价格均等化理论(factor-price equalization theory),进一步发展了要素禀赋理论,因此,该理论又被称为赫克歇尔-俄林-萨缪尔森定理。

1953 年,美国经济学家里昂惕夫利用美国 1947 年行业资本存量与工人数量等数据,对要素禀赋理论进行检验,令人惊讶的是,检验结果与要素禀赋理论完全相反,美国作为资本充裕的发达国家向世界其他国家出口的是劳动密集型产品,而换取的是相对资本密集的产品,这就是著名的"里昂惕夫之谜"。里昂惕夫的检验结果在学术界引起广泛争论,使学者纷纷展开对要素禀赋理论的重新评价,并主要从要素密集型逆转、贸易保护、人力资源及自然资源等方面解释"里昂惕夫之谜",后期形成一批具有代表性的学说。

2. 产业内分工理论

20 世纪 50 年代末期,国际分工与国际贸易出现了许多新倾向,主要表现为产业内贸易量大幅增加、发达国家间的国际分工逐渐扩大及产业领先地位不断转移,这些国际贸易实践中发生的现象用古典贸易理论和新古典贸易理论已无法更准确、更全面地进行解释。因此,20 世纪 60 年代以来,围绕第二次世界大战后国际贸易的新特点,经济学家们提出了一些新的学说,如克鲁格曼的规模经济贸易理论、弗农的产品生命周期理论、林德的需求相似理论等。

第一,规模经济贸易理论。克鲁格曼首次通过建立理论模型,利用规模经济和不完全竞争来分析当代国际分工与贸易。与传统贸易理论不同,他的模型假设企业具有内部规模经济,且市场结构不再是完全竞争,而是垄断竞争。通过对工资、产品价格与产品消费量的关系进行分析得出一些重要结论。首先,垄断竞争企业可通过国际分工与贸易扩大市场、增加消费人口,从而获取规模经济,降低平均成本和产品价格。其次,虽然每个消费者对垄断竞争产品的消费量会减少,但消费种类会大幅增加,消费者福利同样获得提升。更为重要的是,克鲁格曼的规模经济贸易理论指出,贸易的基础不一定是两国间技术或要素禀赋上的差异而造成的成本价格差异,扩大市场而获得规模经济也是促使企业出口的重要原因。

第二,产品生命周期理论。美国经济学家弗农根据国际分工模式的动态变化和产业领先地位的转移提出了产品生命周期理论。该理论认为,国际分工与贸易格局的改变主要受产品技术变化的影响,产品技术发展的不同阶段对生产要素的需求也有所不同,生产和出口产品的比较优势也会由于生产要素密集型的变化而转移。弗农将一个新产品的技术发展大致分为三个阶段,分别为新产品阶段、成熟阶段与标准化阶段。在第一阶段即新产品阶段,技术尚处于发明创新阶段,新产品实际上属于知识密集型产品,只有发明国才具有新产品生产的比较优势,因此,发明国将垄断该产品的生产。当技术进入第二阶段即成熟阶段后,大量生产成为主要目标,产品从知识密集型转化成为资本密集型或技术密集型,从而使拥有充裕资本与熟练工人生产要素的国家开始具备该产品生产的比较优势,并逐渐取代发明国从事该产品的批量生产与出口。当技术进入第三阶段即标准化阶段后,产品生产技术已变得简单化,知识与资本对该产品生产的影响逐渐减弱,劳动力成本成为决定产品生产是否具有比较优势的主要因素,此时,发展中国家凭借劳动力成本的优势开始大量生产并出口该产品,而原主要出口国则由于丧失了产品生产的比较优势,开始从发展中国家进口该产品以满足国内需求。

第三,需求相似理论。与克鲁格曼不同,林德从需求的角度解释发达国家间分工和同一产业内的国际分工现象。林德假设一国的需求由其代表性消费者的需求倾向决定,这一需求倾向会随着居民收入的增加而发生转变,当收入提高后,人们会增加对高档消费品的需求,国家的需求倾向随之转变。通常情况下,厂商的生产动机取决于国内需求倾向,所以需求倾向的转变将会带动厂商供给产品结构的变化,结果是,为了满足国内市场需求,厂商不断扩大产量,当产量的增速超过了需求的增速时,该国就具备了出口此产品的能力。对于该国出口的工业产品,只有与该国需求倾向相似、收入相近的国家才会产生进口需求。因此,根据林德的理论,需求倾向的变化是引起国际分工变动的基础,收入的提高又是引发需求倾向变化的主要因素,收入水平相似的国家往往相互出口种类相同但品牌不同的产品。

3. 产品内分工理论

随着科学技术的进步及贸易自由化的快速发展,越来越多的厂商选择将产品生产工艺中包含的不同工序与环节分散到不同国家进行,形成了以生产工序与生产环节为对象的国际分工新形态——产品内分工。学术界将这一新型分工模式称为"分散化生产"(Jones and Kierzkowski,1990)、"全球外包"(Arndt,1997)、"全球生产共享"(Ng and Yeats,1999)、"垂直专业化"(Hummels et al.,2001)等,并纷纷构建新型的理论体系试图从多个角度对此分工现象加以解释。目前,产品内分工理论的发展时间相对较短,在产业分工领域中尚属于研究前沿问题,关于产品内分工的理论研究主要集中在以下三个方面。

第一，产品内分工形成的基础。从贸易角度来看，产品内分工的基础与产业间分工的基础在本质上是相同的，因此，比较优势理论与规模经济贸易理论等传统的产业分工理论同样可以解释产品内分工产生的原因。如，Bhagwati 和 Dehejia(1994)就用"万花筒式的比较优势"来分析比较优势对产品内分工的影响。Deardorff(2001)在扩展的传统贸易分析框架下，对产品内分工与产品内贸易产生的基础和原因进行了分析，他认为，对一个开放度较高但经济规模较小的国家来说，中间产品的价格是决定生产和贸易的重要因素，如果中间产品的国际价格较低，则该国将选择将其转移至海外生产；如果价格较高，则在本国进行专业化生产。Hummels 等(2001)利用新贸易理论的分析框架，指出产品内分工形成的根本动因是比较优势，它决定了国际分工的基本形态，而规模经济贸易则进一步强化了产品内分工，两者都是产品内分工产生的基础。从组织形式角度来看，跨国公司是产品内分工的主要推动者。Gereffi 和 Korzeniewicz(1994)认为，跨国公司作为垂直一体化国际分工体系的主导者，可以从全球价值链的两端推动分工的实现。Feenstra 和 Hanson(2004)指出，在发达国家跨国公司拥有加工企业产权而加工企业拥有中间产品购置权的情况下，双方签订不完全契约所获得的收益要比两权集中到一方时大，并且利用实证数据证明了加工贸易已成为跨国公司偏好的产品内分工形式。从宏观环境角度来看，制度、贸易政策对产品内分工会产生一定影响。Dixit 和 Grossman(1982)将阶段生产模型从两阶段扩展为多阶段，对关税等贸易政策对产品内分工产生的影响进行了分析，并指出产品内分工是早期一国出于避税考虑而进行的一种分工行为。

第二，产品内分工与生产效率。对于产品内分工对生产效率的影响，学术界更多的是以外包与劳动生产率为切入点，通过理论与实证相结合的方式加以验证，并得出不同结论。Glass 和 Saggi(2001)在其建立的产品周期模型中认为，发达国家可以通过离岸外包降低生产成本，从而集中更多的资源开展创新活动，提高自身的劳动生产率。Amiti 和 Wei(2006)通过实证数据解释了跨国公司生产率增长的主要原因是服务外包使劳动生产率得到显著提高。Egger(2003)认为，外包对生产率的影响存在长期和短期的区别，指出劳动力和产品市场存在不完全性，限制了产业结构与生产要素的及时调整，从而在短期内离岸外包作用于低技术工人实际价值增加值的边际效用较弱，而长期的参数估计显示这一边际效用较强。也有学者对外包提高劳动生产率的观点持怀疑态度，如 Olsen(2006)认为，外包对劳动生产率的影响取决于产业与企业的性质，制造业企业将其服务环节外包对劳动生产率的提高效果不明显。

第三，产品内分工与产业升级。学术界关于产品内分工对产业升级的影响的研究大多基于发展中国家视角。他们认为，产品的生产工序与生产环节在不同地区完成，一方面可以降低生产成本，另一方面可以通过提高要素的生产效率促进技术进步，实现产业升级。Feenstra(1998)通过建立连续模型对产品内分工效应进行了分析，认为产品内分工对参与国的技术进步和产业升级具有明显的带动效应。Kessler(1999)对北美自由贸易区的跨国服装生产网络进行了研究，发现通过产品内分工，技能、知识和技术可以自由地传递，使参与国产业不断升级并占据较高的附加值环节。Ernst 和 Kim(2002)在考察领导厂商与供应商的关系时发现，在产品内分工模式下领导厂商可以为供应商提供新的技术和管理方式，并提出新的要求和激励，促使供应商提高产品质量与层次，从而促进产业升级。但也有不少学者指出，产品内分工对发展中国家的影响并非都是积极的。Ernst(2004a)指出，产品内分工程度越深、一体化程度越高，经济体对出口的依赖性就越大，特别是出口导向型的中小国家极易受到外部冲击，不利于产业升级的实现。Lall 等(2005)研究发现，在制造业产品内分工模式下，一些发展中国家长期被锁定在低端制造环节，陷入比较优势的分工陷阱而无法改变。

2.4 国际生产网络理论

2.4.1 国际生产网络的内涵

"网络"一词源于社会学，最初是解释社会不同个体或群体间形成的关系结构形态。20世纪80年代，"网络"被引入到经济学与管理学的研究领域，用以描述企业内部或企业之间所形成的日益复杂的组织形式，提出了所谓"生产网络"的概念。生产网络的形成以生产主体间的生产关系有机构成为基础，通常是指企业内部或企业之间在相互协作、相互配合的生产过程中通过各个价值链环节建立起的一种生产体系。在该体系中，不同企业从事的生产工序不同，所处的价值链位置也不同，彼此之间的组织关系也不相同，其既有互补性关系也有竞争性关系，因此，这些企业共同构筑了一个错综复杂的生产整体。随着经济全球化与区域经济一体化进程的不断推进，企业间生产的网络形态也不再局限于一国之内，而是突破了国家边界向全球蔓延，可以说，国际生产网络是生产网络组织形式的空间展现。

目前，关于国际生产网络的产生与内涵尚未形成一个统一的、全面的解释，但不同学者从不同层面考察了国际生产体系向网络化组织方式的转变，提出许多与国际生产网络相近的概念或术语，如"国际生产/分销网络""跨国生产网络""区域生产网络""全球生产网络"等。综合这些相关概念，我们可以概括出学者对国际生产网络的解释大体上分为两个层面：宏观层面和微观层面。从微观层面来看，国际生产网络强调的是企业内部、企业与企业之间的协作关系，也就是说国际生产网络是跨国公司主导下的一种企业内部及企业之间的跨国组织形式。从宏观层面来看，国际生产网络强调的是国家与国家之间的国际分工与贸易，即多个国家以贸易和投资为纽带建立起来的产品内分工关系。因此，从一定程度上来讲，国际生产网络的理论研究是经济学与管理学相互融合的结果。其中，管理学侧重于企业层面的研究，构成国际生产网络的微观理论基础；经济学侧重于国家层面的研究，构成国际生产网络的宏观理论基础。无论哪一层面的研究至今均尚未建立起成熟的理论体系，可以说，关于国际生产网络的理论研究仍处于起步状态，有待进一步深化与完善。

2.4.2 国际生产网络的主要理论

1. 全球商品链与全球价值链理论

Gereffi 和 Korzeniewicz(1994)在对美国零售业价值链的研究中，将价值链分析方法与产业组织联系起来，提出全球商品链(global commodity chain)理论。该理论的核心观点是，在经济全球化背景下，商品的生产过程被分解为不同阶段，这些阶段分布在世界各地不同规模的企业中，围绕该商品生产而形成的一种完整的跨国生产体系即全球商品链。按照领导厂商在全球商品链中的作用，可将全球商品链分为购买者驱动型(buyer-driven)和生产者驱动型(producer-driven)。两种类型全球商品链的主要区别在于领导厂商的作用和组织形式。购买者驱动型全球商品链主要是大型制造商、经销商和零售商在生产体系中起主导作用，但不直接参与加工制造环节，通常采取外包的形式实现产品最终的生产。生产者驱动型全球商品链主要是大型制造商直接参与加工制造环节，在企业跨国协作过程中起核心作用，建立起垂直一体化形式的生产体系。

全球价值链理论的形成源于跨国公司国际商务战略调整研究者提出的价值链理论，其中，波特(1997)的价值链理论应用最为广泛，但Kogut(1985)的价值链理论对全球价值链理论的形成更为重要。Kogut(1985)认为，国际商务战略的制定形式实际上是国家的比较优势和企业的竞争力之间相互作用的结果。当国家的比较优势决定了整个价值链的各个环节在国家之间如何进行空间配置的时候，企业的竞争力就决定了企业应该在价值链上的哪个环节和技术层面上进行投入，以便确保竞争优势。Sturgeon(2001)认为，可以从组织规模、地理分布及生产行为主体三个维度来研究全球价值链。在组织规模维度中，全球价值链包括所有参与产品或服务生产性活动的行为主体，各行为主体构成一条以产品为基础的活动链条。在地理分布维度中，强调价值链上生产环节的分布必须具有全球性。在生产行为主体维度中，全球价值链的参与者包括一体化大型厂商、领导厂商、供应商、经销商及零售商等，这些参与者通过不同的治理机制与其他参与者联系在一起。

2. 旗舰式国际生产网络理论

旗舰式国际生产网络理论是由 Ernst 及其支持者提出的，他们认为国际生产网络是一种特殊的组织创新，是把企业间、国家间分散的价值链联结在一起的网络，并且伴随着网络参与者的整合过程。在该理论中，国际生产网络被定义为跨国公司的企业内和企业间关系，旗舰厂商通过垂直整合分散在不同国家的经济活动来实现跨国生产经营。网络参与者处于价值链的不同环节，在网络中的地位不同，获取的收益也存在较大差异。旗舰厂商一般为大型跨国公司，它们掌握着关键的技术和资源，并在国际生产网络中处于核心地位，其战略意图和领导方式直接影响网络底层参与者的战略方向及其在网络中所处的地位。旗舰厂商的主要目的是通过构建国际生产网络快速获得低成本的国际资源或能力，与企业自身形成互补。除旗舰厂商外，网络中其他参与者都处于从属地位，它们在通过参与国际生产网络获得收入增长的同时，还能够获取旗舰厂商先进知识与技术外溢的效应（刘德伟，2015）。

3. 经济地理学派的国际生产网络理论

经济地理学派的学者 Henderson、Dicken、Hess、Coe 和 Yeung 在批判性地吸收全球商品链理论的基础上，也构建了一个国际生产网络的分析框架。他们认为，国际生产网络是包括产品制造、配送、服务等一系列相互联系的活动和功能的网络，其组织形式日趋复杂化，空间分布日趋全球化。该理论将价值维度、权利维度和嵌入维度纳入国际生产网络的实证研究中。在价值维度方面，主要关注国际生产网络中的价值是如何创造、提高和捕获的，认为劳动力转化为现实劳动的条件、企业获取租金的可能性是价值创造的决定因素。在权利维度方面，主要关注国际生产网络中的权利是如何产生和实施的，认为权利的配置和使用不仅决定价值的提升和捕获，还对国际生产网络的发展前景产生重要的影响。在嵌入维度方面，主要关注国际生产网络的行为主体和结构是如何嵌入空间和社会的，认为国际生产网络不仅能够把不同的企业联系在一起，也能够将企业发展所处的空间环境、社会环境联系在一起。与旗舰式国际生产网络理论相比，经济地理学派的理论更注重价值提升与分配的探讨，深化了全球化与地方发展的关系的研究。

第3章 东亚区域产业结构演进的趋势分析

在经济全球化与区域化浪潮并行的背景下,产业结构的国际化特征往往呈现"板块状"格局,即处于同一区域的各国和地区产业结构间存在着相互关联、相互依存的紧密关系,形成了一个个动态的跨国(地区)经济群体。目前,世界上主要存在三个区域性跨国(地区)产业结构体,分别为北美区域、欧盟区域与东亚区域。其中,东亚由于空间分布广泛、产业体系发展成熟、国际分工形式多样等特点成为区域产业结构演进的典范。正如前言所述,本书所使用的东亚概念是广义上的,由东北亚地区与东南亚地区共同组成,但鉴于美国在东亚区域经济发展与国际产业转移中发挥的重要作用,经济学界通常将美国纳入东亚区域的研究范畴。考虑到数据的可获得性与经济发展状况等因素,本书重点对日本、中国(数据不包含港澳台,下同)、亚洲四小龙(韩国、新加坡、中国台湾和中国香港)和东盟四国[①](马来西亚、新加坡、印度尼西亚、泰国)的产业结构的相对独立演进进行考察,并将美国纳入东亚区域产业结构演进的相互关联机制的分析中。

3.1 东亚各国和地区产业结构的相对独立演进

一个国家或地区在不同的发展阶段,需要选择不同的产业作为经济增长的支撑点,从而带动产业结构转型。第二次世界大战后,东亚区域各国和地区结合自身经济发展状况,相继调整经济体系中的主导产业,掀起一场世界经济史上罕见的工业化浪潮。

3.1.1 日本产业结构演进

第二次世界大战之后,日本经济损失了接近一半的国民财富,经济发展停滞、产业结构严重失衡。为恢复第二次世界大战后经济以满足民众对生活必需品的需求,日本政府从发展与国民生活密切相关的农业及纺织、服装等轻工业产业部门开始,重点扶持劳动密集型产业,使日本产业结构日趋合理化,不仅解决了第二次世界大战后日本国内生活物资匮乏的问题,也为产业结构转型积累资本。1946年后,日本产业发展方向开始向煤炭、钢铁等重工业倾斜,并将钢铁、煤炭、电

---

① 东盟是东南亚国家联盟的简称,"东盟四国"由马来西亚、新加坡、印度尼西亚和泰国组成。

力、造船这四大产业作为发展重点,恰逢美国纺织、钢铁等传统产业向海外转移的国际产业结构调整的时机,日本引进了美国先进的技术,在消化、吸收的基础上进行再创造,使工业生产技术水平得到大幅度提升。加之美国推行全球战略后对日本经济的解封及资金扶持,使日本具备了产业结构升级的条件,主导产业开始从纺织、服装等轻工业转向钢铁、煤炭、电力、造船等重化工业。

20世纪50年代中后期,日本政府确立了"贸易立国"的发展战略,重化工业[①]成为这一时期产业结构发展的基本方向。随着科学技术的不断进步,发达国家对汽车、电冰箱、电视机、半导体收音机等耐用消费品的需求逐渐扩大,尼龙、腈纶(聚丙烯腈纤维)、涤纶(聚对苯二甲酸乙二酯纤维)等合成纤维制品开始进入消费市场,形成电子、石油化学工业(简称石油化工)、汽车、合成纤维等新兴工业部门。日本政府顺应国际市场需求结构的变化,加大对这些部门的投资力度,到1970年,日本出口产品中,重化工业产品占据较大比重,实现了出口产品从以劳动密集型产品为主向以资本密集型产品为主的转变。

20世纪70年代,石油危机的爆发沉重打击了资源贫乏、严重依赖能源进口的日本经济,迫使日本政府在1975年正式提出《产业结构长期设想》,确定日本的产业结构应向知识、技术密集型转变,即大力发展知识、技术密集型产业,并且对国民经济其他支柱产业也相应提高知识、密集程度。随后,日本向电子计算机产业、能源开发、宇航开发等方面加大投资力度,并抑制高能耗、高污染的工业部门发展。到1980年,日本的出口结构中,汽车、电气机械、电子仪器、造船等装配加工制造业占一半以上,意味着日本实现了对外出口产品结构的高级化。

由于对外出口快速增长,日本同主要贸易伙伴美国、欧洲共同体[②]的贸易不平衡问题日益加剧,贸易摩擦不断增多。20世纪80年代中期,美国为了削减财政与贸易赤字,减少了从日本的进口额度。同时,以美国为首的西方国家对日本施压迫使日元升值,导致日本证券与房地产价格大幅度上涨,产生严重的"泡沫经济"。终于在1990年,日本证券价格和房地产价格急剧下降,泡沫经济崩溃,金融危机爆发,随后日本陷入长达十年的大萧条。进入21世纪,日本政府确立了新的经济发展目标,即由"单一增长"转变为"全面发展",经济增长方式由出口主导型向内需主导型转变。在新的经济发展目标下,以"科学领先、技术救国"为指导方针,进行了产业结构调整,提出了"创造性知识密集型"产业政策,确

---

① 制造业中,食品、烟草、木材和木制品、纤维、纸和纸浆、皮革、橡胶等工业,一般称为轻工业;金属、机械和化学三个部门,日本统称为重化工业。

② 欧洲共同体包括欧洲煤钢联营、欧洲原子能联营和欧洲经济共同体,成立于1967年7月1日,1993年11月1日正式发展为欧洲联盟。

立了知识密集型产业的主导产业地位，出台了《面向21世纪的日本经济结构改革思路》的报告，引导开发新的产业领域，促进现有产业向高附加值产业转移。此外，政府放宽规制，促进竞争，改革有关企业制度。在一系列政策措施的刺激下，日本逐渐走出萧条，进入了经济低速增长的时期。

3.1.2 亚洲四小龙产业结构演进

20世纪60年代，韩国、中国台湾、中国香港及新加坡等国家和地区，纷纷依据自身的比较优势，抓住国际(地区)产业转移的机会，积极采取出口导向型的工业化战略，适时调整内部经济主导产业，实现经济的快速增长。到20世纪80年代末期，韩国、中国台湾、中国香港与新加坡四个国家和地区超越其他发展中国家和地区，率先跨入新兴工业化国家和地区的行列，被誉为亚洲四小龙。

1. 韩国产业结构演进

20世纪50年代初期，受第二次世界大战和朝鲜战争的影响，韩国经济处于极度混乱状态。农业生产力遭到严重破坏，工业生产全面处于停滞状态，国内居民最低消费需求无法获得满足。1953年朝鲜战争结束后，韩国主要利用来自美国的援助缓解资金的严重短缺，大力发展消费品进口替代工业及恢复包括经济、社会基础设施在内的服务业，使韩国制造业中食品、纤维、棉纺等行业的总产出迅速提高。通过这一轮产业结构的调整，韩国经济在50年代后期已经基本恢复到了第二次世界大战前的水平。到了20世纪60年代，美国对韩国的无偿援助逐年减少，再加上韩国国内市场狭小和资源相对短缺，实施消费品工业进口替代已无法进一步促进韩国国内经济的增长。因此，韩国政府在1962年推出了经济发展的第一个"五年计划"，以增加出口作为改善国际收支、促进经济增长的主要动力。这一期间，韩国大力发展出口导向型的轻纺工业，其中，纤维工业取得了长足发展，在韩国出口产值中占据较高比重。通过政府拓展外部市场、降低出口成本及出口补贴等政策的驱动，保证了以轻工业产品出口主导的经济结构的稳定发展。随着轻工业产品出口规模的扩大，韩国对工业原材料的进口依赖逐渐加深，这种现象有悖于"自立经济"的发展原则，因此，在20世纪60年代中期后，在重点扶持出口产业的同时，加强工业原料和生产资料等中间投入品的进口替代，开始走上工业化发展道路。由于韩国工业化起步较晚，虽然推行轻纺工业出口导向型战略，使其经济快速发展，但也暴露出工业内部发展不均衡及对海外依存度较高的弊端。为了改善韩国经济内外失衡的问题，提高经济增长的质量，韩国政府决定提前向重化工业进口替代方向发展，以推进工业结构的高度化。1973年韩国政府发表《重化工业化宣言》，确定把钢铁、石油化工、造船、汽车制造等工业部门作为出口战略重点发展的产业，并且对计算机、精密仪器、电气机械等技术密集型产业实施进口替代，开始新一轮的产业结构调整。通过本轮产业结构调整，韩国的重化工业得到飞速发展，产业结构与出口结构也获得了进一步优化，经济实力大大增强。在石油危机及全球经济增长缓慢的背景下，1972~1981年在经济开发计划下，继续推进自主经济的建立，着力解决地区间、产业间发展不均衡等问题，初步实现了以轻工业为主的工业化。进入20世纪80年代，韩国经济进入新的发展阶段。受西方经济危机与国内重化工业投资过剩的影响，国内经济结构出现严重失衡，迫使韩国政府做出新一轮产业结构调整。通过对外直接投资，将部分低附加值的劳动密集型产业向海外转移，同时又通过引进高质量的外资，重点发展如计算机、电子、精密仪器等高附加值的技术密集型产业。通过本轮经济发展战略的调整，韩国产业结构优化效果明显，经济环境也大有改善，到20世纪90年代初期，产业结构已接近发达工业化国家水平。随着全球电子信息产业的周期性调整，以及新一轮技术革命的到来，韩国的产业发展重点由传统的电子信息产业开始转向代表未来产业方向的新兴产业，即绿色技术产业、高科技融合产业、高附加值服务产业(肖红军，2015)。2009年1月，韩国政府实施了《新增长动力规划及发展战略》，确立了"新增长动力"产业为国民经济主导产业。此外，韩国政府还出台了一系列政策措施，以促进如船舶、汽车等传统支柱产业高附加值化。

2. 中国台湾地区产业结构演进

中国台湾地区的产业结构调整与韩国较为相似。第二次世界大战后，为了解决物资供应短缺、失业率较高、物价飞涨等问题，台湾当局决定自1953年开始发展面向内销市场的进口替代工业，同时限制进口来保护消费品工业的发展。通过发展进口替代工业，中国台湾的消费品自给能力获得大幅度提高。但到了20世纪60年代，内销市场基本饱和，进口替代工业生产达到极限，而此时正值国际(地区)产业转移浪潮，美国、日本等国为实现自身的产业升级，积极发展高端的资本和技术密集型产业，而将低端的劳动密集型产业转移至国外，这为台湾地区发展出口导向型的工业化战略提供了有利的区域环境和条件。因此，台湾当局依据自身的比较优势，充分利用区域产业结构调整中的机遇，创造有利的投资环境，大量承接美国、日本转移出的劳动密集型产业，同时为了鼓励出口，台湾当局出台了一系列政策措施。出口加工工业迅速发展，带动了岛内经济的全面增长。从70年代开始，台湾地区开始大量承接发达国家转移的廉价设备，产业发展的重心从劳动密集型的轻加工业转向资本密集型的重化工业，如钢铁、石油化工、造船等行业，值得注意的是，这一时期台湾地区经济的发展仍然是出口导向型。进入80年代，受全球经济下挫与新台币升值的冲击，台湾地区产品出口贸易大幅度下降，经济转入低速增长时期。针对这种状况，台湾当局一方面实行推进工业升级的基本战略,将一般机械、电气机械、运输机械及信息产业作为重点发展的"策略型工业"。另一方面,在国际(地区)产业转移的浪潮中,台湾地区将自身不存在具有比较优势的劳动密集型产业转移到相关产业发展落后地区,而将高新技术及高附加值产业作为发展重点,在现代商品经济发展日趋成熟的基础上,从20世纪80年代中后期开始,台湾地区主导产业开始向电子信息产业、精密仪器制造等技术密集型产业倾斜,同时服务业快速增长。20世纪90年代初台湾地区正式进入服务经济时代。进入21世纪,由于世界经济处于低迷状态,以及美国"9·11"事件等因素的影响,台湾经济出现了50年来罕见的衰退,再加上2008年世界金融危机的全面冲击,台湾地区在很长一段时间未能走出经济低谷的状态(李非和胡少东,2009)。

3. 中国香港地区产业结构演进

中国香港地区作为世界著名的自由贸易港,属于典型的海岛型经济,转口贸易发达。20世纪50年代初期,随着朝鲜战争的爆发,联合国在美国的操纵下对中国内地实行禁运政策,使长期依赖转口贸易的香港经济一时陷入困境。为摆脱经济困境,港英当局决定开始调整产业结构,向加工工业方向发展。20世纪50年代中期后,香港地区加工工业品出口额在总出口额中的比重逐步上升,转口贸易在总出口额中的比重逐步下降。香港地区的工业发展是从劳动密集型的轻纺工业开始的,在20世纪60年代中期前,大部分发展中国家尚未实行出口导向型战略,香港地区的纺织品在国际(地区)市场具有较高的竞争力,香港地区因此成为亚洲最大的"服装加工厂"。1973~1983年香港地区服装出口额从13.9亿美元增至47.3亿美元,占纺织品出口总额的比重从75.1%上升至80.9%(李相文等,1988)。到了20世纪80年代,西方国家贸易保护主义抬头,再加上其他发展中国家和地区的追赶与竞争,使香港地区加快了产业结构升级的步伐。受自身资源限制,香港地区无法发展资本密集型的重化工业,选择直接从劳动密集型产业向技术密集型产业调整的跳跃式发展,电子、计算机等技术密集型工业迅速增长。不仅如此,港英当局还提出"工业多元化"的发展目标,积极支持运输、通信、金融、旅游等服务业的发展,使香港地区成为世界瞩目的海运中心、贸易中心和金融中心。20世纪90年代以来,"一国两制"的伟大方针推动了香港地区产业结构升级。"一国"带来了优越的政治便利条件,促使大量港资企业涌入到拥有丰富劳动力资源和廉价土地的珠江三角洲地区,推动了由制造业与服务业并重转变为以服务业为核心的产业结构升级;"两制"保证了香港的世界金融中心地位,以及自由贸易的继续发展,为香港经济结构的顺利转型提供了开放的国际(地区)环境和有利的政策保障。进入21世纪,随着港资大量流入以珠江三角洲、长江三角洲为代表的内陆地区,大规模的企业集群逐渐形成并转变为香港制造业的生产基地,对贸易服务、产品设计、研究开发、市场推广等业务产生巨大需求，这些边际利润高于制造业的服务业吸引了大量资金和劳动力，促进了香港服务业的高速增长，确立了香港经济以制造业为主向以服务业为主转变的发展方向(张光南和陈广汉，2009)。

4. 新加坡产业结构演进

新加坡作为一个城市国家，自然资源十分匮乏，为摆脱困境，新加坡政府以发展工业为突破口，于 1960 年颁布了《新兴工业法》，大力发展与国民生活密切相关的轻工业，采用进口替代工业化战略，大量进口原材料和零部件，利用本地丰富的劳动力优势，重点发展劳动密集型轻工业。1965 年，新加坡脱离马来西亚，宣布独立。受自身条件的限制，进口替代工业化战略难以维系，迫使新加坡转向出口导向型的经济发展战略。这一时期，新加坡政府积极创造良好的投资环境，吸引外资，重点发展造船、炼油、电子三大支柱产业。20 世纪 70 年代末期，国际市场竞争越发激烈，周边国家以低廉的劳动力价格吸引了大量外资进入，大量竞争性出口产品的增长对新加坡出口导向型经济产生严重冲击，再加上西方贸易保护主义力量增强，使新加坡经济发展面临较大压力。为此，新加坡政府引导劳动密集型产业向其他发展中国家转移，而重点引进资本密集型产业和技术密集型产业，以实现产业结构高级化。这一过程持续到 20 世纪末，第二产业产值比重持续上升，其工业化过程经历了高速增长并迈向成熟阶段，进入后工业化时代。21 世纪初，新加坡全面完成工业化进程并步入新兴发达国家行列，到 2011 年，第三产业产值占比为 72.4%，就业人数占比为 80.8%，劳动力由资本、技术密集型产业向以金融服务业、贸易旅游业为代表的知识密集型产业转变，服务业已经成为带动新加坡经济增长的主导产业(胡晶，2013)。

3.1.3 东盟四国产业结构演进

经济全球化背景下，在日本、亚洲四小龙产业结构成功转型的带动与示范效应下，东亚其他发展中国家和地区纷纷结合自身的经济发展情况，制定优惠的贸易和投资政策，实行出口导向型的工业化战略。到 20 世纪 80 年代，泰国、马来西亚、印度尼西亚及菲律宾的产业结构转型与经济发展效果较为明显，一跃成为东亚地区经济发展的"后起之秀"。

1. 泰国产业结构演进

得天独厚的地理位置与气候条件，使泰国的农业生产在其经济增长和对外贸易中发挥了重要的作用，但在第二次世界大战前，泰国的农业结构一直处于单一的种植业状态。50 年代初期，泰国进入由政府主导发展的进口替代工业化时期，产业发展重点放在采矿、木材加工、纺织等国内紧缺的消费资料和部分生产资料上，但由于从生产到销售的全面垄断，这一阶段的产业调整效果并不明显。20世纪60年代初，泰国政府提出由民间资本主导发展进口替代工业，并实施第一个"五年计划"和第二个"五年计划"，鼓励民间资本和外国资本对本国直接投资。这一时期，不仅纺织、造纸、食品加工等轻工业得到较大程度的发展，汽车、电子、石油等重化工业也粗具规模，使泰国经济逐步摆脱了只依靠农业的单一畸形产业结构。20世纪70年代，受国际产业转移浪潮的影响，泰国政府一方面继续对进口替代工业进行保护与扶持，另一方面开始大力发展以劳动密集型制造业为主的出口导向型工业，但由于起步较晚，又在国际(地区)市场上面临亚洲四小龙的激烈竞争，这一期间的产业结构升级较为缓慢。受此影响，80年代中后期，泰国政府决定实施"新兴农业关联工业"的经济发展战略，并对国内产业结构进行新一轮调整。这次调整仍以面向出口导向为中心，进一步推进农业集约化经营、工业多层次化和经济结构多元化发展(汪斌，1997)。为了实现产业结构调整的目标，泰国政府采取一系列政策措施，包括进一步放宽对外的限制、降低进口关税、放松金融管制，使大量外资及资本品流入泰国，到20世纪90年代中期，泰国连续多年积累大量的贸易逆差，成为1997年泰铢暴跌、亚洲爆发全面金融危机的主要原因。在经历亚洲金融危机冲击后，泰国政府实施加强出口与拉动内需的"双轨发展"策略，然而2008年的全球金融危机及世界经济低迷状态使泰国经济萎缩，直到2010年泰国经济才有所回升，随着国际经济形势好转，泰国对美国、欧盟、日本和中国的出口大幅增长，再加上国内消费和政府支出的增长，泰国经济进入快速发展阶段。总体来看，泰国产业结构转型的特点表现为由以初级产业为主向以加工工业为主转变，在此过程中，吸引的对外直接投资不断增加，形成以制造业出口为主的外向型工业化国家。

2. 马来西亚产业结构演进

第二次世界大战后初期，受长期殖民统治的影响，马来西亚的经济发展主要依靠天然橡胶和锡两种初级产品的出口。1957年，马来西亚政府为了改变单一的经济结构，在推行"农业多元化"方针的同时开始建立和发展进口替代工业，一方面对新兴的民族工业提供优惠措施，另一方面对相关进口产品征收保护性关税，使本国劳动密集型的消费品工业在这一期间得到了较大程度的发展。到20世纪60年代后期，虽然进口替代工业的发展改变了马来西亚单一的经济结构形态，但也面临许多问题和矛盾。为了进一步加快改造旧的经济结构，1970年马来西亚政府提出"以工业化为中心，实现经济均衡发展，相对缩小贫困阶层"的新经济政策。在这一政策的引导下，食品、纺织、电子组装等劳动密集型产业逐渐由进口替代转向出口导向，成为拉动国民经济增长的重要力量。同时，围绕强化纤维、电机、电子组装、食品、木材加工等劳动密集型出口工业的竞争力,实行以机械工业为中心的一部分重化工业的进口替代。因此,这一阶段具有以出口导向为主且带有一部分进口替代的二重工业化特点。20世纪80年代,随着经济基础的改善与产业结构的升级,马来西亚开始选择发展进口替代型的重化工业,如汽车工业、电子电器业、石油化工及石油天然气的采炼业等。然而,80年代中期在世界经济衰退、国际市场初级产品价格大幅度下降、发达国家贸易保护主义加强的冲击下,马来西亚被迫中断以重化工业为中心的产业结构调整战略,进入工业化调整的新阶段。新一轮产业结构仍然以出口导向型为中心,但强调提高工业出口的结构层次,重点发展电子电器、运输设备、橡胶产品、石油化工产品等工业。80年代后期,马来西亚抓住国际(地区)产业调整和转移的机会,大量承接日本和亚洲四小龙向外转移的劳动密集型制造业,通过产业转移获得充足的资本与先进的技术,进一步提高了本国经济在国际(地区)产业分工中的地位和优化了出口结构,使马来西亚从一个以初级产品生产为主的落后农业国转变为一个新兴的工业化国家。进入21世纪,经济全球化和信息化浪潮促使马来西亚政府进行了产业结构调整与升级,制定了未来10年的发展纲要,即以发展知识经济为基础,重点发展电子电器业,并向高附加值转化;服务业重点发展旅游、保健、金融、教育和运输业,实现从传统经济模式向知识经济转化的发展目标(户怀树,2009)。

3. 印度尼西亚产业结构演进

印度尼西亚是世界上最大的群岛国家,也是东南亚地区国土面积最大的国家。印度尼西亚在1945年独立之后,为了摆脱工业产品严重依赖进口的困境,印度尼西亚政府在1965年提出重点发展进口替代型工业。此外,由于拥有丰富的石油、天然气等自然资源,印度尼西亚通过长期出口油气获得巨额的外汇收入,借助这一优势,印度尼西亚政府大力发展资本密集型产业,产业结构由以发展轻工业为主转向以发展石油化工、钢铁、汽车制造等产业为代表的重工业为主,实现了从劳动密集型产业向资本密集型产业的过渡。政府不仅向本国的企业提供低息贷款、进口许可等优惠政策,还对同类进口产品实行关税和非关税等贸易保护措施,至20世纪70年代末期,进口替代战略对印度尼西亚的产业结构调整与经济发展起到了积极的促进作用。进入20世纪80年代,由于国际市场形势的变化,印度尼西亚政府被迫在20世纪80年代中期调整了产业结构发展战略,由进口替代型转向出口导向型。一方面大力促进非石油、天然气产品的出口,另一方面着手实行"第二次进口替代"工业化战略,进一步提高工业化水平。在这一阶段,印度尼西亚大力发展劳动密集型加工制造业,如木材、橡胶、藤业、食品和纺织业等,以改变以往过分依赖油气生产和出口的经济结构。与此同时,进一步放宽投资条件,加大外资引进的力度，抓住日本和亚洲四小龙的产业向外转移这一机遇，积极引进外资和先进技术设备，极大促进了印度尼西亚的工业化进程。到20世纪80年代末期，由于适时转换了工业发展战略，对产业结构进行了大幅度调整，不仅出口结构得到明显改善，非资源密集型产品的出口也快速增加，印度尼西亚经济摆脱了困境，进入快速发展时期。1997年爆发的亚洲金融危机给印度尼西亚造成了沉重打击，也暴露出了出口导向经济战略对外国市场高度依赖的弊端，以及产业结构的不合理。为改善这种状况，印度尼西亚政府实施了一系列政策措施，提出了以制造业推动经济增长的发展策略，制定了2005~2009年制造业年平均增长率达到8.1%的发展目标(陈娟，2009)。同时，将促进服务业快速发展以提高服务业在三次产业结构中的比重作为推进经济结构调整的有效途径。经过对产业结构的有效调整，印度尼西亚已经逐渐走出亚洲金融危机的阴影，经济开始稳步增长，日渐成为世界经济最活跃的区域之一。

4. 菲律宾产业结构演进

菲律宾在1946年摆脱美国殖民统治宣告独立，相对于其他东南亚国家而言，菲律宾的工业化进程起步较早。由于长期受殖民统治，国内产业结构较为单一，消费需求几乎完全依赖进口来满足。因此，独立后的菲律宾从1949年开始就采取一系列产业调整措施，限制进口，发展以进口替代为目的的民族工业。随着国内市场对进口替代消费品的需求趋于饱和，到20世纪60年代中期，进口替代工业几乎处于停滞状态。这种情况下，菲律宾政府并没有像其他东盟国家那样充分利用当时国际产业转移的有利条件，错失了发展面向出口工业的重要机遇，从而导致这一时期国内经济增长速度下降，产业结构升级转型进展缓慢。20世纪70年代中期，菲律宾政府才开始切实有效地落实鼓励出口、吸引外资等方面的政策，进行面向出口工业化的产业结构调整，并取得了一定成绩。但是，由于国内长期对进口原材料和中间产品形成高度依赖，国际收支情况不断恶化，外债额度不断增长，出口加工工业发展大多采取委托加工形式，产业关联度较弱，国民经济受出口拉动的效应十分有限。为此，菲律宾政府决定在发展出口导向型工业的同时，大力发展重化工业，以满足国内生产对中间产品的需求。然而，受国际经济不景气及国内政局动荡的影响，这一产业结构调整战略最后以失败告终。1986年阿基诺政府上台，制订了"中期发展计划"，将菲律宾工业化进程带入一个新的时代，这次产业结构调整以促进私有化为中心推进工业体制改革，积极吸引外国投资，扩大能源生产，推进出口增长，到20世纪80年代末期，菲律宾经济得以恢复。20世纪90年代初，拉莫斯政府采取一系列振兴经济措施，经济开始全面复苏，并保持较高增长速度。1997年爆发的亚洲金融危机对菲律宾的冲击不大，但其经济增速明显放缓。21世纪初，在菲律宾政局动荡及全球经济不景气等因素的影响下，菲律宾经济受到严峻考验。2001年阿罗约总统执政后，加大对农业和基础设施建设的投入，扩大内需和出口，国际收支得到改善，经济保持平稳增长。2008年，菲律宾经济先后受国际能源、粮食价格上涨和金融危机的影响，经济增速放缓。2010年，阿基诺三世政府履职，致力于解决行政效率低下、经济结构畸形、基础设施落后、吸引外资乏力等问题，取得了一定的成效，菲律宾经济取得了较高增速，经济结构不断向服务业倾斜，家庭消费成为经济增长的主要动力，进出口持续增长，虽然经济结构基本合理，但主要产业发展失衡，市场效率尚待提高，经济发展"有速度无质量"，面临较大困难和隐患，总体水平落后于马来西亚与泰国。

3.1.4 中国产业结构演进

1. 三次产业结构演进趋势分析

相对于其他东亚主要经济体，中国产业结构转型起步较晚，是改革开放推动了中国产业结构的演进。如表3.1所示，1978年，中国第一产业增加值占国内生产总值(gross domestic product，GDP)的比重为27.7%，第二产业增加值占GDP的比重为47.7%，第三产业增加值占GDP的比重为24.6%，产业结构呈"二、一、三"格局。改革开放初期，通过实施家庭联产承包责任制，极大地调动了农民的积极性，释放了农业生产力，促进了农业生产和农村经济的发展，第一产业增加值占GDP的比重迅速上升，1982年高达32.8%。随着居民收入的增加及工业品消费的扩大，服务需求不断上升，1985年第三产业增加值占GDP的比重首次超过第一产业，实现了产业结构转型的第一次跨越，形成了"二、三、一"的产业结构格局。在接下来的近30年里，中国经历了工业化中期的漫长历程，第二产业作为国民经济的支柱产业，所占GDP比重虽有波动，但一直保持在41%~47.6%，第一产业增加值占GDP的比重整体呈下降趋势，第三产业增加值占GDP的比重整体呈上升趋势。直到2012年，第三产业增加值占GDP的比重超越了第二产业[①]，实现了产业结构转型的第二次跨越，形成了"三、二、一"的产业结构新格局。中国产业结构演进的趋势符合库兹涅茨提出的产业结构演进规律。

---

① 2012年第二产业增加值为244 643.3亿元，第三产业增加值为244 821.9亿元，GDP为540 367.4亿元，显然，第三产业增加值高于第二产业增加值。因表3.1中数据统一保留了一位小数，所以表3.1中2012年第二产业增加值占GDP的比重与第三产业增加值占GDP的比重均为45.3%，但实际上2012年第三产业增加值占GDP的比重(45.306 56%)高于第二产业增加值占GDP的比重(45.273 51%)。

第3章 东亚区域产业结构演进的趋势分析

表 3.1 1978~2014 年中国三次产业增加值占 GDP 的比重

年份	第一产业增加值占 GDP 的比重	第二产业增加值占 GDP 的比重	第三产业增加值占 GDP 的比重	年份	第一产业增加值占 GDP 的比重	第二产业增加值占 GDP 的比重	第三产业增加值占 GDP 的比重
1978	27.7%	47.7%	24.6%	1997	17.9%	47.1%	35.0%
1979	30.7%	47.0%	22.3%	1998	17.2%	45.8%	37.0%
1980	29.6%	48.1%	22.3%	1999	16.1%	45.4%	38.6%
1981	31.3%	46.0%	22.7%	2000	14.7%	45.5%	39.8%
1982	32.8%	44.6%	22.6%	2001	14.0%	44.8%	41.2%
1983	32.6%	44.2%	23.2%	2002	13.3%	44.5%	42.2%
1984	31.5%	42.9%	25.5%	2003	12.3%	45.6%	42.0%
1985	27.9%	42.7%	29.4%	2004	12.9%	45.9%	41.2%
1986	26.6%	43.5%	29.8%	2005	11.6%	47.0%	41.3%
1987	26.3%	43.3%	30.4%	2006	10.6%	47.6%	41.8%
1988	25.2%	43.5%	31.2%	2007	10.3%	46.9%	42.9%
1989	24.6%	42.5%	32.9%	2008	10.3%	46.9%	42.8%
1990	26.6%	41.0%	32.4%	2009	9.8%	45.9%	44.3%
1991	24.0%	41.5%	34.5%	2010	9.5%	46.4%	44.1%
1992	21.3%	43.1%	35.6%	2011	9.4%	46.4%	44.2%
1993	19.3%	46.2%	34.5%	2012	9.4%	45.3%	45.3%
1994	19.5%	46.2%	34.4%	2013	9.3%	44.0%	46.7%
1995	19.6%	46.8%	33.7%	2014	9.1%	43.1%	47.8%
1996	19.3%	47.1%	33.6%				

资料来源：国家统计局网站

注：本表的数据因进行了约分，可能存在比例合计不等于100%的情况

图 3.1 清晰反映了中国产业结构演进的过程。

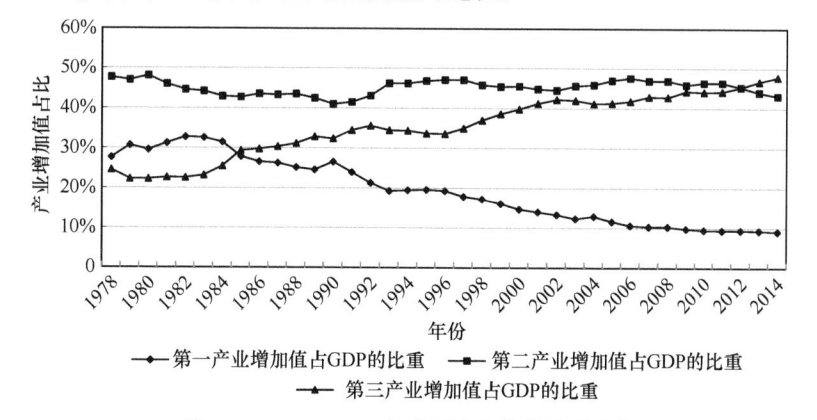

图 3.1 1978~2014 年中国产业结构演进趋势

由图 3.1 可以看出，1978~2014 年，第一产业增加值占 GDP 的比重呈现明显的下降趋势，从 1978 年的 27.7%下降到 2014 年的 9.1%，下降了 18.6 个百分点。第一产业增加值占 GDP 的比重下降最快的期间是 1982~2006 年，这个期间也是服务业快速发展的期间。而 2006 年以后，第一产业增加值占 GDP 的比重下降幅度变小，趋于稳定状态，表现出人口大国的产业结构特征。

第二产业增加值占 GDP 的比重虽然从 1978 年的 47.7%下降到 2014 年的 43.1%，下降了 4.6 个百分点，但是呈现出起伏波动的变化特征。改革开放初期，第二产业增加值占 GDP 的比重下降，20 世纪 90 年代后，随着电子设备、通信设备、计算机和汽车产业的快速发展，第二产业增加值占 GDP 的比重大幅上升。但是进入 21 世纪，由于企业改革的后遗症，以及工业内部轻工业与重工业，传统产业与现代产业，劳动密集型产业与资本密集型产业、技术密集型产业的转型不利，第二产业增加值占 GDP 的比重有所下降。2003 年，振兴东北老工业基地等一系列政策和新兴工业化举措的出台促进了工业的发展，第二产业增加值占 GDP 的比重又开始回升。但是工业化进程的中后期，第三产业增加值占 GDP 的比重势必要超过第二产业，中国的这一超越在 2012 年实现了。

改革开放以来，第三产业增加值占 GDP 的比重一直呈明显的上升趋势，1978~2014 年，由 24.6%上升到 47.8%，上升了 23.2 个百分点，说明中国经济发展已进入工业化后期，正向后工业化时代迈进。随着现代工业的发展和消费需求的升级，全面的生产服务和生活服务越来越重要，服务业对经济增长的贡献也越来越突出，因此，中国的产业结构将继续以"三、二、一"的新格局前进。

2. 制造业内部结构演进趋势分析

在工业化进程中，第二产业对经济增长起到了重要的推动作用，而作为第二产业重要组成部分的制造业是经济增长和产业转型的主要支撑。近年来，特别是进入 21 世纪以来，中国制造业规模增长迅速，2000~2014 年，制造业规模以上工业企业销售产值由 72 986.11 亿元上升到 963 836 亿元，年平均名义增长率为 20.24%。伴随着规模增长，制造业内部结构也发生了巨大变化，从内部结构变化来看，以食品制造业，纺织服装、服饰业，木材加工和木、竹、藤、棕、草制品业为代表的轻工业的销售产值占制造业规模以上工业企业销售产值的比重从 2000 年的 28%下降到 2014 年的 24%，而以石油加工、炼焦和核燃料加工业，化学原料和化学制品制造业，电气机械和器材制造业为代表的重工业所占比重从 2000 年的 72%上升到 2014 年的 76%[①]，表明中国制造业内部结构正在由

---

① 资料来源：国家统计局网站。

以劳动密集型为主导的轻工业向以资本密集型和技术密集型为主导的重工业挺进。

从制造业各部门变化趋势来看，2000~2014年，12个轻工业部门中有9个部门销售产值占制造业规模以上工业企业销售产值的比重有所下降，分别是酒、饮料和精制茶制造业，烟草制品业，纺织业，纺织服装、服饰业，皮革、毛皮、羽毛及其制品和制鞋业，木材加工和木、竹、藤、棕、草制品业，家具制造业，造纸和纸制品业，印刷和记录媒介复制业，其中下降幅度最大的是纺织业，由2000年的6.86%下降到2014年的4.23%，主要原因是以纺织业为代表的劳动密集型产业的国内生产已经失去比较优势，很多转移到具有比较优势的其他发展中国家或地区，从而减少了本国产品的生产，进而推动了产业结构向高级化转变。其他轻工业部门销售产值的占比较小，而且变化不大，对经济增长的贡献有限。在重工业部门中，资本密集型产业与技术密集型产业占比较高的是通信设备、计算机及其他电子设备制造业，黑色金属冶炼及压延加工业，石油加工、炼焦及核燃料加工业，化学原料及化学制品制造业，其中通信设备、计算机及其他电子设备制造业与石油加工、炼焦及核燃料加工业的比重下降比较明显，分别下降了1.27个百分点和1.8个百分点。而非金属矿物制品业，黑色金属冶炼及压延加工业，有色金属冶炼及压延加工业，汽车制造业，铁路、船舶、航空航天和其他运输设备制造业的比重上升较为明显，其他产业的比重变动不明显。

由此可见，自从中国主导产业由劳动密集型产业转向资本密集型产业和技术密集型产业以后，虽然石油加工、炼焦及核燃料加工业，化学原料及化学制品制造业等重工业部门迅速发展，推动了经济增长，但工业化进程并没有快速推进，黑色金属冶炼及压延加工业、有色金属冶炼及压延加工业等资本密集型产业仍然作为推动制造业增长的主要力量，而通信设备、计算机及其他电子设备制造等技术密集型产业的比重并没有呈现稳定的上升趋势，没有成为推动经济增长的主要力量。因此，中国产业结构还处在由资本密集型产业主导向技术密集型产业主导转变的阶段。

从东亚各国和地区产业结构相对独立演进的过程来看，东亚区域产业结构的演进既具有相似性也存在一定的差异性。相似性在于各国和地区经济在主导产业有序更替的过程中，实现从传统社会到经济起飞的跨越，并且在这一过程中，产业结构调整战略与经济发展模式也较为相似。不同的是，由于各个国家和地区受自身资源及外部条件的制约，各国和地区主导产业部门不同，且更替和转换的速度与方向也不同。总体上，东亚区域在第二次世界大战后的经济发展过程中主要经历了四次较大规模的产业结构演进，每次结构调整参与的国家和地区有所不同，参与调整的内容也存在差异，这也是东亚区域产业结构演进的主要特征之一。

3.2 东亚区域产业结构的整体演进

20世纪60年代以来,经济的高速增长使东亚区域成为世界经济发展最活跃的区域之一且备受瞩目。东亚各国和地区获得的成就主要建立在它们成功的产业结构调整战略的基础上。从3.1节对产业结构的相对独立演进的分析中我们不难发现,东亚各国和地区均经历一个连续产业结构调整下的工业化进程:从农业部门到劳动密集型部门(轻工业),再到资本密集型部门(重化学工业),乃至技术密集型部门(精密电子工业)。各国和地区产业结构调整战略也在东亚引发了区域内的溢出效应,该效应主要是由日本及亚洲四小龙等对区域内直接投资所带动的产业转移引发,使东亚区域各国和地区产业结构转型、优化的同时,也形成了区域产业结构整体演进的发展模式。

3.2.1 雁行模式的提出与演化

雁行模式的概念由日本经济学家赤松要于1935年提出,他在研究三种羊毛产品进口—国内生产—出口三个阶段的过程中,总结了三种产品在不同阶段随时间演进所呈现的趋势线,线条的形状类似展翅飞翔的大雁,因此被称为雁行模式理论。该理论描述了一国产业结构的基本变化规律。对后进工业化国家的产业发展而言,由于比较成本结构是动态的、不断变化的,其在第一阶段出口初级产品,进口工业制成品,此时,它与先进工业化国家在比较成本结构方面存在质的差异,属于垂直型分工。进入第二阶段后,由于国内工业的发展,本国产品与进口工业制成品逐步趋于同质,于是产生了进口替代效应,进口工业制成品的趋向减弱。第三阶段,国内工业制成品的比较优势逐渐显现,本国产品大量出口,开始是向后进国家出口,随后发展到向发达工业化国家出口。

赤松要的雁行模式理论形象地描述了日本产业发展模式,但该理论还仅停留在对单个产业的实证研究,而在动因分析及模型化等方面还十分欠缺(王乐平,1990)。随后,众多日本学者在赤松要雁形模式理论的基础上进一步扩展,将雁行模式理论进行了丰富与完善。小岛清认为,不仅特定国家某一产业的发展可以被描述为进口—国内生产—出口的三阶段雁行模式,这种变化趋势还将依次传递到不同产业中去,即以消费品为代表的初级工业生产品的进口—国内生产—出口,为重化工业的发展提供了技术、设备的资金支持,促进了煤炭、钢铁等工业部门产品的进口—国内生产—出口的雁行模式的出现,最终这种演进趋势过渡到具有高附加值的精密制造工业,实现了一国产业结构的升级,体现了产业间雁行模式依次更迭。在此基础上,赤松要进一步将雁行模式理论延伸到跨国产业转移的范畴。他认为，雁行模式理论体现为国家间的一种追赶效应，先进工业化国家率先完成初级工业产品的进口—国内生产—出口的过程，进而将失去比较优势的产业向新兴工业化国家转移，从而带动工业发展后进的国家实现产业结构升级。后进工业化国家沿着先进工业化国家的产业发展轨迹不断追赶，正是在这种追赶效应中实现了产业内部国际分工。因此，雁行模式理论为东亚区域内产业转移及产业结构升级等方面的研究提供了理论基础。

小岛清对赤松要的雁行模式理论进行了扩展，将其定义为经济后发国家追赶的产品生命周期。他认为，雁行模式理论与产品生命周期理论既有区别又有联系。费农的产品生命周期理论描述了新产品研发—国内生产满足需求—产品出口—资本、技术出口—产品进口—研发新产品的循环往复特征，立足点在于探究先发国家产品出现、发展、成熟、衰落的循环规律，而雁行模式理论注重讨论后发国家通过引进先发国家发展成熟的产业及先进技术，结合自身的比较优势，加速推动本国产业的发展，并实现产业结构的不断升级。但两者都是一种循环过程，而且经历的阶段也基本一致，虽然产品生命周期起点是新产品研发，而雁行模式起点是技术引进，两者却可以看作一个整体系统循环过程中的两个局部循环，先发国家新产品的出口引发了资本和技术出口，为后发国家雁行模式的追赶效应提供了必要条件，并且遵循先发国家的发展轨迹实现自身产业升级。另外，后发国家要想摆脱追赶的地位实现赶超，就要通过在引进技术的基础上进行自主研发，实现新产品、新技术的突破，即从"雁尾"阶段进入产品生命周期阶段。其后的研究都基于雁行模式理论及产品生命周期理论，围绕某一产业在本国内部的循环发展过程及同一产业在不同国家之间的更迭等。

山泽逸平对赤松要的雁行模式理论进行了补充，将整个周期过程细分为引进、进口替代、出口、成熟、逆向进口五个阶段，在引进阶段，进口国通过消费和生产两种行为满足本国的产品需求，并形成学习效应，不断提高本国生产技术水平，当与处于领先地位的产品生产水平相差无几时，产品生产已经能够满足国内需求，形成了进口替代。生产规模的扩大和生产效率的提高使产品在出口中具有竞争优势，而后发国家的追赶效应使本国逐渐失去比较优势，生产停滞导致本国再次向后发国家进口。此外，山泽逸平对雁行模式的发展进行了两个方面的扩展：一方面，一国内部各产业在经过上述各个基本阶段的演进时，遵循从劳动密集型产业向资本密集型产业转移，最终转向技术密集型产业的顺序。例如，日本产业的发展顺序是从纤维纺织产业转向煤炭、钢铁工业，最终以汽车制造及电子、精密仪器制造产业为主导产业。另一方面，阐述了国际产业转移的规律，即国际产业的比较优势发生转变后，先发国家通过直接投资的方式将发展成熟的产业转移到后发国家，促进后发国家产业结构的升级。正如日本引进欧美发展成熟的产业，以及亚洲四小龙承接日本的产业转移，随着泰国、印度尼西亚等一批新兴发展中国家的兴起，这些国家必然引进先发国家(地区)的先进技术，进入到雁行模式发展阶段。从具体国家(地区)间产业布局来看，日本是"雁头"，亚洲四小龙是"雁身"，东盟四国是"雁尾"。

3.2.2 东亚雁行模式兴起

第二次世界大战之后，美国为了进一步确立其在全球经济中的领先地位，率先进行产业结构调整，引发国际分工格局的改变与国际产业转移。在此过程中，日本有效地把握住机会，一方面通过承接美国转移的服装、食品等产业大力发展劳动密集型产业，通过出口贸易获得了引进技术与更新设备的外汇，进口工业机械设备促进了机械制造业的快速发展，推动了日本产业结构由劳动密集型向资本密集型的转变，产业结构的升级证明了日本"贸易立国"策略的成功。另一方面，日本确立了以重化工业为主导产业的经济发展目标，将逐渐失去比较优势的劳动密集型产业和一部分资本密集型产业通过对外投资向海外转移，将钢铁、化工、海运等资本密集型产业作为发展重点，通过大规模引进欧美国家和地区的先进技术，逐步实现进口替代和国内生产，从而带动整个国民经济的快速发展。

20世纪60年代，在美国的扶持下，日本顺利完成了国民经济复苏与重建，进入产业结构调整与升级的快速发展阶段，其对发达国家产业转移的承接由劳动密集型转向资本密集型和技术密集型。与此同时，亚洲四小龙通过实施出口导向型的外向经济战略吸引外资和先进技术，其初级加工业有了一定程度的发展，逐渐成为日本在亚洲直接投资的理想场所。同时，韩国、中国台湾还利用国际(地区)产业转移的机遇，积极扶持钢铁、化工等进口替代型重工业，推动经济进一步发展。正是在这一时期出现了第二次世界大战后"日本经济奇迹"，也造就了亚洲四小龙的崛起。

20世纪70年代至80年代末，受石油危机爆发、能源价格高涨的影响，发达国家高能耗的重化工业生产成本骤升，迫使其将这些产业进行海外转移，转而发展电子、新能源等高附加值、低能耗的技术密集型产业。80年代中后期，由于日元大幅度升值及亚洲四小龙汇率上升，劳动力成本逐渐上升，亚洲四小龙纷纷效仿日本在20世纪60年代的产业结构调整战略，即将资本密集型产业作为发展的重点，一方面通过承接发达国家的产业转移，以及大量引进先进技术和设备，促进如钢铁、造船及化工等重工业的发展，另一方面，充分利用东盟四国低廉、丰富的劳动力资源这一优势，日本将失去竞争优势的产业及已投资在亚洲四小龙的产业改投向东盟四国，亚洲四小龙也将劳动密集型产业转移到东盟四国，东盟四国在此机遇下大力吸引外资，实施出口导向型的经济发展战略，促进了自身产业结构升级。20世纪80年代中期以来，东盟四国在出口导向型的经济发展战略下，加工贸易快速发展，逐步实现了通过产业调整带动经济发展的目标。

总体而言,东亚地区产业转移经历了三个阶段:第一阶段是20世纪60年代,日本将劳动密集型产业向亚洲四小龙等转移的阶段。第二阶段是20世纪70年代,亚洲四小龙失去劳动力成本的比较优势,将劳动密集型产业向东盟四国转移的阶段。第三阶段是20世纪80年代后期,随着日本产业结构的不断升级,开始了将部分技术密集型产业向亚洲四小龙和东盟四国的转移,促进了两个区域产业结构的升级。东亚地区的产业转移过程形成了合理的产业分工。其中,日本拥有先进的技术、精良的设备和雄厚的资金,位居区域经济主导地位,主要从事新产品的导入,同时也是劳动密集型产品的重要出口市场;亚洲四小龙具有一定的技术水平和装备制造能力,重点发展资本密集型产业;中国和东盟四国以发展劳动密集型产业为主,是东亚地区的产品加工装配基地。

3.2.3 雁行模式的衰落

随着日本、亚洲四小龙及东盟四国经济的相继起飞,雁行模式的弊端逐渐显现出来,这种后进国家和地区追赶式的发展模式将经济增长完全建立在外部条件之下,严重依赖吸引外资与引进新产品与新技术来完成产业升级是不可持续的,必然会因缺乏自主创新能力而走向衰落。

自从20世纪60年代以来,日本通过引进欧美先进的技术并在消化、吸收的基础上进行技术二次开发,使制造业生产技术水平获得大幅度提高,其产品较好地满足了市场需求。日本的技术引进是有选择性的,即以具有较好的市场前景的技术作为目标,并对引进的技术实施二次研发,都是基于商业目的。因此,其技术研发过程是间断的,缺乏完整的研发体系,而创新性研究需要长期的基础科学知识的积累,而且前后知识需相互关联,形成完整的体系。日本显然缺乏基础研究能力,只能充当阶段性技术创新者,无法成为技术领先者。另外,日本技术创新的实质是模仿创新,需要对引进的新技术进行长期的消化、吸收,才能创造出更适合行业需求和自身发展的新技术。对于诸如钢铁、煤炭等产品的生命周期长的重化工业来说,新技术的模仿具有较长时间的"红利",但在信息经济时代,产品的生命周期严重缩短,导致日本在高新技术开发与应用上已退出行业前列,明显暴露了其创新能力不足的弊端。日本作为东亚经济的"雁头",在区域产业结构调整中处于主导地位,其技术创新能力的匮乏必然减缓产业结构升级的进程,而作为"雁身"的亚洲四小龙和"雁尾"的东盟四国的技术引进也将遇到阻碍,致使东亚各国和地区产业的雁行模式发展趋势趋于停滞。

知识经济时代技术创新能力的不足使日本未能抓住形成高科技主导型产业结构的机遇。与此同时,在世界经济发展的新形势下,欧美等发达国家和地区调整了国际(地区)产业布局的战略,把部分技术密集型产业未经日本直接向东亚其他国家或地区转移,大大削弱了日本的"雁头"效应。另外,由于担心出现"产业空心化"及其亚洲经济霸主地位的动摇,20世纪90年代中期以来日本对东亚的直接投资处于停滞不前的状态。从产品内分工的视角来看,日本企业向东亚地区转移的大多是成熟的最终产品装配环节,而产品研发、高技术生产环节则保留在国内,招致东道国(地区)对日本的技术转让普遍不满,进一步削弱了日本的"雁头"效应,使雁行模式失去了发展的活力与动力。作为"雁身"的亚洲四小龙和"雁尾"的东盟国家,在国际(地区)产业转移的浪潮中通过承接美国与日本的产业转移实现了经济的快速增长与产业结构升级,它们与"雁头"日本的产业结构差异正在逐渐缩小,导致各国或地区间的产业互补性下降,竞争性逐渐加强。例如,在日本与亚洲四小龙间的贸易总额中,相同产品累计占比在1970年为29.3%,1980年上升至42.1%,到了1990年高达48.0%;而在日本与东盟四国间的贸易总额中,这一比例在1970年仅为6.1%,1980年为12.6%,1990年上升至18.9%(汪斌,1997)。由此可见,东亚各经济体出口相同产品的比例不断增加,竞争性逐渐增强,雁行模式的产业间分工格局正在被打破。

3.2.4 东亚区域国际分工体系的重构

20世纪90年代至21世纪初期,受日元升值、日本国内泡沫经济崩溃的影响,持续低迷的经济状况使日本无法扮演东亚经济增长的"先驱者"角色。亚洲四小龙和东盟四国受金融危机爆发等因素的影响,经济也处于停滞不前甚至衰退的状态。相对而言,这一时期中国更加积极开放,充分利用自身的比较优势,不断加强与东亚主要经济体的生产合作。1992年中国对东亚区域的进出口贸易总额为1034亿美元,到2006年上升至7449亿美元,年均增长15.1%,远高于东亚区域其他经济体。自2000年至2007年,中国对东亚区域的进出口贸易额年均增长21.4%。不仅如此,中国在东亚区域分工体系中的作用也与日俱增。1995年,中国与东亚主要经济体的进出口贸易总额占东亚区域贸易总量的12.1%,到2006年,中国在东亚区域内贸易总量的份额已上升至25.4%,成为新一轮东亚经济发展的驱动力(唐海燕和张会清,2008)。可以说,中国经济的崛起使东亚区域的国际分工体系发生了深刻的变化,分工模式呈现出以下新的特征。

东亚区域产业内贸易不断增长。如表3.2所示,东亚整体主要制成品部门的产业内贸易指数在1985年至2001年间持续上升,在各经济体间,除中国香港以外,其他东亚经济体主要制成品部门的产业内贸易指数均有所上升,其中,新加坡、马来西亚和泰国的主要制成品部门的产业内贸易指数较高,2001年分别为0.75、0.74和0.69;中国和中国香港较低,2001年分别为0.37和0.33。从产业层面来看,东亚区域的化学产品、机械和交通运输设备及其他制成品部门的产业内贸易指数均呈上升趋势,其中,2001年机械和交通运输设备部门的产业内贸易指数最高,达到0.60,其他制成品部门最低,为0.43。除韩国、中国香港和菲律宾外,其他东亚经济体在化学产品部门的产业内贸易指数均有所上升,机械和交通运输设备部门除中国、中国香港及新加坡以外的六个经济体的产业内贸易指数均有所上升,其他制成品部门的产业内贸易指数只有中国与中国香港下降,其他七个经济体均上升。由此表明,东亚产业内贸易比重在20世纪90年代后不断增加,并且区域分工模式逐渐由产业间分工转变为产业内分工。

表3.2 东亚区域产业内贸易指数

经济体	主要制成品			化学产品			机械和交通运输设备			其他制成品		
	1985年	1995年	2001年	1985年	1995年	2001年	1985年	1995年	2001年	1985年	1995年	2001年
菲律宾	0.38	0.42	0.48	0.51	0.24	0.31	0.45	0.56	0.53	0.21	0.21	0.33
韩国	0.27	0.39	0.50	0.32	0.32	0.31	0.31	0.38	0.61	0.23	0.43	0.40
马来西亚	0.59	0.69	0.74	0.36	0.62	0.74	0.71	0.74	0.75	0.44	0.56	0.68
日本	0.20	0.34	0.46	0.36	0.34	0.47	0.10	0.35	0.53	0.28	0.33	0.34
泰国	0.47	0.65	0.69	0.28	0.46	0.47	0.53	0.72	0.78	0.51	0.55	0.58
中国香港	0.42	0.36	0.33	0.37	0.24	0.30	0.54	0.46	0.34	0.34	0.30	0.31
新加坡	0.64	0.73	0.75	0.34	0.53	0.39	0.84	0.80	0.81	0.43	0.50	0.61
印度尼西亚	0.22	0.40	0.51	0.30	0.65	0.67	0.11	0.34	0.57	0.23	0.34	0.37
中国	0.32	0.29	0.37	0.21	0.42	0.38	0.52	0.39	0.46	0.29	0.23	0.28
东亚	0.37	0.47	0.54	0.34	0.42	0.45	0.44	0.53	0.60	0.31	0.38	0.43

资料来源:Francis和Alexander(2003)

垂直型产业内贸易较为突出。如表3.3所示,相对于产业间贸易,这一时期东亚区域的水平型产业内贸易和垂直型产业内贸易都在增长,分别从1996年的4.7%和16.6%上升至2000年的7.6%和23.7%,增长了2.9个百分点和7.1个百分点。显然,垂直型产业内贸易的增长幅度明显大于水平型产业内贸易的增长幅度。由此看来,这一时期,东亚区域内的产业分工以垂直型分工为主。

表3.3 东亚区域贸易模式

年份	产业间贸易	垂直型产业内贸易	水平型产业内贸易
1996	78.7%	16.6%	4.7%
1997	76.1%	17.8%	6.1%
1998	75.0%	20.0%	5.1%
1999	70.3%	24.6%	5.1%
2000	68.7%	23.7%	7.6%

资料来源:Fukao等(2003)
注:本表的数据因进行了约分,可能存在比例合计不等于100%的情况

东亚区域产品内贸易逐渐兴起。在日趋复杂的东亚区域分工体系中,零部件、中间品贸易所占比例不断增加。如表3.4所示,仅就制造业来看,东亚区域内零部件进、出口贸易份额从1993年至2005年分别从60.7%和44.0%上升至74.6%和60.9%,上升了13.9个百分点和16.9个百分点。从世界范围来看,与北美自由贸易区和欧盟相比,东亚区域的零部件贸易份额无论是进口还是出口,在2005年都是最高的,由此反映出以生产分割为主要特征的产品内分工在东亚区域体现得更加明显。同时,也说明东亚区域的分工体系正在从产业间分工向产业内分工、产品内分工转变,形成由多种分工模式并存、多条价值链相互交织的复合型网络分工体系。

表3.4 世界各区域内制造业和零部件贸易份额

地区	年份	制造业		零部件(制造业)	
		出口	进口	出口	进口
东亚	1993	40.0%	57.8%	44.0%	60.7%
	2005	44.4%	68.9%	60.9%	74.6%
北美自由贸易区	1993	46.9%	34.8%	47.8%	42.6%
	2005	51.5%	33.7%	47.8%	41.3%
欧盟	1993	66.9%	65.5%	66.1%	63.5%
	2005	58.2%	59.8%	56.5%	56.1%

资料来源:联合国统计司,转引自林桂军等(2012)

注:该表中制造业和零部件(制造业)的进、出口数据为制造业和零部件(制造业)区域贸易量占区域贸易总量的比重

随着东亚区域内分工体系的不断调整和完善,东亚各国或地区经济发展的联系也越发紧密,一方面在东亚内部形成了区域生产网络,另一方面,又将东亚区域与世界其他区域的经济发展紧密联系起来,形成全球生产网络。从一定程度上来讲,东亚区域生产网络的形成并不是对雁行模式的否定,而是脱胎于雁行模式,是对雁行模式的发展和超越。

3.3 东亚区域产业结构整体演进的动因

当代国际(地区)区域产业结构整体演进的实质,是区域内部各经济体在社会再生产过程中,生产要素、生产技术超越国界(地区)而相互形成的各种内在联系不断紧密化的发展过程。正是由于东亚区域内这些内在联系的产生和日益密切,

各经济体才形成相互关联的整体演进的动态发展趋势。从总体来看，科技进步推动国际(地区)分工不断深化是区域内部各经济体加强内在联系的直接原因，东亚区域经济发展的差异性与互补性是区域内在联系紧密化的物质基础，出口导向型发展战略与区域经济合作为东亚区域产业结构的整体演进提供了制度保障。

3.3.1 科技进步推动国际(地区)分工不断深化

从国际(地区)分工的发展趋势来看，东亚区域经历了从产业间分工到产业内分工再到产品内分工的逐渐深化过程，这一过程使各经济体在产业结构相对独立演进的同时，又形成彼此之间的相互依存、相互波及的关系，从而实现区域产业结构的整体演进。

从传统意义上来说，产品的生产需要按照一定顺序的生产流程来完成，既要求所有生产工序在空间上的统一，又要求在时间上保持连续，最终完成产品的生产。然而，科学技术的进步打破了这种传统的产品生产模式，使生产工序实现了空间上的分散与时间上的分散。空间分散是指产品的生产工序不必局限在同一企业、同一国家(地区)，可以被分散到不同企业和国家(地区)来完成，也就是说，同一产品的生产可以在空间范围内展开；时间分散是说产品的生产过程不需要按照既定顺序来完成，生产工序也可以不连贯。如果企业能够将部分生产工序与环节从生产流程中分离出去，依靠外部供应商供给，则可以认为该产品的生产具有分散化的特征。生产制造技术的成熟、信息通信与运输技术的发展均促进了产品生产的分散化。科学技术水平的高低不仅决定了产品可被分解的最小单位，也决定了部分生产工序的难易程度，从而直接影响产品生产的分散化程度。

科学技术的进步不但能细化产品生产环节，还能不断推进产业生产环节细化的过程，从而使制造业生产过程中出现模块化的新特点。关志雄(2002)指出，"所谓模块化就是将产业链中的每个工序分别按一定的'块'进行调整和分割"。生产制造技术的进步使产品的内部构造也日趋精密，模块化的生产环节本身就形成了一个复杂的制造体系。单一企业内部想要完成所有模块的生产是较为困难的，或者说是不一定具有生产优势的。因此，在信息技术高速发展的今天，企业可根据自身的优势选择产品生产的模块并且实现专业化生产，而将其他生产模块转移至具有生产优势的国家(地区)的企业来完成，这样就使更多的国家(地区)和企业参与到产品的生产过程中，增强了彼此之间的产业关联与经济关联。

另外，随着科学技术在交通、信息等方面的广泛应用，通信、物流、保险等生产性服务业快速壮大，所提供的服务价格也不断下降，从而使国际(地区)分工体系中连接各模块的服务链成本优势不断上升，提高了整体的生产效率，进一步使国际(地区)分工在全球范围内的联系更加紧密。

3.3.2 东亚区域经济发展存在差异性与互补性

产品生产分散化和模块化的实现需建立在互补性贸易与分工的基础上,要求参与国(地区)之间的要素禀赋和经济发展水平具有一定的差异性。通过前文的分析我们不难发现,东亚区域各国和地区恰好具备这样的条件,从而使彼此之间能够发挥各自的比较优势,获取比较利益,促进产品的跨国(地区)交易与生产要素的跨国(地区)流动。从微观层面来看,东亚区域这一区位特点也为跨国(地区)公司的生产分散化提供了有利条件,跨国(地区)公司根据不同国家和地区的比较优势对不同要素密集的生产环节进行配置,加强了各经济体产业结构的联系,进而推动各国和地区在产业结构演进过程中相互依存、相互补充,形成区域产业结构的整体演进。

从东亚区域产业结构整体演进的过程来看,20世纪50年代至80年代末,东亚区域内各国和地区的经济发展遵循了雁行模式,具有明显的梯度差异。作为"雁头"的日本,在其产业结构调整和升级过程中,不断向亚洲四小龙转移失去比较优势的产业,从而带动亚洲四小龙经济的发展;随后,"雁身"亚洲四小龙在其产业结构升级和经济发展中,将一些劳动密集型产业进一步转移到东盟四国,对东盟四国的经济发展也起到了推动作用。到了20世纪90年代,日本经济发展低迷,亚洲四小龙与东盟四国的快速赶超,特别是中国的崛起,导致雁行模式解体,然而这并不意味着东亚各经济体之间经济发展的差异性消失。如图3.2所示,按照2005年不变价格计算,日本人均GDP从1990年的31 175美元增至2014年的37 595美元,仍处于第一梯队;亚洲四小龙中,新加坡经济发展迅猛,人均GDP从1990年的16 553美元增长到2014年的38 088美元,特别是在2009年之后,

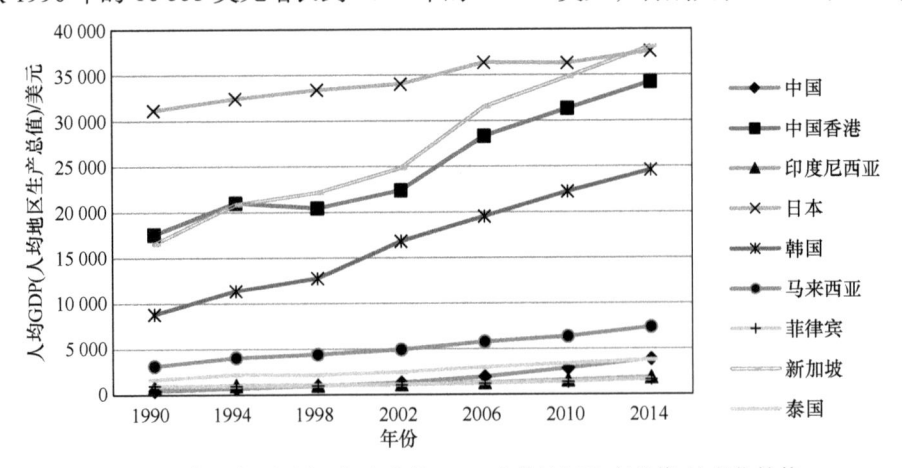

图 3.2 东亚主要国家(地区)人均 GDP(人均地区生产总值)的变化趋势

资料来源:世界银行 WDI 数据库

按照 2005 年不变价格计算

人均 GDP 水平与日本的差距逐渐缩小，2014 年更是一举超越日本进入第一梯队之列。中国香港的人均地区生产总值和韩国的人均 GDP 在同一时期分别从 17 566 美元、8829 美元增至 34 222 美元、24 566 美元，处于第二梯队；马来西亚、中国、泰国、菲律宾和印度尼西亚，同期人均 GDP 分别从 3147 美元、465 美元、1669 美元、1002 美元、827 美元增长到 7365 美元、3862 美元、3768 美元、1662 美元和 1853 美元，处于第三梯队。因此，经济发展水平的梯度差异使东亚各国和地区的产业发展政策、劳动力的丰裕程度及产能基础都存在一定差异，所形成的比较优势与区位优势也各不相同，有助于国际分工广泛、深入地开展，增强各国和地区产业结构的相互联系。

与此同时，随着东亚区域分工的不断深化，各国和地区产业结构的相互关联程度的日益加深也通过相互之间的贸易互补关系显现出来。贸易互补指数①(trade complementarity index，TCI)是衡量贸易主体间出口商品结构与进口商品结构相似程度的指标，通常用来刻画贸易主体间的贸易互补性。该指标越大，说明贸易双方进出口商品结构的相似程度越高，贸易互补性越强。如表 3.5 所示，自 1985 年至 2001 年，东亚区域 TCI 大幅提高，其中发展中经济体之间的 TCI 从 51.2 上升至 67.3，发展中经济体与日本之间的 TCI 从 51.9 上升至 65.4，上升幅度明显高于其与区域外的北美自由贸易区和欧盟之间的 TCI，由此也反映出东亚区域内国际分工在不断深化，各经济体之间的产业结构联系越发紧密。

表 3.5 东亚区域 TCI 的变化

贸易主体	1985 年	1995 年	2001 年
东亚发展中经济体之间	51.2	65.2	67.3
东亚发展中经济体—日本	51.9	60.1	65.4
东亚发展中经济体—北美自由贸易区	53.8	63.0	61.4
东亚发展中经济体—欧盟	56.4	59.2	59.8

资料来源：Ng 和 Yeats (2003)

注：东亚发展中经济体包括中国、中国台湾、中国香港、韩国、新加坡、印度尼西亚、马来西亚、菲律宾、泰国、越南、文莱、柬埔寨、老挝、蒙古

综上所述，东亚区域各国(地区)经济发展水平的差异，以及由此产生的贸易互补关系使区域产业结构整体演进过程中优劣并存，推动各自的产业结构在相互依存中相互补充，实现了多赢的最佳组合与整体演进的关联机制，从而提高了资源配置的效率，获取更多的经济利益。

---

① 贸易互补指数的计算公式为 $TCI_{ij} = 100\left[1 - \sum |M_{ki} - X_{kj}|/2\right]$，其中，$TCI_{ij}$ 为 i 国与 j 国的贸易互补指数，M_{ki} 为 i 国 k 商品的进口在其进口总额中所占的比重，X_{kj} 为 j 国 k 商品的出口在其出口总额中所占的比重。

3.3.3 出口导向型发展战略与区域经济合作

从东亚区域产业结构的相对独立演进的发展过程来看,各经济体政府普遍重视实行出口导向型的经济发展战略和多层次的区域经济合作,并据此不断调整本国(地区)的产业发展政策,为出口导向型的发展战略和区域经济合作提供政策支持。具体措施主要体现在降低贸易保护、逐步放宽对外资的限制及营造良好的投资环境等方面。

首先,在对外贸易方面,降低贸易保护程度,降低关税与非关税等贸易壁垒。20 世纪 70 年代中期以来,亚洲区域各经济体的关税水平均有大幅度下降。1976年,东盟国家在印度尼西亚的巴厘岛召开了第一次东盟首脑会议,并达成了《巴厘宣言》,进一步加深了东盟国家在经济领域的合作。《巴厘宣言》明确规定了东盟成员国间可享受特惠的贸易商品,并大幅度削减关税。在此后的几年中,不断增加享受优惠的贸易商品的种类,以及降低成员国间关税的税率。20 世纪 90 年代以来,东盟各国的经贸合作深化发展,提出了建立"东盟自由贸易区"的构想,各成员国都积极投身于自由贸易区的建设中,并对进一步削减关税甚至对部分商品免税的提议达成共识。进入 21 世纪,东盟成员国持续致力于构建"东盟自由贸易区""东盟共同体"等经贸合作组织的建设中,并对东盟一体化建设方面的重要问题达成共识。东亚经济合作方面,作为亚洲区域内的三个经济大国,中国、日本、韩国努力通过"10+3"和"10+1"等方式参与到东盟经贸体系中,加强相互之间经济、贸易等方面的联系,深化经贸投资关系。通过"10+1"机制,中国、日本、韩国三国分别与东盟 10 国达成关税减免协定,除了特殊商品或某些敏感性产品外,均实现了区域内贸易 90%以上的关税减免,并将协议的有效时间逐渐延长至 20 年。这种区域经贸合作机制极大地促进了双方经贸业务的增长,推动了东亚贸易体系的发展和深化。其次,在吸引外资方面,东亚发展中经济体主要从两方面着手,既利用外资支持具有比较优势的出口导向型产业,又积极培育和发展不具备比较优势的进口替代型产业,摆脱长期对进口商品的依赖。从东亚各经济体出口导向型战略的发展历程来看,早期主要给予 FDI 减免所得税、加速折旧、返还增值税等财政支持,后期则逐渐放宽对 FDI 的限制,包括对外资投入领域、产品本土成分等方面的要求。例如,印度尼西亚将外资在金融业与零售业的持股比例上限从 49%提高至 100%;马来西亚将外资在公共设施行业的持股比例上限由 30%提高到 40%,并将制造业和零售业保持对外全面开放(世界银行,2001)。最后,东亚各发展中经济体还致力于建立和完善基础配套机制,对 FDI 提供便利化服务,减少行政审批程序等,为 FDI 的流入创造良好的外部软环境。

区域内经济合作的开展,不仅可以使区域内各经济体之间的贸易创造效应和贸易转移效应增强,而且可以通过市场交换来获取更大的竞争优势,从而促进彼此之间经济联系的紧密化。区域经济合作有利于生产要素的自由流动，从而使资源得到更加合理、有效的配置，并且生产要素的自由流动还有利于先进技术、管理理念在区域内传播，进一步增强区域内各经济体及其相关产业的技术联系。东亚区域内多层次的国际合作组织为本区域生产要素的自由流动创造了良好的外部条件。日本作为东亚区域经济的主导者，一直将东亚区域作为对外投资的主要地区，20世纪60年代到80年代，日本逐渐将劳动密集型产业及部分资本密集型产业向亚洲四小龙和东盟四国及中国转移，促进了当地产业结构的升级。特别是在80年代中期，日本跨国公司不断将失去比较优势的产业向东亚区域内其他国家和地区转移，将产业内生产过程分散到其他国家和地区，形成了东亚区域内产业垂直分工与水平分工并存的局面，使东亚区域内"阶梯式"分工体系趋于稳定，正如大来佐武郎所说："东亚经济后浪推前浪，促进了区域经济联系加深。"因此，为了区域内各经济体持续稳定的合作，日本多次提出了区域经济合作构想，如"太平洋经济圈""东亚经济圈""环渤海经济圈""东盟经济圈"等，以实现与亚洲四小龙和东盟四国加深经济联系的目的。东南亚的"东盟经济圈"与亚洲北部的"东亚经济圈"通过不断扩张，最终实现南北融合，形成以日本为核心的亚太区域经济合作。东亚区域合作机制的不断拓展与深化，将对区域产业结构的整体演进与各经济体实现产业升级发挥更大的推动作用。

3.4 相互贸易与投资对东亚区域产业结构演进的影响

如前所述，国际(地区)区域内各国和地区产业结构相互关联呈整体演进，除了有外部环境、物质基础和制度保障等因素驱动以外，还存在一些具有传导、纽带作用的基本关联机制——相互贸易和相互投资。东亚区域内各国和地区正是通过相互贸易与相互投资等方式，使彼此之间产业结构关联成整体，在各国和地区产业结构相对独立演进的同时，也存在一个产业结构整体不断发展的动态过程。

3.4.1 东亚区域内相互贸易及其对产业结构整体演进的影响

根据比较优势理论，国际贸易对一国产业结构的影响，主要是基于国际比较利益。由于各国存在要素禀赋差异，各国的比较利益也不同，并且要素禀赋与比较利益的差异并不是一成不变而是存在动态的变化过程。比较利益的动态变化通常会反映在一国进出口及其结构的变动，进而在影响产业结构的同时，也加强了贸易双方或多方产业结构间的关联与相互依存关系。

1. 区域内贸易份额逐渐增加

自20世纪80年代中期以来，随着东亚区域分工的不断深化，区域内贸易也在快速扩张，区域内贸易占本地区贸易总额的比重也在逐渐增加。如图3.3所示，1986~2014年，东亚区域内贸易在本地区贸易总额中的比重由27.78%上升至48.19%，上涨了20.41个百分点。同一时期，北美自由贸易区区域内贸易占该地区贸易总额的比重从45.18%上升至47.74%，仅上涨了2.56个百分点；欧盟的区域内贸易份额虽明显高于东亚和北美自由贸易区，但整体却呈下降趋势，从1986年的68.18%下降至2014年的62.62%，下降了5.56个百分点。由此反映出，与世界其他区域相比，东亚区域的内部联系越发紧密，各经济体对外贸易逐渐向区域内倾斜。

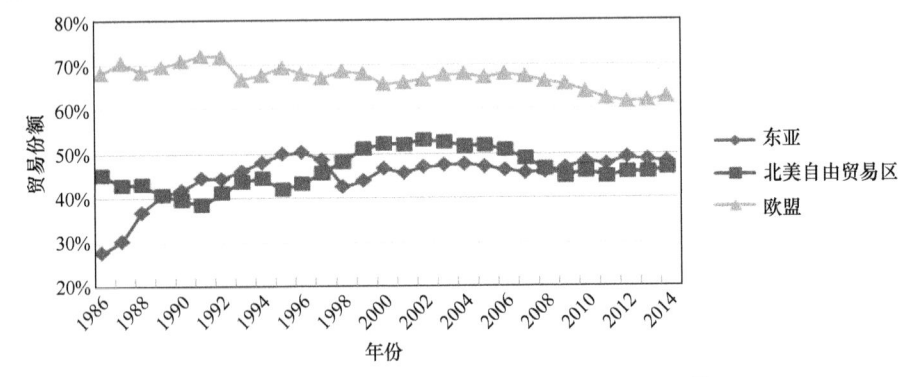

图3.3 1986~2014年区域内贸易份额的国际比较

资料来源：RIETI-TID 2014(日本产业经济研究所2014年数据库)，http://www.rieti-tid.com/[2016-05-26]

从东亚各主要经济体来看，如表3.6所示，1989~2014年，除中国与印度尼西亚以外，其他经济体向区域内出口占自身出口总额的比率均大体呈上升趋势。其中，中国台湾、日本、韩国、新加坡及菲律宾上升幅度较大，分别从1989年的34.31%、31.36%、37.74%、47.39%和39.64%上升至2014年的67.95%、54.08%、58.92%、67.88%和68.10%，涨幅均在20个百分点以上。由此说明，东亚各国和地区更加重视并致力于积极发展区域内市场，对外部出口市场的依存性逐渐减弱。

表3.6 东亚主要经济体向区域内出口占各自总出口的比率

经济体	1989年	1994年	1999年	2004年	2009年	2014年
日本	31.36%	41.46%	37.53%	47.39%	54.00%	54.08%
韩国	37.74%	50.00%	45.93%	51.18%	54.37%	58.92%
新加坡	47.39%	51.54%	48.84%	56.54%	57.66%	67.88%
中国台湾	34.31%	48.15%	47.07%	60.14%	66.04%	67.95%

续表

经济体	1989年	1994年	1999年	2004年	2009年	2014年
中国香港	41.55%	41.75%	34.97%	47.15%	43.21%	42.10%
马来西亚	59.05%	57.27%	50.81%	55.11%	62.34%	66.11%
泰国	43.14%	47.23%	44.98%	51.80%	52.76%	54.92%
菲律宾	39.64%	38.93%	45.24%	62.82%	68.90%	68.10%
印度尼西亚	67.07%	60.66%	53.97%	58.06%	58.31%	57.91%
中国	59.60%	55.60%	46.23%	38.22%	32.70%	34.14%

资料来源：RIETI-TID 2014(日本产业经济研究所2014年数据库)，http://www.rieti-tid.com/[2016-05-25]

2. 各主要经济体贸易结合度较高

国际(地区)贸易是国际(地区)产业结构关联的基本联结纽带，因此，贸易结合度是对各经济体产业结构关联程度进行测度的主要指标。通常，衡量两国(地区)贸易结合度情况时使用贸易结合度指数(trade combined degree，TCD)(TCD_{AB})，又称贸易强度指数，具体计算公式如下：

$$\text{TCD}_{AB} = (X_{AB}/X_{AW})/(M_B/M_W) \tag{3.1}$$

其中，X_{AB}为A国(地区)对B国(地区)的出口额；X_{AW}为A国(地区)对世界的出口总额；M_B为B国(地区)的进口总额；M_W为世界进口总额。该指标用于描述A国(地区)对B国(地区)的出口额占A国(地区)出口总额的比重与B国(地区)进口总额占世界进口总额的比重之比，数值大于1，说明两国(地区)贸易联系紧密，B国(地区)作为A国(地区)的出口市场的重要程度较高，小于1则说明两国(地区)贸易联系松散，B国(地区)作为A国(地区)的出口市场的重要程度较低，从而能够反映两国(地区)贸易联系的紧密程度。表3.7列出了从1989年到2014年东亚各主要经济体之间的贸易结合度指数。

表3.7 东亚主要经济体的贸易结合度指数

经济体	年份	日本	亚洲四小龙	东盟四国	中国
日本	1989	—	2.41	2.65	2.00
	1994	—	2.07	2.68	2.57
	1999	—	2.17	2.56	2.92
	2004	—	2.40	2.61	2.72
	2009	—	2.38	2.68	2.74
	2014	—	2.06	2.54	2.20

续表

经济体	年份	日本	亚洲四小龙	东盟四国	中国
亚洲四小龙	1989	1.79	1.48	2.61	3.48
	1994	1.52	1.75	2.69	2.53
	1999	1.55	1.86	3.06	2.86
	2004	1.31	1.80	2.76	3.47
	2009	1.15	1.64	3.07	3.02
	2014	1.06	1.65	2.90	2.64
东盟四国	1989	3.57	2.63	1.61	1.24
	1994	2.78	2.35	1.20	1.04
	1999	2.62	2.46	1.85	1.57
	2004	2.60	2.36	2.36	2.01
	2009	2.34	2.36	2.52	1.99
	2014	2.31	2.06	2.45	1.81
中国	1989	2.09	4.87	1.14	—
	1994	2.19	3.29	0.59	—
	1999	2.38	3.08	0.70	—
	2004	2.31	2.37	0.97	—
	2009	1.87	2.00	1.13	—
	2014	1.72	1.91	1.33	—

资料来源：RIETI-TID 2014(日本产业经济研究所 2014 年数据库)，http://www.rieti-tid.com/[2016-05-25]

如表 3.7 所示，从 1989 年到 2014 年，除了中国对东盟四国的贸易结合度指数在 1994 年、1999 年及 2004 年小于 1 之外，其他各经济体之间的贸易结合度指数均大于 1，充分说明东亚区域内贸易联系紧密并且互为彼此的重要出口市场。特别是日本与东盟四国、日本与中国、亚洲四小龙与东盟四国、亚洲四小龙与中国之间的贸易结合度指数较高，基本保持在 2 以上，由此也反映出彼此在具有较强的贸易依存关系的基础上，产业结构之间也存在较强的关联性。

3. 中间产品贸易比重较大

东亚区域内贸易的发展，不仅表现在区域内贸易份额的扩大和贸易结合度的不断提高，而且表现在贸易结构的变化上。如表 3.8 所示，东亚各主要经济体对区域内出口贸易中中间产品所占比重最大，除印度尼西亚以外，其他经济体在 2014 年这一比重均达到 50% 以上，特别是韩国、中国台湾、新加坡等新兴工业化国家(地区),对区域内出口贸易中中间产品的比重超过 80%。初级产品贸易占比最小,除了印度尼西亚等资源丰裕的国家外,其他经济体向区域内出口的初级产品的比重绝大多数都处于10%以下,特别是日本、韩国、中国台湾及新加坡等经济相对发达的国家(地区),对区域内出口贸易中初级产品的占比更是不足3%。

表3.8 东亚主要经济体对区域内出口贸易中各类产品的比重

出口国(地区)	年份	初级产品	中间产品	最终产品
日本	1994	0.56%	62.41%	37.03%
	2004	1.30%	67.70%	31.01%
	2014	2.13%	69.00%	28.87%
韩国	1994	1.48%	71.45%	27.07%
	2004	0.70%	74.26%	25.05%
	2014	0.75%	80.57%	18.68%
中国台湾	1994	1.26%	64.09%	34.65%
	2004	0.57%	75.06%	24.37%
	2014	0.53%	85.16%	14.31%
新加坡	1994	1.14%	69.25%	29.61%
	2004	0.96%	78.84%	20.19%
	2014	1.04%	82.93%	16.03%
中国香港	1994	2.03%	61.17%	36.80%
	2004	5.12%	67.04%	27.84%
	2014	6.32%	65.04%	28.64%
马来西亚	1994	14.49%	54.22%	31.29%
	2004	6.16%	73.29%	20.55%
	2014	5.85%	78.52%	15.63%
泰国	1994	7.52%	42.06%	50.42%
	2004	7.18%	57.87%	34.94%
	2014	6.68%	58.47%	34.84%
菲律宾	1994	9.31%	58.46%	32.23%
	2004	3.73%	72.81%	23.46%
	2014	12.35%	63.67%	23.98%
印度尼西亚	1994	27.01%	54.06%	18.93%
	2004	22.75%	61.87%	15.38%
	2014	34.80%	49.36%	15.84%

续表

出口国(地区)	年份	各类产品在区域内贸易中的比重		
		初级产品	中间产品	最终产品
中国	1994	7.99%	26.71%	65.31%
	2004	3.32%	43.24%	53.44%
	2014	1.35%	52.01%	46.64%
东亚	1994	5.53%	54.37%	40.10%
	2004	3.97%	62.87%	33.17%
	2014	4.40%	65.93%	29.68%

资料来源：RIETI-TID 2014(日本产业经济研究所 2014 年数据库)，http://www.rieti-tid.com/[2016-05-25]
注：本表数据因进行了约分，可能存在比例合计不等于100%的情况

从东亚整体来看，1994 年至 2014 年，在东亚区域内贸易中，中间产品贸易比重呈上升趋势，由 54.37%上升至 65.93%，最终产品贸易比重逐渐下降，由 40.10%下降至 29.68%。由此可见，中间产品贸易是东亚区域内贸易的主要组成部分，东亚区域分工的模式也逐渐向产品内分工转化，各经济体通过大量的中间产品贸易形成一个巨大的国际(地区)生产体系，通过这一生产体系将各经济体产业结构相互关联在一起，并且其关联程度呈逐渐加深的发展趋势。

综合以上分析我们可以看到，东亚区域内贸易份额的增加和贸易结合度的提高，既反映了该区域各经济体之间的贸易联系日益紧密，也表明了东亚区域产业结构整体演进中的相互依存、相互关联的程度在不断加深。另外，从区域内贸易结构来看，最终产品和初级产品的贸易份额较小并且大体呈下降趋势，中间产品贸易份额较大且逐渐升高，这意味着东亚区域内通过贸易关系连接、传导的结构的互动作用在增强，产业结构整体演进程度在不断提高。

3.4.2 东亚区域内相互投资及其对产业结构整体演进的影响

东亚区域内产业结构整体演进的另一基本关联机制是相互投资。与贸易相比，对外直接投资以跨国(地区)公司为载体，充分利用其他国家(地区)的比较优势，直接深入到东道国(地区)的产业结构内部。它不仅能够带动投资国(地区)与东道国(地区)的贸易发展，而且能够促进高素质劳动力与先进生产技术的跨国(地区)流动，从而对东道国(地区)的经济增长和产业结构调整产生广泛且深入的影响。另外，对外直接投资不仅来源于区域外部，也来源于区域内部。区域内先进经济体积极对后进经济体进行直接投资及产业转移，使区域内各经济体产业结构的互动影响不断深化，形成纵横交错的关联机制，推动区域产业结构的整体演进。

1. 东亚区域 FDI 流入稳步增长

从东亚区域 FDI 流入的规模来看,在出口导向型战略的驱动下,东亚各国和地区积极制定吸引外资的政策和不断改善投资环境,长期吸引了大量 FDI 流入。如图 3.4 所示,东亚、北美自由贸易区与欧盟是世界 FDI 流入的主要代表地区。其中,流入东亚区域的 FDI 规模从 1989 年的 150 亿美元上升到 2014 年的 3662 亿美元,扩大 23.4 倍。而同期,北美自由贸易区与欧盟吸引 FDI 的规模分别从 782 亿美元和 808 亿美元上升至 1690 亿美元和 2576 亿美元,仅扩大 1.2 倍和 2.2 倍。由此说明,东亚区域在世界正逐渐占据 FDI 流入的重要地位。

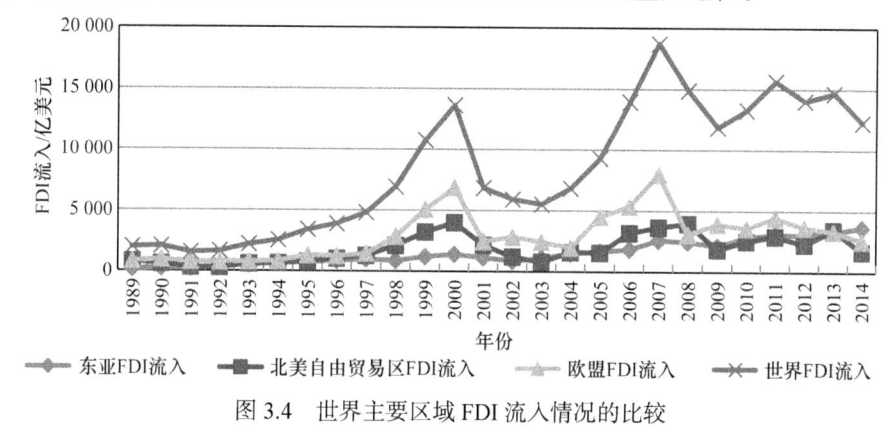

图 3.4 世界主要区域 FDI 流入情况的比较

资料来源:UNCTAD(United Nations Conference on Trade and Development, 联合国贸易和发展会议), FDI Data Base

从 FDI 流入的发展趋势来看,受 1997 年亚洲金融危机和 2008 年全球金融危机的影响,这两个时期流入东亚区域的 FDI 均有明显回落,但波动幅度较小,并且在危机过后又体现出了较强的恢复能力。截至 2014 年,东亚区域 FDI 流入的规模已接近全球金融危机之前的 1.5 倍,而北美自由贸易区、欧盟乃至世界的 FDI 流入仍低于全球金融危机前的水平,这更加反映出作为外资较为活跃的世界制造中心之一,东亚具有巨大的发展潜力与前景,FDI 的流入不仅缓解了本区域资金不足的困境,而且产生大量的技术溢出效应,使东亚区域获得了先进的技术和管理经验及高精尖人才,极大地促进了本区域的产业结构调整与升级。

在东亚区域内部,FDI 主要流入中国、中国香港及东盟(除菲律宾以外)等国家(地区)。如表 3.9 所示,1989 年至 2014 年,中国、中国香港和新加坡 FDI 流入的规模较大,处于第一集团,FDI 流入规模分别从 34 亿美元、20 亿美元和 29 亿美元上升至 1285 亿美元、1033 亿美元和 675 亿美元。印度尼西亚、泰国和马来西亚次之,处于第二集团,FDI 流入规模分别从 7 亿美元、18 亿美元和 17 亿美元上升至 226 亿美元、126 亿美元和 108 亿美元。总体来看,中国与东盟等发展中国家(地区)成为东亚区域吸引 FDI 的主要经济体。

表 3.9　东亚主要经济体 FDI 流入情况　　　　单位：亿美元

经济体	1989年	1994年	1999年	2004年	2009年	2014年
日本	−11	9	127	78	119	21
韩国	14	11	107	133	90	99
新加坡	29	86	189	244	238	675
中国香港	20	78	254	292	555	1033
中国台湾	16	14	29	19	28	28
马来西亚	17	46	39	46	15	108
泰国	18	14	61	59	49	126
菲律宾	6	16	12	7	20	62
印度尼西亚	7	22	−18	19	49	226
中国	34	338	403	606	950	1285

资料来源：UNCTAD, FDI Data Base

2. 区域内相互投资不断发展

东亚区域内相互投资与相互贸易不同，其流向主要是从发达经济体及新兴工业化经济体向发展中经济体进行投资。日本作为东亚区域唯一的发达经济体，其对外直接投资的规模及流向在东亚区域内具有十分重要的地位与作用。如前文所述，日本对东亚区域的投资始于第二次世界大战后，在日本的推动下，东亚各主要经济体开始进入工业化的发展阶段。到 20 世纪 80 年代中期，美国为了改善财政赤字，缩小对外贸易逆差，与日本、联邦德国、法国及英国共同签订了《广场协议》，最终致使美元贬值，日元升值。随着日元升值，日本迅速扩大对东亚区域，特别是东盟与中国等发展中经济体的投资规模。如表 3.10 所示，从 1986 年至 1996 年的十年间，日本对泰国、马来西亚及印度尼西亚的投资规模分别从 5.55 亿美元、0.45 亿美元和 3.29 亿美元增加至 61.91 亿美元、18.31 亿美元和 76.55 亿美元；对中国的直接投资也从 2.19 亿美元增至 36.79 亿美元。受日元升值的影响，韩国、中国台湾等新兴工业化经济体的产品出口在国际(地区)市场的竞争优势大幅度上升，致使这些经济体的出口规模大幅度增加，贸易摩擦也不断升级。随后，美国为了缩减其贸易逆差，取消了对这些经济体的普惠制，迫使其货币升值，导致亚洲四小龙等新兴工业化经济体自 20 世纪 90 年代初期以来，也纷纷开始向国(地区)外扩张，加大对外投资的力度。

表3.10　日本、亚洲四小龙对东盟四国和中国的直接投资　　　　单位：亿美元

经济体	年份	泰国	马来西亚	印度尼西亚	菲律宾	中国
日本	1986	5.55	0.45	3.29	0.22	2.19
日本	1990	27.06	6.57	22.41	3.06	5.03
日本	1996	61.91	18.31	76.55	0.56	36.79
日本	1999	—	—	6.44	—	25.91
韩国	1986	0.01	0.02	0.12	—	—
韩国	1990	2.69	0.61	7.23	0.21	—
韩国	1996	8.8	2.56	12.31	0.11	13.57
韩国	1999	0.07	0.14	0.967	—	14.84
中国台湾	1986	0.69	0.04	0.18	—	—
中国台湾	1990	7.65	8.7	6.18	1.41	—
中国台湾	1996	27.48	3.08	5.35	0.07	34.75
中国台湾	1999	1.13	—	14.89	—	33.74
中国香港	1986	0.58	0.22	0.96	0.07	15.88
中国香港	1990	10.71	0.5	9.93	2.08	18.8
中国香港	1996	1.65	0.06	11.06	2.8	206.77
中国香港	1999	—	—	0.77	—	133.29
新加坡	1986	1.32	0.71	1.02	—	—
新加坡	1990	5.91	1.19	2.64	0.14	0.5
新加坡	1996	18.61	18.94	31.31	0.29	22.48
新加坡	1999	—	—	7.31	—	22.58

资料来源：汪斌(2004)

进入21世纪，随着加入世界贸易组织，中国迅速融入东亚区域分工体系并积极参与区域分工，致使东亚区域内投资结构发生了巨大的变化，中国取代了东盟四国成为区域内FDI流入的主要经济体。据不完全统计，2010年，中国吸引东亚区域的FDI最多，达7588亿美元；其次是中国香港和东盟(不含新加坡)(表3.11)。

总体来看，来自日本和亚洲四小龙的跨国(地区)公司为了获取低廉的生产要素和扩大国(地区)外市场，在东亚区域内不断扩大对外直接投资的规模，使东亚区域整体形成一个巨大的生产网络，在这个生产网络中，各经济体的产业结构相互依存、相互联系的机制不断加强，区域产业结构呈现整体演进的发展趋势。

表 3.11　东亚区域内主要经济体吸引本区域 FDI 情况(2010 年)　　单位：亿美元

经济体	中国	日本	中国香港	韩国	新加坡	中国台湾	东盟(不含新加坡)
日本	2	—	25	18	94	12	2
中国香港	3411	216	—		147	—	—
韩国	31	260	41	—	67	11	72
中国台湾							
新加坡	94	502	154	26		62	217
东盟(不含新加坡)	84	725	131	112	—	119	634
中国	—	790	5099	472	472	608	147

资料来源：各经济体统计部门。转引自周小兵(2012)
注：东盟(不含新加坡)数据为 2009 年数据

3. 产业转移浪潮促进区域产业结构整体演进

随着对外直接投资规模的扩大，各经济体之间必然产生产业转移与传递。东亚区域的产业转移浪潮可以追溯到 20 世纪 50 年代，根据每次国际(地区)产业转移的内容，我们认为东亚共经历了四次国际(地区)产业转移(图 3.5)。第一次国际(地区)产业转移主要发生在 20 世纪 50 年代，美国作为东亚区域的"隐形"成员，

20世纪50年代	美国——→日本(资本密集型产业)
20世纪60年代	美国——→日本(技术密集型产业) 日本、美国——→亚洲四小龙(劳动密集型产业、部分资本密集型产业)
20世纪70年代	美国——→日本(技术密集型产业) 日本、美国——→亚洲四小龙(资本密集型产业) 日本、美国、亚洲四小龙——→东盟四国(劳动密集型产业)
20世纪80年代	美国←——日本(创造性、知识技术密集型产业) 日本、美国——→亚洲四小龙(标准化资本、技术密集型产业) 日本、美国、亚洲四小龙——→东盟四国(劳动密集型产业、部分资本密集型产业、低技术密集型产业)

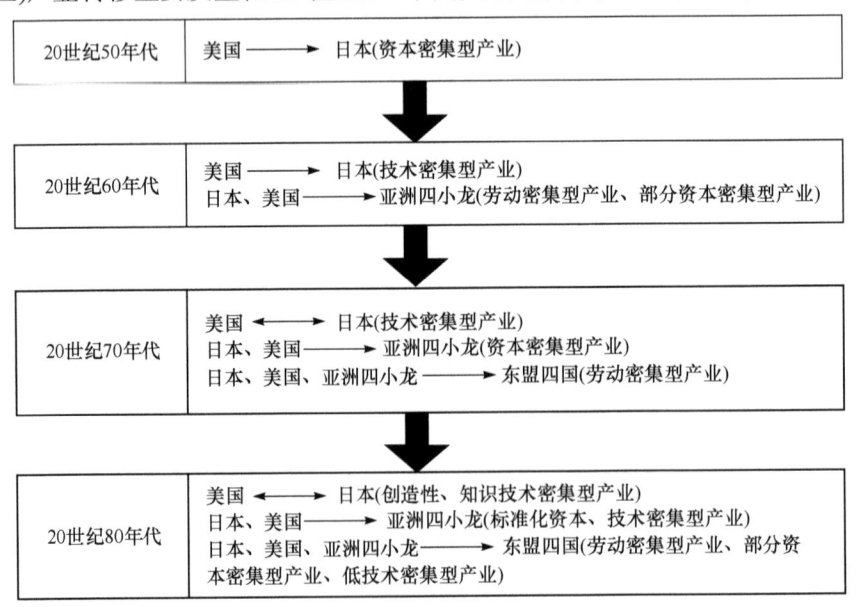

图 3.5　东亚区域国际(地区)产业转移浪潮示意图
资料来源：汪斌(2004)

为实现本国产业结构的调整与优化，不断将不具备比较优势的产业向海外转移，集中国内资源与生产要素发展资本与技术密集型产业，促进产业结构的高度化。这一时期，美国在积极发展汽车、化工等重化工业的同时，将钢铁业等高能耗、低附加值的资本密集型产业向海外转移，从而引发产业结构调整浪潮向海外蔓延。日本正是抓住这次发展契机，大量引进来自美国的先进技术与设备的同时，积极扶持面向国内市场的进口替代工业，如钢铁、化工等资本密集型工业，以满足国内扩大生产所需。第二次国际(地区)产业转移发生在20世纪60年代，日本已经进入产业结构调整与升级阶段，开始承接美国等发达国家对外转移的技术密集型产业，并且将失去比较优势的劳动密集型产业和部分资本密集型产业向亚洲四小龙转移，亚洲四小龙的产业结构因此得到进一步优化升级，成为第二次国际(地区)产业转移浪潮的主要受益者。20世纪70年代，受两次石油危机的影响，发达国家的重化工业持续低迷，迫使其努力发展技术密集型和知识密集型产业，将重化工业等高能耗产业进一步向外转移。与此同时，亚洲四小龙的劳动力成本优势逐渐减弱，使它们再次担任了产业转移的"二传手"，一方面承接美国、日本等发达国家转移的资本密集型产业，另一方面将劳动密集型产业向东盟四国转移，以此实现产业结构的升级和高度化，由此形成第三次国际(地区)产业转移。第四次国际(地区)产业转移始于20世纪80年代，随着日本、亚洲四小龙等国家和地区的货币升值及劳动力成本的上升，东亚地区进行了新一轮的产业转移浪潮。日本将产业发展的重点集中到技术、知识密集型产业，在海外继续转移失去比较优势的产业。亚洲四小龙的经济经过20年的快速发展，产业结构有待进一步优化，除继续承接发达国家转移的已经实现标准化的资本、技术密集型产业外，也效仿日本的做法将失去比较优势的劳动密集型产业、部分资本密集型产业、低技术密集型产业向国(地区)外转移，为东盟等国的产业结构调整与升级提供了机遇。东盟四国为了摆脱以初级产品出口为主的贸易结构，对内继续利用自身的优势资源发展基础产业，对外大量承接亚洲四小龙转移的劳动密集型产业及部分资本密集型产业、低技术密集型产业，通过引进外资与先进的技术实现产业结构调整，提高自身在区域分工体系中的地位。20世纪90年代，中国的迅速崛起改变了东亚区域分工的格局，中国凭借其低廉的劳动力成本、丰富的资源及巨大的需求市场，迅速融入东亚区域分工体系中，引发大量劳动密集型产业或生产环节向中国转移。

从上述东亚区域产业转移的浪潮中我们不难发现，区域内各经济体的产业结构调整都并非孤立进行的，而是相互作用、相互依存的。而这种关联的整体性结构在东亚区域分工不断深化的作用下形成了一种相互追赶的发展模式。每一轮产业转移浪潮过后，承接国(地区)就会充分利用自身的比较优势，扩大本国(地区)在世界市场中的份额，对转移国(地区)在产业内部形成追赶的模式。在这种吸纳—追赶—再吸纳—再追赶的模式中，东亚各经济体的产业结构之间呈现出多层次的连锁变化特征，进一步推动区域产业结构的整体演进。

本章通过对东亚区域产业结构演进的趋势分析，发现不同国家和地区之间的产业结构演进既具有相似性也存在差异性。相似性体现为在主导产业有序更替的过程中，东亚各国和地区均实现了从传统社会到经济起飞的跨越，并且产业结构调整战略与经济发展模式也较为相似。差异性体现在受自身资源及外部条件的制约，各国和地区主导产业部门不同，更替和转换的速度和方向也不同。东亚区域产业结构的整体演进，从雁行模式的兴起到雁行模式的衰落，再到区域分工体系的重构，东亚各国和地区产业结构的调整均受到区域内其他国家和地区产业结构演进的影响，长期形成了相互关联、相互依存的整体演进规律。在产业结构相对独立演进与整体演进的基础上，进一步挖掘东亚区域产业结构整体演进的动因，从总体上来看，科学技术进步推动国际分工不断深化是东亚各国和地区加强内在联系，推动产业结构整体演进的直接原因，而经济发展的差异性与互补性和出口导向型发展战略下的区域经济合作为东亚区域产业结构整体演进提供了互动基础和制度保障。从贸易与投资两个方面对东亚区域产业结构整体演进的基本机制进行了分析后发现，在贸易方面，东亚区域内贸易份额不断增加，各国和地区间的贸易结合度大幅度提高，中间产品贸易比重在逐渐扩大，反映出区域内贸易联系日益紧密，各经济体的产业结构体之间相互依存、相互关联的程度不断加深。在投资方面，东亚区域 FDI 的流入稳步增长，发达经济体与亚洲新兴工业化经济体，为了获取廉价的生产要素和拓宽国(地区)外市场，以跨国(地区)公司为载体不断加大对区域内投资和产业转移的力度，直接深入到东道国(地区)的产业结构内部，从而使东亚区域内部产业结构的互动影响更加深化，形成了纵横交错的关联机制，推动区域产业结构的整体演进。

第4章 东亚区域产业结构演进的关联性分析

随着经济全球化和区域一体化，产业结构调整的相互关联程度与波及程度不断加深，各国产业结构间资源配置和整合的节奏也日益加快。因此，学术界在产业结构调整问题上，逐渐将国际产业关联作为一个方向来深入研究。本章着眼于东亚区域内部，利用相关理论和模型，分别从国家(地区)层面、产业层面进一步考察东亚区域产业结构演进中的相互关联效应与波及效应。

4.1 东亚区域产业结构关联性的分析工具

目前，对国际产业关联性与波及性的考察主要应用国际投入产出模型。国际投入产出模型将各内生经济体在产业层面的生产、分配和交换以数量关系联结到一起，是分析国际产业分工、产业关联等问题的直接、有效的工具。国际投入产出模型的构建主要有两种形式：一种是 IRIO 模型；另一种是 MRIO 模型。两者在合成方法、进口类型及实际应用等方面均存在一定差异[①]。根据本书的研究内容，这里重点介绍亚洲国际投入产出模型。

4.1.1 亚洲国际投入产出表的产生与发展

早在 1965 年，IDE-JETRO 就研制了一个包括美国、欧洲、大洋洲、拉丁美洲、亚洲(数据不含日本)及日本等六个区域在内的国家间投入产出模型，并随后开始进行亚洲国家间投入产出模型的编制工作。1970 年，IDE-JETRO 分别编制了日本–韩国、日本–美国及日本–菲律宾三份两国间国际投入产出表。随后，其致力于将两国模型扩展到多国模型。1973 年，IDE-JETRO 开始为编制包括日本、美国、韩国和东盟的亚洲国家间投入产出表做准备工作，先后分别帮助印度尼西亚、新加坡和泰国编制各自首张国内投入产出表，并于 1983 年完成第一份亚洲国际投入产出表。之后，亚洲国际投入产出表每五年研制一次，规模也逐渐扩大。1985 年，中国与中国台湾首次被纳入亚洲国际投入产出表中，为进一步研究东亚区域各主要经济体产业之间的投入产出关系及结构的变化趋势提供了直接、有效

---

① IRIO 模型的合成采用调查与半调查相结合的方法，属于非竞争性投入产出模型，主要应用于亚洲投入产出表的编制；MRIO 模型的合成采用非调查法，为竞争性投入产出模型，主要应用于欧盟国家间投入产出表的编制。IRIO 模型与 MRIO 模型的具体联系与区别参见李晓和张建平(2010a)。

的分析工具。《亚洲国际投入产出表 2005》由 IDE-JETRO 于 2013 年 4 月正式发布，与以往一样，亚洲国际投入产出表中内生经济体仍然由印度尼西亚、马来西亚、菲律宾、新加坡、泰国、中国、中国台湾、韩国、日本及美国[①]10 个经济体组成，可获得 7 部门、26 部门的国际投入产出数据，外生经济体与以往相比增加了印度，形成中国香港、印度、欧盟及世界其他地区等 4 个外生经济体，通过进出口贸易与其他内生经济体形成数据关联。

4.1.2 亚洲国际投入产出表的结构与均衡关系

2013 年更新的《亚洲国际投入产出表 2005》包括两个部分，分别为技术说明和统计数据。其中，第一部分就产业部门的分类代码体系、行业对照、指数概念的界定及关税与就业等数据的统计做出详细说明；第二部分，分别按照 7 部门和 26 部门的产业体系划分，列出各经济体之间的国际(地区)投入产出数据。为了更清楚地说明，本书参照李晓和张建平(2009)的方法，对《亚洲国际投入产出表 2005》的简化结构进行绘制，见表 4.1。

表 4.1 《亚洲国际投入产出表 2005》的简化形式

投入		中间需求(A)	最终需求(F)	其他出口	统计误差	总产出
		I M ⋯ J U	I M ⋯ J U	H G O W	QL	XX
中间投入(A)	I M ⋮ J U	$(X_{ij}^{SK})_{10\times10}$	$(F_{il}^{SK})_{10\times10}$	$(L_i^S)_{10\times4}$	$(Q_i^S)_{10\times1}$	$(X_i^S)_{10\times1}$
运费与保险	BF	$(BA_j^K)_{1\times10}$	$(BF_i^K)_{1\times10}$			
其他进口	H G O W	$(M_{ij}^K)_{4\times10}$	$(M_{ij}^{*K})_{4\times10}$			
关税与商品税	DT	$(DA_j^K)_{1\times10}$	$(DF_i^K)_{1\times10}$			
统计误差	QM	$(Q_j^K)_{1\times10}$	$(Q_i^{*K})_{1\times10}$			
附加值	VV	$(V_{hj}^K)_{1\times10}$				
总投入	XX	$(X_j^K)_{1\times10}$				

资料来源：作者根据《亚洲国际投入产出表 2005》绘制而成

注：亚洲国际投入产出表包括的 10 个内生经济体分别为印度尼西亚(I)、马来西亚(M)、菲律宾(P)、新加坡(S)、泰国(T)、中国(C)、中国台湾(N)、韩国(K)、日本(J)和美国(U)；"其他出口"和"其他进口"中包括中国香港(H)、印度(G)、欧盟(O)及世界其他地区(W)

---

① 由于美国在东亚乃至亚太地区的经济发展和产业关联中一直发挥着重要作用，IDE-JETRO 一直将美国纳入在亚洲国际投入产出表框架中。

如表 4.1 所示，亚洲国际投入产出表存在完整的数量均衡关系。从行向来看，X_{ij}^{SK} 为 K 经济体 j 产业对 S 经济体 i 产业产品的中间需求；F_{il}^{SK} 为 K 经济体对 S 经济体 i 产业产品的最终需求，下标 l 为各项最终需求，包括私人消费、政府采购、固定资产形成及存货的变化；L_i^S 为 S 经济体 i 产业对外生经济体的出口；Q_i^S 为统计误差项。因此，一经济体某一产业的产出是由中间需求、最终需求、其他出口和统计误差组成的，具体的均衡关系为

$$X_i^S = \sum_K \sum_j X_{ij}^{SK} + \sum_K \sum_l F_{il}^{SK} + L_i^S + Q_i^S \quad (S=1,2,\cdots,10) \quad (4.1)$$

从列向来看，X_{ij}^{SK} 为 S 经济体 i 产业对 K 经济体 j 产业的中间投入；M_{ij}^K 为外生经济体 i 产业对 K 经济体 j 产业的进口投入；V_{hj}^K 为增加值项，下标 h 为增加值项中的工资报酬、利润、资本折旧和生产税净额；BA_j^K、DA_j^K 和 Q_j^K 分别为运费保险、关税与商品税及统计误差项。故一经济体某一产业的总投入是由系统内中间投入、其他进口、增加值、运费保险、关税与商品税及统计误差构成的，其均衡关系为

$$X_j^K = \sum_S \sum_i X_{ij}^{SK} + BA_j^K + \sum_i M_{ij}^K + DA_j^K + Q_j^K + \sum_h V_{hj}^K \quad (K=1,2,\cdots,10) \quad (4.2)$$

根据上述亚洲国际投入产出模型的结构均衡关系，本章选取《亚洲国际投入产出表 1995》《亚洲国际投入产出表 2000》《亚洲国际投入产出表 2005》的数据对东亚区域产业结构调整的关联性和波及性进行分析。

4.2 东亚区域产业结构演进的关联效应

4.2.1 东亚各经济体①三次产业结构特征

雁行模式时代的结束并没有改变东亚区域经济体一体化的发展趋势，特别是中国在 20 世纪 90 年代的融入，为东亚各经济体的经济发展、产业升级带来了新的契机，各经济体产业结构变化的发展趋势也呈现出不同的特点。

由表 4.2 我们可以看出，东亚各经济体的产业结构特征及调整变化呈现出不同的特点。日本作为东亚区域唯一的发达经济体，1995 年至 2005 年第一产业产出占总产出的比重不足 2%，并且不断下降；第二产业的产出占总产出的比重从 1995 年的 34.55%下降到 2005 年的 28.29%；第三产业的优势非常明显，其产出占总产出的比重从 1995 年的 63.71%上升至 2005 年的 70.42%。其他发展中经济体

---

① 受相关数据限制，"东亚各经济体"在各处所包含的经济体不完全相同，根据研究内容可获取的数据而定。

的产业结构变化趋势较为分化。中国、印度尼西亚及菲律宾的第一产业的产出所占比重虽然整体呈下降趋势,但仍占总产出的10%以上,高于东亚区域其他经济体。与印度尼西亚和菲律宾相比,中国的第二产业占总产出比重较大,第三产业比重虽然逐年提高,但仍相对落后。韩国与泰国的产业结构发展水平在东亚区域内较为相似,第一产业所占比重相对较低,第二产业与第三产业的结构比例优于中国、印度尼西亚、马来西亚和菲律宾,但落后于日本、中国台湾和新加坡。最后,新加坡与中国台湾的产业结构发展状况良好,虽然第二产业所占比重仍高于日本,但第三产业的发展要明显优于其他的东亚发展中经济体。

表4.2 东亚各经济体三次产业结构比较

年份	产业	日本	韩国	新加坡	中国台湾	印度尼西亚	马来西亚	菲律宾	泰国	中国
1995	第一产业	1.75%	5.57%	0.21%	3.16%	16.00%	7.15%	22.20%	7.15%	19.86%
	第二产业	34.55%	45.74%	37.12%	34.84%	41.21%	56.75%	32.53%	42.86%	54.02%
	第三产业	63.71%	48.69%	62.67%	61.99%	42.79%	36.10%	45.27%	49.99%	26.12%
2000	第一产业	1.52%	3.99%	0.11%	2.27%	15.27%	6.53%	12.33%	7.43%	16.20%
	第二产业	31.95%	39.73%	34.49%	31.38%	47.83%	49.15%	37.43%	40.56%	52.83%
	第三产业	66.53%	56.29%	65.40%	66.35%	36.90%	44.32%	50.24%	52.01%	30.97%
2005	第一产业	1.29%	2.86%	0.09%	1.83%	13.40%	6.49%	13.71%	8.53%	11.97%
	第二产业	28.29%	39.50%	33.12%	30.96%	48.33%	45.19%	39.76%	39.80%	48.74%
	第三产业	70.42%	57.64%	66.79%	67.21%	38.27%	48.32%	46.53%	51.67%	39.30%

资料来源:作者根据《亚洲国际投入产出表1995》《亚洲国际投入产出表2000》《亚洲国际投入产出表2005》数据计算得出

注:本表数据因进行了约分,可能存在比例合计不等于100%的情况

从产业层面上来看,如图4.1~图4.3所示,东亚区域内除菲律宾与泰国外,其他各经济体的第一产业比重逐渐下降。东亚区域不同经济体的第二产业比重的变化具有一定差异性,其中,印度尼西亚与菲律宾的第二产业所占比重呈上升趋势,而其余经济体的第二产业比重则在工业化进程中逐渐下降。从第三产业比重的变化趋势来看,日本、韩国、中国台湾、马来西亚、新加坡、中国等六个经济体的第三产业比重均逐渐上升,菲律宾与泰国的第三产业所占比重则从1995年到2000年上升,而至2005年又转为下降。印度尼西亚恰好与上述两国相反,第三产业的比重先下降后上升。一般来说,如果一个经济体拥有较大的规模经济,其产业结构的变化则趋于相对稳定,而一个经济体的规模经济较小,其产业结构的波动性就相对较大(Meng et al.,2006)。

图 4.1　东亚各经济体第一产业比重的变化趋势

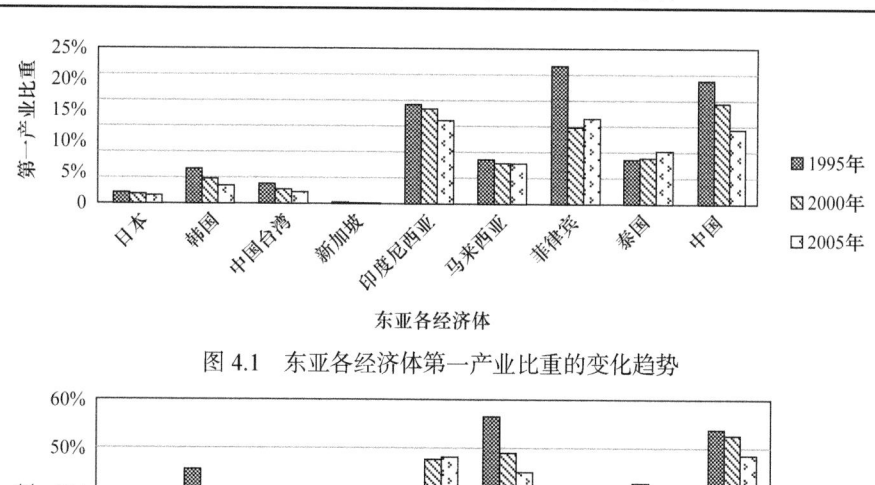

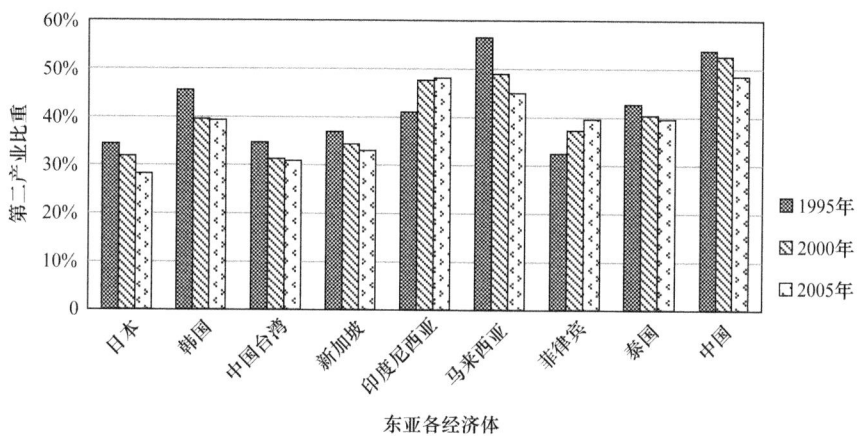

图 4.2　东亚各经济体第二产业比重的变化趋势

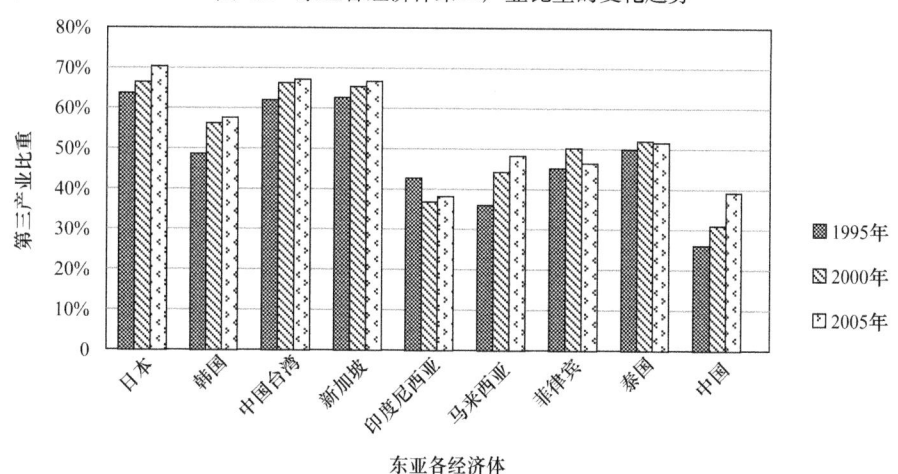

图 4.3　东亚各经济体第三产业比重的变化趋势

4.2.2　中间需求与中间投入分析

产业结构的调整与升级不仅体现在各产业部门的产出在总产出中所占比重的

变化，还伴随着如最终需求结构、国际贸易结构、中间需求与中间投入结构的转型，从而对经济发展产生影响。在静态投入产出模型中，中间需求系数和中间投入系数是不变的，各部门的总产出可以根据投入产出模型的基本方程加以确定。这种处理方法并不意味着外生变量结构的变化不对产业结构转变和经济增长产生影响。研究表明，中间投入和中间需求比例的不断增长也是伴随经济增长的结构转变的一部分。因此，通过对东亚经济体各产业的中间需求和中间投入进行分析，能够把握区域内产业结构的关联程度及其变化趋势。

1. 中间需求率

从经济活动的过程来看，中间需求是生产性需求，是指在生产过程中将其价值全部转移到产出中去的那部分生产要素的需求。根据亚洲国际投入产出模型的均衡关系，中间需求率的计算公式为

$$h_{ij}^{SK} = \frac{X_{ij}^{SK}}{X_i^S} \quad (i,j=1,2,\cdots,n) \tag{4.3}$$

其中，h_{ij}^{SK} 为 S 经济体 i 产业生产单位产品中对 K 经济体 j 产业中间需求的供给。因此，我们按照《亚洲国际投入产出表2005》中的结构体系，对直接消耗系数矩阵按照经济体所有产业部门进行行向汇总，测算各内生经济体产业整体的外部、内部中间需求的关联情况，结果见表4.3。

表4.3 东亚各经济体中间需求率(1995年、2000年、2005年)

产业整体	1995年	2000年	2005年
AI900	0.4171	0.4864	0.4829
AM900	0.3859	0.5146	0.6138
AP900	0.3457	0.4278	0.4748
AS900	0.3870	0.4967	0.4781
AT900	0.3979	0.4722	0.4880
AC900	0.5885	0.5944	0.6052
AN900	0.4291	0.4664	0.4749
AK900	0.4782	0.4875	0.5083
AJ900	0.6923	0.4478	0.4600
AU900	0.5872	0.4201	0.4288
ET900	0.4589	0.4497	0.4704

资料来源：作者根据《亚洲国际投入产出表1995》《亚洲国际投入产出表2000》《亚洲国际投入产出表2005》的数据计算得出

注：AI900为印度尼西亚产业整体、AM900为马来西亚产业整体、AP900为菲律宾产业整体、AS900为新加坡产业整体、AT900为泰国产业整体、AC900为中国产业整体、AN900为中国台湾产业整体、AK900为韩国产业整体、AJ900为日本产业整体、AU900为美国产业整体、ET900为上述10个经济体的整体水平

首先，从东亚整体来看，中间需求率在1995年至2005年期间，从0.4589下降到0.4497，之后又上升到0.4704，经历了先下降后上升的变化过程。其主要原因在于20世纪90年代初期，随着日本和亚洲四小龙的产业转移步伐加快及中国的迅速崛起，东亚区域内贸易规模及投资规模不断扩大，以垂直型分工为主的东亚生产网络已初步形成。随后，受1997年亚洲金融危机的冲击，东亚区域生产网络下大部分国家或地区的企业破产倒闭，造成生产及经济增长速度放缓，区域内对中间产品的有效需求不足，整体的中间需求率下降。为了应对金融危机对东亚经济的影响，各经济体纷纷致力于制定恢复生产和刺激经济发展的产业政策，以及寻求更广泛、更深入的区域经济合作，从而使东亚区域经济迅速地从危机中走出，特别是在中国经济增长的强有力的带动下，大部分新兴工业化经济体的生产规模不断扩大，使区域整体的中间需求率进一步回升。

其次，从区域内各经济体来看，1995年，日本、美国、中国和韩国的中间需求率较高，均超过东亚区域的整体水平，说明这些经济体在20世纪90年代中期，作为区域中间产品市场的主要提供者向区域生产网络提供中间产品。到2000年，除日本和美国的中间需求率大幅度下降外，其他经济体均明显上升，且大部分高于区域整体水平。到2005年，这一趋势得到进一步延续，除新加坡和印度尼西亚以外，其他发展中经济体的中间需求率继续保持上升态势，且仍高于区域整体水平，特别是马来西亚和中国，这一时期中间需求率分别高达0.6138和0.6052，美国和日本的中间需求率虽有所反弹，但幅度并不明显，仍低于区域整体水平。由此说明，进入21世纪后，东亚区域生产网络下中间产品市场的主要提供者不再是日本、美国等发达经济体，中国、马来西亚等发展中经济体的中间产品提供能力明显上升，东亚区域对日本、美国的中间产品的依赖程度逐渐减弱。

最后，从中间需求的分配情况来看，如表4.4所示，1995年，作为东亚区域中间产品市场主要提供者的日本和美国，其中间产品的自我需求率较低，分别为63.48%和74.57%，在东亚区域除去自身的外部市场中，新加坡、马来西亚及中国台湾等经济体成为日本和美国的中间产品的主要需求者。其中，对日本中间产品的需求中，上述三个经济体分别占9.58%、8.09%和4.93%；对美国中间产品的需求中，分别占6.24%、4.46%和3.83%。由此反映出，日本、美国的中间产品在东亚市场主要流向新加坡、马来西亚及中国台湾等经济体。到2000年，日本、美国已不再是东亚区域中间产品市场的主要提供者，表现为其中间产品的自我需求率分别上升至95.55%和98.49%，而东盟国家的中间产品自我需求率明显下降，其中，马来西亚、新加坡较为突出，该比率分别下降至61.88%和71.37%。值得注意的是，从区域除去自身的外部市场来看，日本、美国成为这些国家中间产品市场的主要需求者，并且马来西亚与新加坡互为中间产品市场的重要供给者和需求者。从上述分析中我们可以看出，1995年至2005年期间，东亚区域中间产品市场参与者的地位发生了明显的改变，日本、美国等发达经济体从最初的供给者转变为需求者，而马来西亚和新加坡等新兴工业化经济体则由需求者转变为供给者，一定程度上反映出了这些经济体的产业结构具有较强的关联性与依赖性。中国产业部门整体也拥有较高的中间需求率，但从中间需求的分配来看，主要是对本土市场的供给，对区域内除去自身的外部中间产品市场的提供能力还较为有限。

表 4.4 东亚各经济体中间需求的分配情况

年份	产业整体	AI900	AM900	AP900	AS900	AT900	AC900	AN900	AK900	AJ900	AU900
1995	AI900	93.97%	0.88%	0.83%	1.98%	0.35%	0.23%	0.77%	0.66%	0.29%	0.05%
	AM900	0.30%	87.35%	0.95%	7.35%	1.79%	0.25%	1.04%	0.58%	0.19%	0.20%
	AP900	0.02%	0.31%	97.92%	0.84%	0.38%	0.03%	0.23%	0.12%	0.06%	0.08%
	AS900	0.71%	5.52%	1.21%	88.70%	2.07%	0.28%	0.93%	0.32%	0.09%	0.18%
	AT900	0.15%	1.22%	0.31%	3.96%	93.46%	0.15%	0.36%	0.16%	0.14%	0.10%
	AC900	0.31%	0.88%	0.61%	1.22%	0.71%	94.26%	0.74%	0.90%	0.25%	0.13%
	AN900	0.49%	2.30%	2.01%	2.32%	1.41%	0.47%	90.17%	0.43%	0.18%	0.23%
	AK900	0.63%	1.78%	1.35%	3.35%	1.01%	0.84%	1.13%	89.46%	0.24%	0.21%
	AJ900	1.45%	8.09%	2.75%	9.58%	4.90%	1.38%	4.93%	2.84%	63.48%	0.59%
	AU900	0.96%	4.46%	2.91%	6.24%	2.54%	0.86%	3.83%	2.89%	0.75%	74.57%
2000	AI900	79.64%	1.02%	0.38%	0.87%	0.74%	2.05%	1.50%	2.85%	8.20%	2.74%
	AM900	0.87%	61.88%	0.84%	7.19%	2.07%	3.33%	3.17%	2.96%	7.44%	10.25%
	AP900	0.08%	2.19%	74.30%	0.35%	0.70%	1.63%	3.06%	1.63%	4.86%	11.19%
	AS900	0.63%	7.86%	1.46%	71.37%	1.82%	2.91%	2.69%	1.75%	1.91%	7.60%
	AT900	0.44%	2.29%	0.52%	1.42%	82.15%	1.93%	1.29%	0.83%	3.80%	5.33%
	AC900	0.07%	0.12%	0.04%	0.16%	0.14%	96.50%	0.21%	0.42%	0.92%	1.42%
	AN900	0.25%	1.36%	0.43%	0.58%	0.66%	6.27%	78.87%	1.11%	3.41%	7.06%
	AK900	0.24%	0.51%	0.33%	0.36%	0.32%	3.26%	1.16%	88.26%	2.14%	3.43%
	AJ900	0.08%	0.32%	0.12%	0.29%	0.26%	0.69%	0.61%	0.54%	95.55%	1.54%
	AU900	0.03%	0.13%	0.05%	0.10%	0.06%	0.18%	0.18%	0.26%	0.52%	98.49%
2005	AI900	81.71%	0.99%	0.31%	2.34%	0.65%	2.45%	1.29%	2.71%	6.25%	1.30%
	AM900	0.84%	74.67%	0.58%	2.42%	2.03%	6.02%	1.47%	1.84%	3.92%	6.20%

续表

年份	产业整体	AI900	AM900	AP900	AS900	AT900	AC900	AN900	AK900	AJ900	AU900
2005	AP900	0.17%	0.79%	83.85%	1.36%	1.02%	3.61%	1.28%	1.26%	3.26%	3.39%
	AS900	2.93%	6.09%	1.83%	60.12%	2.11%	8.64%	2.37%	5.28%	5.06%	5.59%
	AT900	1.24%	2.19%	0.49%	1.19%	80.20%	3.98%	0.93%	0.92%	4.40%	4.47%
	AC900	0.14%	0.25%	0.06%	0.18%	0.21%	95.42%	0.33%	0.59%	1.03%	1.79%
	AN900	0.28%	1.31%	0.61%	1.22%	0.79%	8.78%	77.13%	1.74%	3.66%	4.47%
	AK900	0.23%	0.37%	0.17%	0.20%	0.38%	5.19%	1.00%	88.51%	1.93%	2.03%
	AJ900	0.17%	0.32%	0.15%	0.17%	0.41%	1.66%	0.76%	1.00%	93.85%	1.51%
	AU900	0.03%	0.09%	0.03%	0.17%	0.09%	0.29%	0.15%	0.26%	0.48%	98.41%

资料来源：作者根据《亚洲国际投入产出表1995》《亚洲国际投入产出表2000》《亚洲国际投入产出表2005》的数据计算得出

注：本表数据因进行了约分，行向数据可能存在比例合计不等于100%的情况

2. 中间投入率

中间投入率是指该产业部门在一定时期内，生产过程中的中间投入与总投入之比。根据国际投入产出模型的均衡关系，中间投入率的计算公式为

$$f_{ij}^{SK} = \frac{X_{ij}^{SK}}{X_j^K} \quad (i,j=1,2,\cdots,n) \tag{4.4}$$

其中，f_{ij}^{SK} 为 K 经济体 j 产业生产单位产品中对 S 经济体 i 产业产品的中间使用。在国际投入产出模型中，中间投入率指标能够反映在生产过程中为生产单位产值的产品需从其他经济体各产业部门购进的原料在单位产值中所占的比重。类似地，我们仍然可以通过对直接消耗系数矩阵按照经济体产业整体进行列向汇总，对各内生经济体的中间投入状况及中间投入的分配情况进行分析，计算结果列于表4.5和表4.6。

表4.5 东亚各经济体中间投入率(1995年、2000年、2005年)

产业整体	1995年	2000年	2005年
AI900	0.4612	0.4872	0.4942
AM900	0.5767	0.6189	0.6782
AP900	0.4837	0.5165	0.5796

续表

产业整体	1995年	2000年	2005年
AS900	0.6301	0.6610	0.6670
AT900	0.5324	0.5676	0.5927
AC900	0.6160	0.6414	0.6593
AN900	0.5490	0.5367	0.5584
AK900	0.5393	0.5581	0.5802
AJ900	0.4700	0.4644	0.4829
AU900	0.4740	0.4552	0.4698
ET900	0.4886	0.4891	0.5139

资料来源：作者根据《亚洲国际投入产出表1995》《亚洲国际投入产出表2000》《亚洲国际投入产出表2005》的数据计算得出

表4.6　东亚各经济体中间投入的分配情况

年份	产业整体	AI900	AM900	AP900	AS900	AT900	AC900	AN900	AK900	AJ900	AU900
1995	AI900	85.00%	0.64%	0.72%	1.31%	0.27%	0.15%	0.58%	0.51%	0.26%	0.05%
	AM900	0.25%	58.45%	0.76%	4.50%	1.30%	0.16%	0.73%	0.42%	0.16%	0.16%
	AP900	0.02%	0.19%	69.98%	0.46%	0.25%	0.02%	0.14%	0.08%	0.04%	0.06%
	AS900	0.60%	3.70%	0.97%	54.48%	1.51%	0.18%	0.65%	0.23%	0.07%	0.14%
	AT900	0.13%	0.84%	0.25%	2.50%	69.85%	0.10%	0.26%	0.12%	0.12%	0.08%
	AC900	0.40%	0.89%	0.74%	1.14%	0.78%	90.04%	0.79%	0.98%	0.31%	0.16%
	AN900	0.45%	1.71%	1.79%	1.58%	1.14%	0.33%	70.48%	0.34%	0.16%	0.21%
	AK900	0.65%	1.47%	1.33%	2.54%	0.91%	0.65%	0.98%	79.32%	0.24%	0.21%
	AJ900	2.18%	9.72%	3.94%	10.53%	6.37%	1.55%	6.22%	3.64%	93.50%	0.87%
	AU900	1.22%	4.54%	3.53%	5.82%	2.80%	0.82%	4.09%	3.15%	0.94%	92.38%
	BF001	0.49%	1.47%	1.67%	1.57%	1.00%	0.31%	0.97%	0.65%	0.12%	0.07%
	CH900	0.06%	0.80%	1.27%	0.70%	0.26%	1.12%	0.37%	0.10%	0.04%	0.06%
	CW900	7.71%	13.27%	9.24%	12.74%	10.01%	4.34%	12.62%	9.31%	3.64%	5.43%
	DT001	0.85%	2.31%	3.81%	0.13%	3.57%	0.24%	1.10%	1.15%	0.41%	0.12%
2000	AI900	79.51%	1.07%	0.76%	0.82%	0.68%	0.16%	0.66%	0.66%	0.32%	0.05%
	AM900	0.69%	51.45%	1.32%	5.33%	1.50%	0.21%	1.11%	0.55%	0.23%	0.16%
	AP900	0.03%	0.96%	61.54%	0.14%	0.27%	0.05%	0.57%	0.16%	0.08%	0.09%

续表

年份	产业整体	AI900	AM900	AP900	AS900	AT900	AC900	AN900	AK900	AJ900	AU900
2000	AS900	0.51%	6.62%	2.33%	53.63%	1.34%	0.18%	0.96%	0.33%	0.06%	0.12%
	AT900	0.40%	2.19%	0.94%	1.21%	68.35%	0.14%	0.52%	0.18%	0.13%	0.09%
	AC900	0.84%	1.54%	0.83%	1.72%	1.52%	89.42%	1.11%	1.15%	0.42%	0.32%
	AN900	0.49%	2.80%	1.66%	1.06%	1.19%	0.96%	68.54%	0.51%	0.26%	0.27%
	AK900	0.90%	1.99%	2.44%	1.26%	1.09%	0.96%	1.92%	77.10%	0.31%	0.25%
	AJ900	2.02%	8.34%	6.00%	6.74%	5.87%	1.35%	6.67%	3.16%	92.13%	0.73%
	AU900	1.41%	6.61%	4.56%	4.57%	2.72%	0.69%	3.86%	2.95%	0.97%	90.88%
	BF001	0.62%	0.75%	1.58%	1.73%	1.79%	0.47%	0.46%	0.99%	0.23%	0.09%
	CH900	0.13%	1.62%	1.36%	0.52%	0.41%	0.61%	0.56%	0.31%	0.06%	0.13%
	CO900	1.77%	3.99%	3.53%	2.88%	3.36%	1.10%	2.66%	1.66%	0.56%	1.26%
	CW900	9.79%	9.53%	9.42%	18.35%	7.83%	2.65%	9.54%	9.47%	3.71%	5.49%
	DT001	0.87%	0.56%	1.74%	0.06%	2.09%	1.05%	0.86%	0.82%	0.53%	0.08%
2005	AI900	79.83%	0.97%	0.62%	3.15%	0.66%	0.16%	0.81%	0.67%	0.43%	0.03%
	AM900	0.75%	67.57%	1.08%	3.00%	1.88%	0.36%	0.85%	0.42%	0.24%	0.15%
	AP900	0.07%	0.31%	68.69%	0.74%	0.41%	0.09%	0.32%	0.12%	0.09%	0.04%
	AS900	1.52%	3.19%	1.98%	43.10%	1.13%	0.30%	0.79%	0.69%	0.18%	0.08%
	AT900	0.99%	1.76%	0.81%	1.31%	66.03%	0.21%	0.48%	0.18%	0.24%	0.09%
	AC900	2.01%	3.49%	1.69%	3.37%	2.96%	87.59%	2.99%	2.06%	1.00%	0.66%
	AN900	0.37%	1.75%	1.68%	2.22%	1.08%	0.76%	65.60%	0.58%	0.34%	0.16%
	AK900	0.81%	1.28%	1.20%	0.94%	1.36%	1.19%	2.24%	77.53%	0.47%	0.19%
	AJ900	2.28%	4.48%	4.31%	3.28%	5.81%	1.49%	6.66%	3.45%	89.39%	0.55%
	AU900	0.98%	3.22%	2.27%	7.89%	3.30%	0.67%	3.23%	2.24%	1.15%	89.84%
	BF001	0.71%	0.44%	1.16%	0.72%	0.81%	0.21%	1.24%	0.26%	0.12%	0.11%
	CH900	0.14%	0.83%	1.26%	3.51%	0.35%	0.20%	0.31%	0.73%	0.03%	0.02%
	CG900	0.38%	0.31%	0.17%	0.65%	0.33%	0.22%	0.20%	0.15%	0.05%	0.07%
	CO900	1.83%	3.56%	2.18%	3.05%	2.75%	0.93%	2.51%	1.65%	0.96%	2.08%
	CW900	6.80%	6.52%	9.40%	23.02%	8.97%	5.15%	11.34%	8.68%	4.64%	5.87%
	DT001	0.53%	0.32%	1.49%	0.04%	2.17%	0.49%	0.44%	0.58%	0.66%	0.07%

资料来源：作者根据《亚洲国际投入产出表 1995》《亚洲国际投入产出表 2000》《亚洲国际投入产出表 2005》的数据计算得出

注：BF001 为运费与保险，CH900 为从中国香港进口，CG900 为从印度进口，CO900 为从欧盟进口，CW900 为从世界其他地区进口，DT001 为关税与商品税。由于国际投入产出模型将运费与保险(BF001)、进口(CH900、CG900、CW900)及关税与商品税(DT001)均纳入中间投入部分，为了保证数据的完整性，这里也将上述三个部分所对应的比重表示出来。本表数据因进行了约分，列向数据可能存在比例合计不等于 100%的情况

现有研究表明，在工业化进程中，总产出内中间产品使用所占份额逐渐增加，中间投入率的上升是普遍规律(李善同和钟思斌，1998)。由表 4.5 可以看出，1995~

2005年东亚区域整体的中间投入率上升,这一趋势与东亚区域整体的工业化进程保持一致。亚洲四小龙、东盟四国及中国均处于工业化进程快速发展阶段,产业结构由劳动密集型向资本和技术密集型转变,生产的再加工程度不断加深,除中国台湾外皆表现为中间投入率持续上升且高于东亚区域整体水平。日本和美国作为发达经济体,国民经济发展已进入工业化成熟阶段,经济整体的中间投入率趋于平稳变化。

根据东亚区域中间投入的分配情况,各内生经济体基本分为两类。第一类,中间投入自给率相对较高的经济体,包括美国、日本、中国、韩国及印度尼西亚。这类经济体的经济规模较大,经济体系中产业部门健全,因此在区域生产网络中对自身中间投入的需求较大,即拥有较高的中间投入自给率。第二类,中间投入自给率较低的经济体,包括马来西亚、菲律宾、新加坡、泰国及中国台湾。这些经济体的自身经济规模较小,自然资源匮乏,经济体系中产业部门不完整,因此在生产过程中对自身中间投入的使用较为有限。特别是新加坡,以2005年为例,其中间投入自给率仅为43.1%,说明国民经济中生产1单位商品,有43.1%的中间投入来自本国,剩余的56.9%均靠进口得以实现。由此可知,该国对外贸进口的中间产品与中间投入具有较强的依赖性。与此同时,我们也发现东亚区域对来自日本和美国的中间投入具有较强的依赖性,但依赖程度大体呈下降的变化趋势。值得注意的是,在东亚各经济体的中间投入中,来自中国的比例逐渐增加,例如,1995年,马来西亚和新加坡的中间投入中,来自中国的比重分别为0.89%和1.14%,到2005年上升至3.49%和3.37%,超过了美国在马来西亚、日本在新加坡的中间投入所占份额,反映出东亚各经济体对中国中间产品的依赖程度逐渐加强。另外,欧盟对东亚区域的中间投入也起到了较大的推动作用。

通过以上对东亚区域的中间需求与中间投入的分析,我们可以得出以下结论。

第一,1995~2005年东亚区域整体的中间需求率与中间投入率总体表现为上升趋势。虽然受1997年亚洲金融危机的冲击,东亚生产网络的生产活动一度衰退,区域内市场需求严重不足,区域整体的中间需求率和中间投入率出现不同程度的波动,但在金融危机过后,东亚各经济体为了重振经济纷纷制定积极的产业政策、对外贸易政策等,区域内生产规模、经济得到进一步发展,各经济体之间产业结构的直接关联程度也随之加深。美国和日本对东亚区域中间产品市场的作用依然较大,但作用逐渐减弱。

第二,各经济体中间需求率的变化和中间需求的分配情况:除日本和美国外,其他经济体的中间需求率均保持上升趋势,且大部分高于区域整体水平。日本、美国在东亚区域中间产品市场的地位由最初的供给者转变为需求者,而马来西亚、新加坡等新兴工业化经济体则由需求者转变为供给者。另外,东南亚经济体在中间产品市场中的联系较为紧密,互为主要需求者和供给者。中国的中间产品在东亚区域也拥有较高的中间需求率,虽大部分被本土所吸纳,但对东亚其他经济体的供给不断上升。

第三，各经济体中间投入率的变化和中间投入的分配情况：日本、美国、中国、韩国及印度尼西亚等经济规模较大的经济体，中间投入自给率较高；马来西亚、新加坡、菲律宾、泰国及中国台湾等经济规模较小的经济体，由于自身资源不足等，中间投入自给率较低，对进口的中间投入具有较强的依赖性。一方面，东亚各经济体对来自日本和美国的中间投入仍具有较强的依赖性，但整体依赖程度逐渐减弱。另一方面，各经济体总投入中来自除日本、美国以外的经济体的中间投入比重逐渐增加，特别是来自中国的中间投入持续上升，甚至在一些经济体所占的比重超过了日本和美国，说明东亚区域产业结构的关联不再仅局限于对日本和美国等发达经济体的依赖，而逐渐向内生化和多元化的方向发展。

4.3 东亚区域产业结构演进的波及效应

产业结构调整的波及效应往往表现为一个产业部门的变化引起与其直接关联的产业部门的变化，继而又导致与后者直接和间接关联的产业部门的变化，以此类推，直至这种效应逐渐消失。在国际(地区)产业关联中，这一系列相关产业的连锁反应早已突破国家和地区的界限，对区域内周边国家和地区的产业部门产生影响，形成国际(地区)产业波及效应，这是世界经济全球化和区域经济一体化发展的必然结果。通常情况下，产业波及效应包括后向关联效应、前向关联效应及最终需求的生产诱发效应，本节主要借助相关测度指标，从后向关联效应与最终需求的生产诱发效应两个方面，分析东亚区域产业结构演进的波及效应[①]。

4.3.1 东亚区域产业后向关联效应分析

在投入产出模型中，每一个产业部门的生产都需要其他产业部门的产品作为中间投入，当这个产业发展时，必然增加对其上游产业产品的需求，而其上游产业的产出增加，又会影响与其相关联的产业的发展，由此传递下去所产生的带动作用被称为后向关联效应。在亚洲国际投入产出模型中，直接消耗系数矩阵可以写为

$$A_{mn \times mn} = \left(a_{ij}^{SK}\right)_{mn \times mn} = \left(\frac{X_{ij}^{SK}}{X_j^K}\right) \quad (i, j = 1, 2, \cdots, n) \tag{4.5}$$

---

① 在投入产出理论中，产业的前向关联效应往往借助感应度系数来衡量。然而，关于感应度系数的定义建立在一个与现实不符的假设基础上，即假设每一个部门的最终需求均增加一个单位，这在现实中是无法实现的，且利用直接投入系数矩阵的行向合计来计算感应度系数也缺乏实际经济意义。虽然有学者试图用分配系数的逆矩阵来计算感应度系数，使其解释能力有了很大提高，但分配系数逆矩阵无法反映各部门最终需求对产出的诱发作用，导致它在投入产出分析中的应用并不广泛。因此，本书暂不讨论东亚区域产业结构的前向关联效应。

其中，A 为直接消耗系数矩阵；a_{ij}^{SK} 为 K 经济体 j 产业总投入中由 S 经济体 i 产业供给的比重；m 为内生经济体的数量；n 为产业部门的数量。由此，根据亚洲国际投入产出模型的均衡关系，里昂惕夫逆矩阵 B 可以被定义为

$$B_{mn \times mn} = \left(b_{ij}^{SK}\right)_{mn \times mn} = (I-A)^{-1} \quad (i,j=1,2,\cdots,n) \quad (4.6)$$

在里昂惕夫逆矩阵的基础上，我们引入后向关联系数(index of backward linkages, IBL)(也称影响力系数)来衡量东亚区域产业的后向关联效应，具体计算公式为

$$\mathrm{IBL}_j^K = \frac{\sum_S \sum_i b_{ij}^{SK}}{\sum_K \sum_j \sum_S \sum_i b_{ij}^{SK} \big/ m \times n} \quad (i,j=1,2,\cdots,n) \quad (4.7)$$

当 $\mathrm{IBL}_j^K > 1$ 时，表示 K 经济体 j 产业的影响力大于区域内各经济体所有产业的平均水平，具有较强的后向关联效应；反之，当 $\mathrm{IBL}_j^K < 1$ 时，表示 K 经济体 j 产业的影响力小于区域内各经济体所有产业的平均水平，后向关联效应较弱。

2013 年 4 月更新的《亚洲国际投入产出表 2005》在数据体系上分设 7 部门经济和 26 部门经济，因此，我们分别对 7 部门和 26 部门数据体系下的产业影响力系数进行测算，进而比较东亚区域各经济体产业部门的后向关联效应。

1. 7 部门的后向关联效应

在 7 部门数据体系下，经济体系被划分为农林牧渔业(001)、采矿业(002)、制造业(003)、电力及水的供应业(004)、建筑业(005)、贸易与交通运输业(006)、服务业(007)，我们利用式(4.7)对东亚区域 10 个内生经济体的 7 产业部门的后向关联系数进行测算，结果列于表 4.7。

表 4.7　东亚区域各经济体 7 产业部门的后向关联系数(2005 年)

部门	印度尼西亚	马来西亚	菲律宾	新加坡	泰国	中国	中国台湾	韩国	日本	美国
001	0.7307	0.8924	0.9294	1.0380	0.8669	0.9811	0.9650	0.9503	0.9868	1.1787
002	0.6683	0.7489	1.0666	0.5057	0.8293	1.1535	0.7787	0.9272	1.0957	0.9344
003	1.0059	1.3487	1.1316	1.0249	1.1169	1.4039	1.1826	1.2244	1.1766	1.0682
004	1.1543	1.2340	1.0569	1.1656	0.9949	1.2010	0.8652	0.8415	0.9135	0.9187
005	1.0687	1.2657	1.1283	1.0629	1.2039	1.4330	1.2368	1.1096	1.0566	0.9862
006	0.8943	1.1776	0.8615	0.8598	0.8303	1.1341	0.7706	0.9059	0.8139	0.8366
007	0.8517	1.0478	0.9261	0.9496	0.9811	1.1100	0.7399	0.8552	0.8080	0.8377
900	0.9106	1.1022	1.0143	0.9438	0.9748	1.2024	0.9341	0.9734	0.9787	0.9658

资料来源：作者根据《亚洲国际投入产出表 2005》计算得出
注：900 为 7 产业部门的整体情况

通过表 4.7 中 900 的行向数据可以比较东亚区域各经济体产业整体的后向关联效应。2005 年,中国、马来西亚及菲律宾的产业整体后向关联效应较大,影响力系数分别达 1.2024、1.1022 和 1.0143;其次为日本、泰国和韩国,产业整体影响力系数为 0.9787、0.9748 和 0.9734;新加坡、中国台湾和印度尼西亚的后向关联效应较小,分别为 0.9438、0.9341 和 0.9106,美国作为东亚区域的"隐形"成员,产业整体的后向关联系数为 0.9658。对比张建平(2010)对东亚区域在 2000 年的产业后向关联效应测算的结果,我们发现,中国产业整体的后向关联效应在东亚区域仍居各经济体之首,日本和美国的影响继续减弱,说明中国产业需求的增加对东亚区域产业发展具有持续且明显的带动作用,仍然是区域内各经济体产业发展的重要依赖国家。与东北亚相比,东南亚经济体产业的后向关联效应变化较为明显。2000 年,只有新加坡产业整体的后向关联系数大于 1,在吸纳其他经济体的出口中发挥着重要作用。然而,2005 年数据显示,新加坡产业整体的后向关联系数下降到 0.9438,马来西亚和菲律宾整体的后向关联系数上升至 1 以上,说明 2000~2005 年这两个国家的产业需求迅速增长,对东亚特别是东南亚区域的产业发展产生较大的拉动效应,削弱了新加坡在东南亚区域的产业主导作用,这一现象更加印证了东亚区域经济发展的追赶式模式。

在各经济体内部,产业部门的后向关联效应存在一定差异。从中国各产业的后向关联系数来看,除农林牧渔业(001)之外,其他产业的后向关联系数均大于 1,特别是建筑业(005)和制造业(003)更是高达 1.4330 和 1.4039,这与中国成为东亚中间产品市场的主要需求者的地位密切相关,其凭借产业发展的巨大潜力和广阔的市场需求,带动东亚其他经济体的产业快速发展。马来西亚除农林牧渔业(001)、采矿业(002)外,其他产业的后向关联系数均大于区域平均水平,但与中国不同的是,其该效应多来自东南亚各经济体。随着东亚地区新兴工业化的发展,各经济体均致力于经济快速发展的浪潮中,马来西亚成功地由一个原料出口国转型为一个多元的新兴工业化国家。在此期间,马来西亚的国内经济与吸引的 FDI 均大幅度增长,因此,在东亚区域内,马来西亚产业的快速发展对其他经济体的经济增长也起到了重要的带动作用。菲律宾产业整体的后向关联系数也高于东亚区域的平均水平,但与中国和马来西亚相比,其产业部门中仅有采矿业(002)、制造业(003)、电力及水的供应业(004)和建筑业(005)四个部门的后向关联系数在 1 以上,说明其对东亚区域产业发展的带动作用还十分有限,与中国和马来西亚仍存在一定差距。美国和日本作为发达经济体的代表,已经完成了工业化进程,产业结构发展较为均衡和成熟,更多地表现为对最终产品的需求增加,对中间产品的需求相对稳定甚至出现下降的发展态势。因此,其产业中后向关联系数高于平均水平的部门数量明显低于中国、马来西亚等新兴工业化经济体。

从产业层面来看,制造业(003)的后向关联效应最大,区域内所有经济体的制造业后向关联系数均大于1。农林牧渔业(001)、贸易与交通运输业(006)及服务业(007)的后向关联效应较小,在农林牧渔业领域,只有新加坡和美国的产业后向关联系数大于1;而在贸易与交通运输业和服务业内,仅有中国和马来西亚的产业后向关联系数大于1。造成这一结果的主要原因在于,从东亚区域经济整体发展的历程来看,贸易往来及产业合作大多集中在制造业,区域内制造业进出口贸易占全球制造业进出口贸易的80%以上,制造业产业内贸易占东亚区域内贸易的比重接近70%,以零部件为主的中间产品交易成为区域内贸易的主要内容。区域生产网络的产生,使各经济体通过制造业明显的后向关联效应联结在一起,形成相互带动、相互依存的产业模式。

2. 制造业细分部门的后向关联效应

从上述7部门数据体系的分析中可以看出,东亚区域各经济体在制造业领域中的后向关联效应最为明显。在本部分我们仍旧应用式(4.7),在亚洲国际投入产出表26部门数据体系下,深入制造业内部,对制造业各细分部门的后向关联效应进行测算,从而更清晰地对各经济体及产业部门间的后向关联效应进行比较。

在亚洲国际投入产出表26部门数据体系下,008～021是7部门分类下制造业的细分,依次为食品、饮料及烟草加工业(008),纺织、皮革及相关制品业(009),木材、家具及其他木制品业(010),纸浆、纸制品及印刷品业(011),化学工业(012),石油及其制品业(013),橡胶制品业(014),非金属矿物制品业(015),金属及其制品业(016),机械工业(017),计算机及电子设备制造业(018),其他电子设备制造业(019),交通运输设备制造业(020),其他制造业(021)。

从表4.8的列向数据可以看出,除印度尼西亚和美国以外,其他东亚经济体均有超过一半的制造业细分部门的后向关联系数大于1。其中,中国和马来西亚的全部14个制造业细分部门的后向关联系数大于1;菲律宾和韩国紧随其后,各有13个部门;日本有12个部门;泰国与中国台湾各有11个部门;新加坡较少,仅有9个部门。为了更直观地比较各经济体制造业细分部门后向关联效应的均衡性和差异性,本章根据上述数据绘制成雷达图,见图4.4。首先,根据雷达图我们可以比较各经济体14个制造业细分部门的后向关联系数所围成的面积,由此可以看出各经济体制造业整体对东亚区域产业发展的拉动效应。面积较大的是中国和马来西亚,而面积较小的是印度尼西亚和美国,其他经济体介于上述两类经济体之间。正如7部门产业后向关联效应分析的结果,中国和马来西亚作为东亚区域发展中经济体的代表,其工业化进程不断加速,两者又分别是东北亚地区和东南亚地区经济规模较大的经济体,其产业结构调整、优化、升级必然会使其增加对中间产品的需求,从而增加对区域内其他经济体中间产品的进口,促进彼此之间的产业后向关联程度进一步加强。印度尼西亚与其他东南亚经济体相比虽土地面积广阔、自然资源丰富,但由于其政局和社会发展不稳定,工业化进程缓慢,产业发展对中间产品的有效需求十分有限。美国作为发达经济体已提前完成工业化进程,制造业发展对中间产品的需求相对稳定,并且美国对东亚区域的产品需求主要集中在最终产品市场。其次,根据雷达图我们也可以分析各经济体制造业细分部门区域后向关联的均衡情况。中国、美国和马来西亚制造业各细分部门的后向关联效应较为均衡[①],中国和马来西亚在工业化浪潮中,伴随着经济的快速发展,制造业各细分部门的发展势头基本相同。不同的是,美国由于产业结构稳定、成熟,制造业各细分部门发展较为饱和,后向关联效应差异不明显。其他东亚经济体制造业后向关联效应的不均衡性主要体现在石油及其制品业(013),这与该行业处于价值链上游的地位及东亚各经济体石油资源充沛程度密切相关。

表4.8 东亚区域制造业细分部门的后向关联系数(2005年)

部门	印度尼西亚	马来西亚	菲律宾	新加坡	泰国	中国	中国台湾	韩国	日本	美国
008	0.9809	1.3289	1.0552	1.0852	1.0511	1.1961	1.1616	1.1148	1.0379	1.1824
009	1.0367	1.2144	1.1766	1.0447	1.1166	1.3911	1.2941	1.1449	1.0848	1.0983
010	0.9399	1.0925	1.2057	1.0843	0.9745	1.3638	0.9989	1.1894	1.0259	1.0884
011	0.9864	1.2325	1.0946	0.9696	0.9744	1.3095	1.0214	1.1173	1.0149	0.9438
012	0.9129	1.2245	1.1022	0.8619	1.0185	1.2633	1.2462	1.1734	1.1116	1.0403
013	0.5931	1.1349	0.6188	0.7531	0.7454	1.3098	0.6283	0.6366	0.6173	0.9242
014	0.9932	1.5040	1.1668	0.9774	1.1267	1.2586	1.0168	1.1247	1.0428	0.9955
015	0.8713	1.2462	1.1169	1.0223	1.0137	1.3391	0.9602	1.0885	0.9704	0.9610
016	0.9879	1.2803	1.1769	1.0633	1.0735	1.3316	1.1440	1.3013	1.1731	1.0595
017	1.0613	1.3271	1.1831	1.0148	1.1056	1.4002	1.2552	1.2831	1.1440	0.9864
018	1.0182	1.3344	1.1829	1.1165	1.2278	1.3880	1.1657	1.1258	1.1978	0.9636
019	1.0130	1.3337	1.0357	1.1245	1.2022	1.4049	1.1875	1.2712	1.1618	0.9852
020	0.9953	1.5438	1.0553	1.0469	1.1475	1.4677	1.1284	1.3878	1.4140	1.0306
021	1.0279	1.1662	1.1536	0.9452	1.0208	1.3703	1.2053	1.2039	1.1326	0.9926

资料来源:作者根据《亚洲国际投入产出表2005》计算得出

---

① 为了衡量东亚区域各经济体制造业细分部门区域后向关联的均衡性,可以分别计算并得到10个经济体制造业细分部门后向关联系数的变异系数:中国为0.0529,美国为0.0692,马来西亚为0.0991,新加坡为0.1015,泰国为0.1128,印度尼西亚为0.1215,菲律宾为0.1350,韩国为0.1495,中国台湾为0.1549,日本为0.1593。

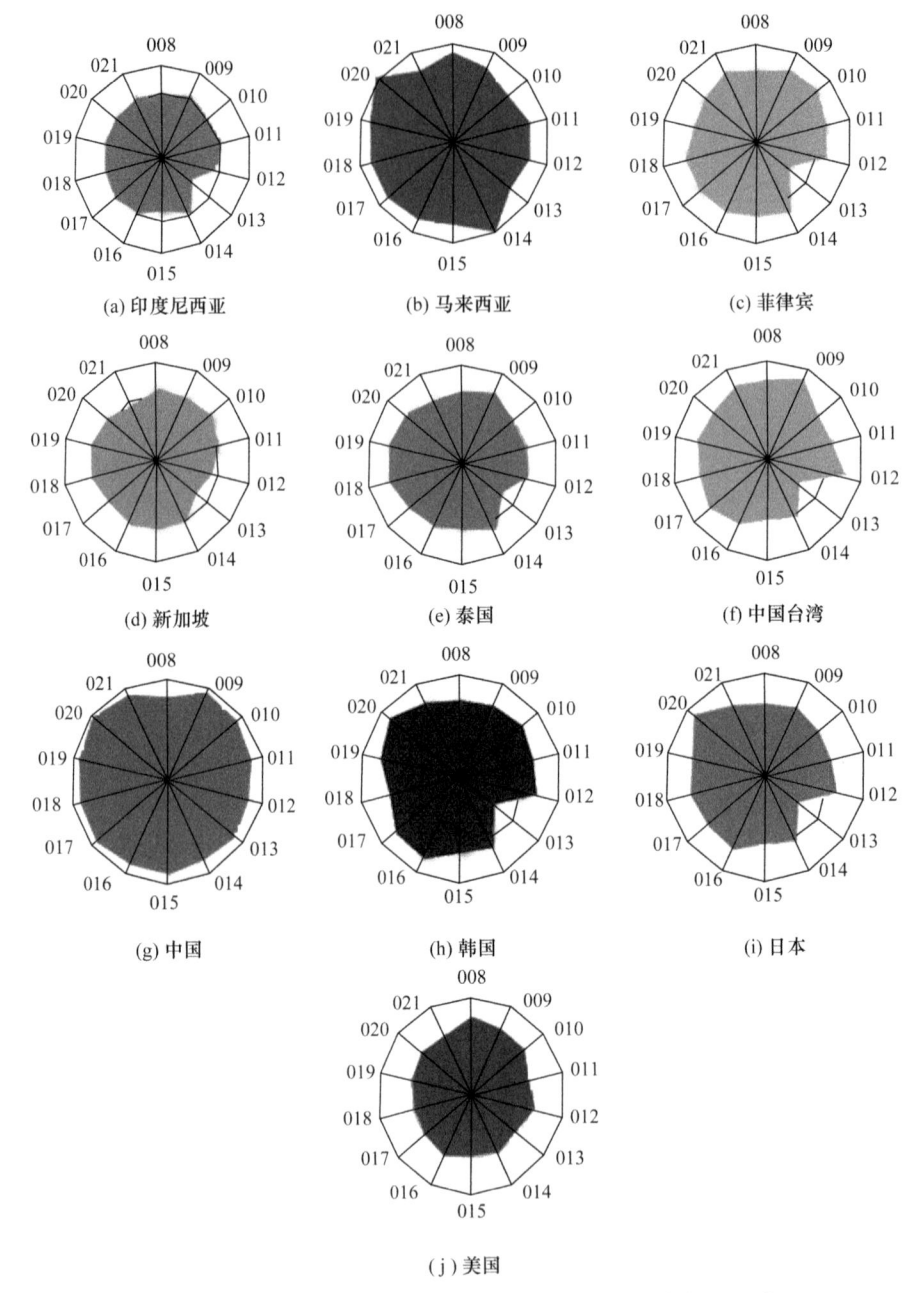

(a) 印度尼西亚　　(b) 马来西亚　　(c) 菲律宾

(d) 新加坡　　(e) 泰国　　(f) 中国台湾

(g) 中国　　(h) 韩国　　(i) 日本

(j) 美国

图 4.4　东亚区域各经济体制造业细分部门的后向关联效应(2005年)

根据表4.8的行向数据可以观察东亚区域制造业各细分部门的后向关联情况。纺织、皮革及相关制品业(009)的后向关联系数在10个经济体中均大于1；机械工业(017)、计算机及电子设备制造业(018)、其他电子设备制造业(019)和其他制造业(021)的后向关联系数,在除美国以外的其他东亚经济体内也都大于 1。这些产业通过其较大的后向关联效应对区域内其他产业产生大量需求,为其他产业产品提供了充足的需求市场,促进区域产业发展,成为本地区产业发展的驱动力。并且,从上述制造业细分部门的要素密集性来看,东亚区域内制造业的后向关联效应正逐渐向资本和技术密集型产业过渡,产业结构的相互关联性和相互依存性不断向高级化方向发展。

通过上述分析我们不难发现,以制造业为主的第二产业比第一产业和第三产业的后向关联效应的整体水平高。这既与东亚区域内的产业转移有关,也与各经济体在工业化阶段所采取的产业促进政策有关,主要表现为东亚经济体大量承接加工制造业转而出口及吸引 FDI 促进产业内与产业间的生产要素流动,从而加速了产业间的关联效应与融合效应,在此基础上促进产业结构整体升级。因此,制造业在东亚区域的产业转移和产业融合中具有重要的地位,形成了区域主导产业的主体,并且制造业内部具有高级化的发展趋势。值得注意的是,随着商品贸易规模的进一步扩大,各经济体对贸易自由化与便利化的需求显得越发强烈,大量双边及多边自由贸易协定(free trade agreement, FTA)的建立和货币金融领域的合作在东亚区域内开展,在服务于商品贸易的同时,也促进了农产品贸易、服务贸易的进一步发展,因此,未来第一产业与第三产业的后向关联效应将会进一步增强,逐步缩小与第二产业之间的差距。

4.3.2 东亚区域最终需求的生产诱发效应

根据亚洲国际投入产出模型的均衡关系,我们也可以测算最终需求对产出的生产诱发效应,从最终产品市场的角度进一步考量东亚区域产业结构调整的波及效应。

由亚洲国际投入产出模型的行向均衡关系可知:

$$X^S = a^{S1}X^1 + \cdots + a^{SK}X^K + F^{S1} + F^{S2} + \cdots + F^{SK} + L^S \quad (S, K = 1, 2, \cdots, 10) \quad (4.8)$$

其中,X^S 为 S 经济体 n 个产业部门总产出的 $n \times 1$ 维列向量;a^{SK} 为 K 经济体各产业部门对 S 经济体各产业部门的 $n \times n$ 维直接消耗系数矩阵;$A^{SK} = a^{SK}X^K$,为 K 经济体各产业部门对 S 经济体各产业部门中间产品的需求;F^{SK} 为 K 经济体对 S 经济体各产业产出的最终需求,这里,最终需求包括私人消费、政府消费、固定资产形成和存货的变化[①];L^S 为 S 经济体各产业部门对外生经济体的出口。由

---

① 在《亚洲国际投入产出表 2005》数据体系下,中国、马来西亚、菲律宾和新加坡的最终需求包含 005 项,即调整项目。其中,FM005 与 FS005 分别表示马来西亚与新加坡的调整项目,是在商品价值交易统计过程中将基准价格转换成生产者价格的平衡项目。FP005 为菲律宾的调整项目,表示国民账户产出与支出的统计误差。FC005 为中国的调整项目,表示中国国内投入产出表中的统计误差项目。

此，式(4.8)可以被改写成矩阵形式，即

$$\begin{bmatrix} X^1 \\ \vdots \\ X^G \end{bmatrix} = \begin{bmatrix} a^{11} & \cdots & a^{1G} \\ \vdots & & \vdots \\ a^{G1} & \cdots & a^{GG} \end{bmatrix} \begin{bmatrix} X^1 \\ \vdots \\ X^G \end{bmatrix} + \begin{bmatrix} F^{11}+F^{12}+\cdots+F^{1G}+L^1 \\ \vdots \\ F^{G1}+F^{G2}+\cdots+F^{GG}+L^G \end{bmatrix} \quad (4.9)$$

求解式(4.9)，得

$$\begin{bmatrix} X^1 \\ \vdots \\ X^G \end{bmatrix} = \begin{bmatrix} I-a^{11} & \cdots & -a^{1G} \\ \vdots & & \vdots \\ -a^{G1} & \cdots & I-a^{GG} \end{bmatrix}^{-1} \begin{bmatrix} F^{11}+F^{12}+\cdots+F^{1G}+L^1 \\ \vdots \\ F^{G1}+F^{G2}+\cdots+F^{GG}+L^G \end{bmatrix}$$

$$= \begin{bmatrix} b^{11} & \cdots & b^{1G} \\ \vdots & & \vdots \\ b^{G1} & \cdots & b^{GG} \end{bmatrix} \begin{bmatrix} \sum_{g=1}^{G} F^{1g}+L^1 \\ \vdots \\ \sum_{g=1}^{G} F^{Gg}+L^G \end{bmatrix} \quad (4.10)$$

其中，G 为亚洲国际投入产出表中内生经济体的数量；b 为里昂惕夫逆矩阵的 n 维分块矩阵。由此，我们可以根据 S 经济体最终需求的列向量 f^S 和里昂惕夫逆矩阵 B 测算 S 经济体的最终需求对区域内所有产业的生产诱发效应：

$$F_X^S = B \times f^S \quad (4.11)$$

1. 生产诱发整体效应

利用式(4.11)，在暂不考虑产业维度的情况下，我们对亚洲国际投入产出表中包含的 10 个内生经济体最终需求的生产诱发的整体效应进行计算，结果见表 4.9。

表 4.9　东亚各经济体最终需求的生产诱发整体效应　　　单位：十亿美元

产业整体	FI900	FM900	FP900	FS900	FT900	FC900	FN900	FK900	FJ900	FU900	LO001	合计	剔除本经济体
AI900	429	3	1	3	3	11	3	7	25	23	20	528	99
AM900	5	143	2	4	9	28	4	7	24	69	40	335	192
AP900	1	1	162	0	2	8	2	2	11	16	14	219	57
AS900	8	6	2	74	4	18	3	9	18	32	38	212	138
AT900	6	5	2	2	267	16	3	3	27	42	27	400	133

续表

产业整体	FI900	FM900	FP900	FS900	FT900	FC900	FN900	FK900	FJ900	FU900	LO001	合计	剔除本经济体
AC900	19	18	5	9	21	4 486	27	54	252	483	424	5 798	1 312
AN900	3	5	3	2	5	63	427	9	31	62	54	664	237
AK900	7	5	3	2	7	96	11	1 328	48	95	104	1 706	378
AJ900	18	18	10	8	36	162	58	71	7 288	297	231	8 197	909
AU900	10	13	5	13	17	75	28	47	128	21 145	439	21 920	775
合计	506	217	195	117	371	4 963	566	1 537	7 852	22 264	1 391		
剔除本经济体	77	74	33	43	104	477	139	209	564	1 119			

资料来源：作者根据《亚洲国际投入产出表2005》计算得出

注：FI900 为印度尼西亚最终需求、FM900 为马来西亚最终需求、FP900 为菲律宾最终需求、FS900 为新加坡最终需求、FT900 为泰国最终需求、FC900 为中国最终需求、FN900 为中国台湾最终需求、FK900 为韩国最终需求、FJ900 为日本最终需求、FU900 为美国最终需求、LO001 为外生经济体最终需求

根据表 4.9 的列向数据可以比较东亚各经济体最终需求对区域生产的诱发效应。美国、日本、中国与韩国位列前四位，对区域整体的生产诱发总额分别为 22.264 万亿美元、7.852 万亿美元、4.963 万亿美元和 1.537 万亿美元，明显高于东亚区域其他经济体，说明上述经济体作为最终产品市场的主要提供者，对东亚区域整体产出的增长发挥着重要的带动作用。当然，由此计算出的生产诱发额包括对本经济体产业的生产诱发，不足以体现其最终需求对区域内其他经济体的生产诱发效用，因此，有必要在剔除对本经济体的生产诱发效应后进行比较。在剔除对本经济体的生产诱发效应之后，我们发现，美国和日本对东亚区域的产出仍发挥着重要影响，诱发额度分别为 1.12 万亿美元和 0.564 万亿美元，中国和韩国退居其次。但值得注意的是中国与日本之间的差距已经缩小，说明中国的最终需求对东亚区域其他经济体的影响正在逐渐赶超日本。由于东亚各经济体在自然资源、人口数量及产业开放程度等方面存在较大差异，为了更准确地比较对区域生产的诱发效应，我们将对内部生产诱发和对外部生产诱发分别占诱发总额的比重绘制成柱状图，以便更清晰地观察各经济体的最终需求对区域生产诱发的作用。图 4.5 表明，美国、日本及中国的最终需求对内部生产即自身产业产出的诱发比重较高，在 90%以上；其次为韩国、印度尼西亚、菲律宾及中国台湾，其对内部生产诱发的比重在 75%以上；泰国、马来西亚和新加坡相对较低，对内部生产诱发的比重分别为 72%、66%和 63%。由此可见，经济总量与最终需求规模较大的经济体，

由于自身经济基础雄厚、自然资源丰富及产业体系健全,最终需求更倾向于由内部产业部门提供,对自身具有较强的生产诱发效应。中国台湾及东南亚部分经济体,由于本土自然资源有限,再加上部分产业体系发展不均衡,最终需求靠外部市场来满足的比重相对较大。另外,这一比重分布还可以反映出一经济体的开放程度,例如,新加坡和马来西亚的最终需求对外部的生产诱发比重较高,这同两个经济体双边贸易自由化及分别与区域内其他经济体不断扩大和深化的产业合作存在密切联系。

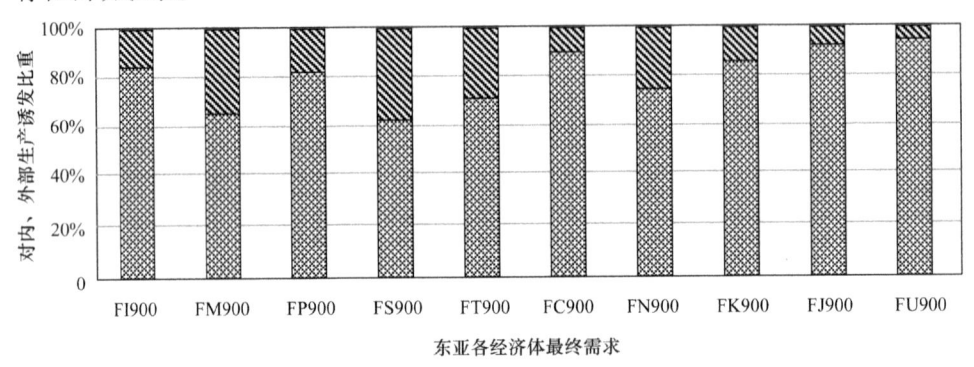

图 4.5 最终需求对内部与外部的生产诱发效应的比较

根据表 4.9 的行向数据可以观察各经济体对最终需求生产诱发的承接情况。美国、日本、中国与韩国依然位列前四位,其次是中国台湾和印度尼西亚,最后是泰国、马来西亚、菲律宾和新加坡。这一排列情况与各经济体对区域生产诱发效应基本一致。类似地,为了更清楚地比较各经济体生产诱发对来自内部最终需求的承接与来自外部最终需求的承接,我们继续根据各自所占承接总额的比重绘制成柱状图,如图 4.6 所示。美国与日本生产诱发的承接主要来自自身的最终需求,生产的内部诱发率高达 96%和 89%;其次为印度尼西亚、韩国、中国及菲律宾,产出由自身最终需求诱发的比率分别为 81%、78%、77%和 74%;泰国与中国台湾紧随其后,生产的内部诱发率为 67%和 65%;马来西亚与新加坡较低,自身最终需求对生产的诱发仅占全部诱发额的 42%和 35%。由此可见,经济规模与最终需求规模越大、产业基础越雄厚的经济体,其产业发展的自给程度就越高,生产诱发的对外依存度就越低。虽然新加坡和马来西亚无论在最终需求的生产诱发效应还是对最终需求生产诱发的承接方面均位列区域最后,但并不代表其经济与产业的发展程度落后,反而说明这两个经济体在其工业化进程中,不断克服自身要素禀赋的不足,更加注重国际(地区)产业之间的关联性与波及性对自身经济和产业发展的带动效应。

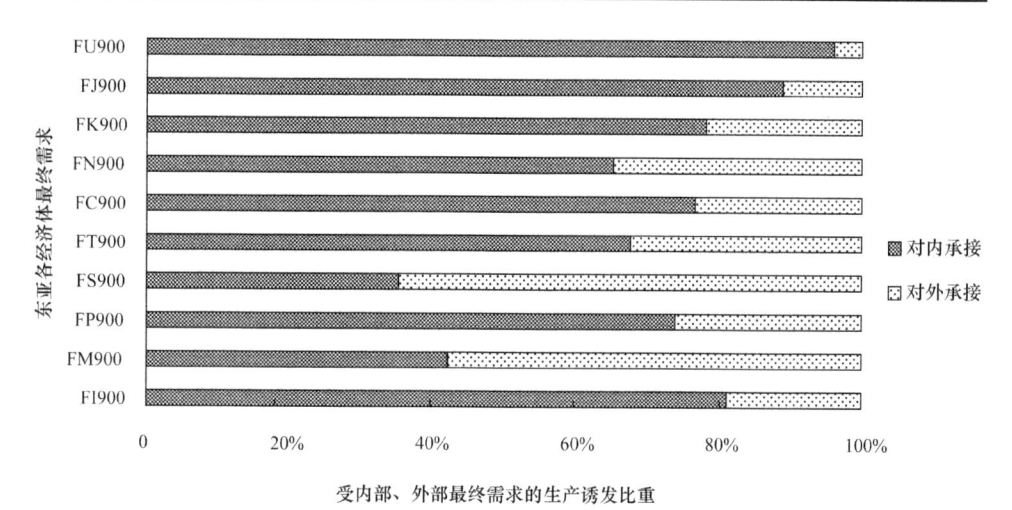

第 4 章 东亚区域产业结构演进的关联性分析

图 4.6 各经济体受内部与外部最终需求的生产诱发效应的比较

2.7 部门的生产诱发效应

结合上述生产诱发整体效应的分析，我们将生产诱发效应在产业层面展开、汇总，进一步观察东亚区域的最终需求在 7 部门产业体系中的生产诱发效应(表 4.10)。

表 4.10 最终需求的生产诱发效应(7 部门)　　　单位：十亿美元

产业部门		FI900	FM900	FP900	FS900	FT900	FC900	FN900	FK900	FJ900	FU900	ET900
包含对内诱发	001	44.12	6.42	21.38	2.10	19.29	381.29	12.64	35.73	119.50	283.78	926.25
	002	15.29	4.78	3.04	0.95	8.50	153.17	6.12	11.72	37.27	339.85	580.69
	003	198.65	87.99	77.13	14.53	164.39	2 223.22	198.85	585.17	2 384.89	4 902.00	10 836.82
	004	9.36	6.79	7.37	2.83	15.51	176.93	12.58	39.13	200.34	511.94	982.78
	005	58.83	13.16	12.16	9.31	16.53	510.48	32.88	146.74	567.71	1 327.60	2 695.40
	006	72.25	33.09	25.58	21.79	65.27	420.45	80.42	144.78	1 183.81	2 697.11	4 744.55
	007	106.57	64.77	49.23	65.23	81.72	1 096.93	223.73	572.87	3 358.36	12 203.10	17 822.51
剔除对内诱发	001	2.63	2.53	1.05	1.98	3.05	11.84	4.40	7.27	27.73	36.85	99.33
	002	2.34	1.53	0.89	0.95	4.83	8.40	4.17	10.05	29.74	26.49	89.39
	003	48.96	49.06	22.68	26.91	67.74	329.50	89.32	126.16	341.19	781.75	1 883.27
	004	1.75	1.66	0.68	0.88	2.20	8.37	3.02	4.67	14.22	28.10	65.55
	005	0.41	0.36	0.16	0.25	0.69	2.44	0.80	1.21	3.04	5.49	14.85
	006	9.85	9.24	5.16	5.90	15.37	67.50	21.84	31.98	69.09	145.36	381.29
	007	10.49	9.25	3.38	6.14	10.46	48.14	16.35	27.27	78.97	96.10	306.55

资料来源：作者根据《亚洲国际投入产出表 2005》计算得出

如表 4.10 所示,美国、日本和中国最终需求的生产诱发效应在东亚区域各产业中体现得较为明显,具体表现为:对农林牧渔业(001)的生产诱发额分别为 2837.8 亿美元、1195.0 亿美元和 3812.9 亿美元,剔除对本经济体相应部门的诱发效应后则分别为 368.5 亿美元、277.3 亿美元和 118.4 亿美元;对制造业(003)的生产诱发额分别为 49 020.0 亿美元、23 848.9 亿美元和 22 232.2 亿美元,剔除对本经济体相应部门的诱发效应后分别为 7817.5 亿美元、3411.9 亿美元和 3295.0 亿美元;对服务业(007)的生产诱发额分别为 122 031.0 亿美元、33 583.6 亿美元和 10 969.3 亿美元,剔除对本经济体相应部门的诱发效应后分别为 961.0 亿美元、789.7 亿美元和 481.4 亿美元。由此可见,东亚区域制造业(003)仍然是产业关联与产业波及程度最高的部门,服务业(007)虽然高于农林牧渔业(001),但更侧重于对各经济体内部的诱发;中国与美国、日本相比,其最终需求的生产诱发作用大部分体现在制造业领域,特别是劳动密集型的轻工业制造部门和电子设备加工制造部门,而美国与日本则在附加值较高的服务业和资本、技术密集型制造业部门体现出更为明显的生产诱发效应。

在各产业对最终需求的生产诱发的承接方面,农林牧渔业(001)所承接的东亚区域最终需求生产诱发额为 9262.5 亿美元,制造业(003)和服务业(007)所承接的东亚区域最终需求生产诱发额分别为 108 368.2 亿美元和 178 225.1 亿美元。在剔除各经济体的对内诱发后,上述三大产业承接的诱发额分别为 993.3 亿美元、18 832.7 亿美元和 3065.5 亿美元。为了进一步比较农林牧渔业(001)、制造业(003)和服务业(007)生产诱发总额的分配情况,我们对各经济体的生产诱发效应(剔除对内诱发后)在产业内的份额进行了测算,如图 4.7 所示。美国对上述产业的生产诱发额分别占总额的 37.1%、41.5% 和 31.3%,日本占比为 27.9%、18.1% 和 25.8%,中国占比分

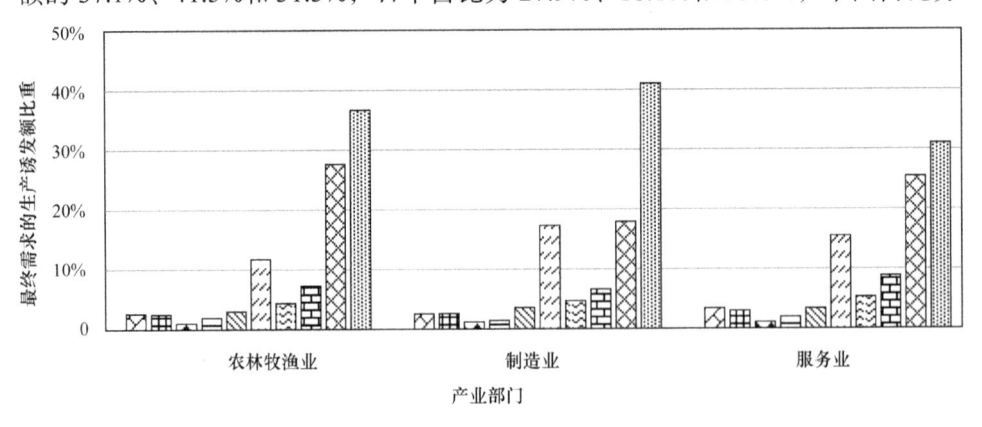

图 4.7 最终需求生产诱发效应的产业层面比较(剔除对内诱发后)

别为 11.9%、17.5%、15.7%。中国的最终需求的生产诱发效应仅在制造业上与日本较为接近，而在农林牧渔业和服务业上仍与美国和日本存在一定差距。由此可见，美国与日本作为发达经济体，凭借其成熟高级的产业结构，各产业部门对东亚地区均拥有一定的生产诱发效应，而其他经济体的产业关联与产业融合主要体现在制造业部门，这与目前国际(地区)分工格局保持一致。

3. 对制造业细分部门的生产诱发效应

根据 7 部门生产诱发效应的分析可以发现，东亚各经济体的最终需求对制造业的生产诱发效应相对较为集中，东亚区域作为全球最大的制造基地，其产业关联与产业融合也更多地体现在制造业部门。因此，本章进一步在《亚洲国际投入产出表 2005》的 26 部门数据体系下将制造业部门细分，对东亚各经济体的最终需求在制造业各细分部门(008~021)的生产诱发效应进行测算，从而考察制造业内部在各经济体最终需求的生产诱发下的状况。

在制造业内部，美国、日本、中国等主要经济体的最终需求对制造业的生产诱发效应相对集中。如图 4.8 所示，美国的最终需求对东亚区域制造业的生产诱发效应较大的前五个部门为交通运输设备制造业(020)，食品、饮料及烟草加工业(008)，金属及其制品业(016)，化学工业(012)和石油及其制品业(013)，生产诱发额分别达 7993.5 亿美元、6304.6 亿美元、5056.6 亿美元、5056.2 亿美元和 4317.1 亿美元；日本最终需求对制造业的生产诱发效应较大的前五个部门为食品、饮料及烟草加工业(008)，交通运输设备制造业(020)，金属及其制品业(016)，机械工业(017)和化学工业(012)，诱发规模分别为 3423.8 亿美元、3071.1 亿美元、3046.8 亿美元、

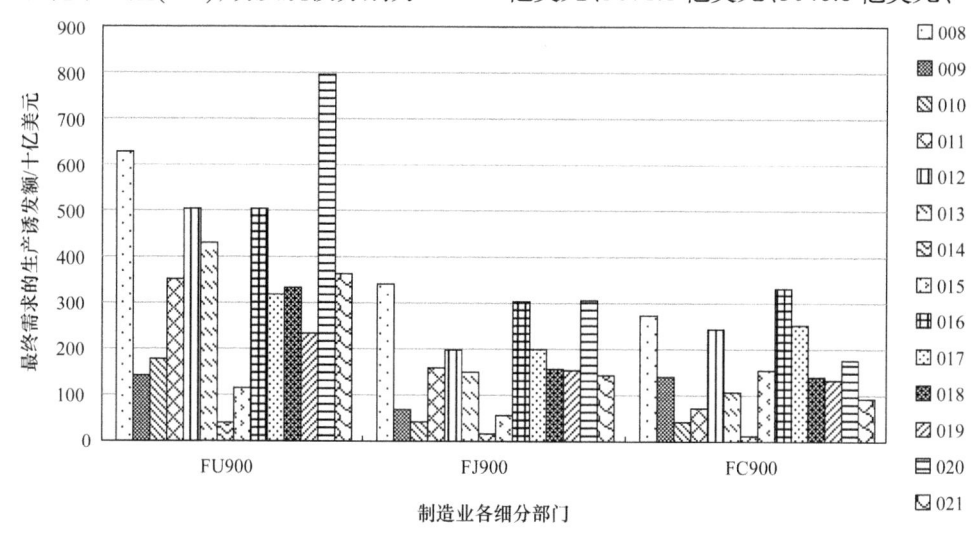

图 4.8 美国、日本和中国的最终需求对制造业各细分部门的生产诱发效应

1998.4亿美元和1985.6亿美元；中国的最终需求对制造业的生产诱发效应较大的前五个部门为金属及其制品业(016),食品、饮料及烟草加工业(008),机械工业(017),化学工业(012)和交通运输设备制造业(020),规模分别为3337.7亿美元、2737.2亿美元、2525.5亿美元、2440.8亿美元和1761.1亿美元。与上述制造业细分部门相比,橡胶制品业(014)和木材、家具及其他木制品业(010)的最终需求的生产诱发效应较小。由此可见,最终需求的生产诱发效应的大小一定程度上与制造业的加工程度存在密切联系,一般情况,简单加工制造业细分部门的生产诱发效应要小于精深加工制造业细分部门。

同样,上述分析在计算的过程中包括美国、日本、中国三个经济体分别对自身制造业各细分部门的生产诱发额,不足以反映三个经济体的最终需求对东亚区域其他经济体制造业生产诱发的实际影响,因此有必要在剔除对自身的诱发后进行比较。在剔除对自身制造业细分部门的生产诱发效应后可以发现,三个经济体的最终需求对外部制造业的生产诱发效应主要体现在计算机及电子设备制造业(018)、金属及其制品业(016)和化学工业(012),如图4.9所示。由此说明,最终需求的生产诱发效应在轻工业部门更侧重于对内部的诱发,而在重工业部门,特别是资本、技术密集型产业部门,最终需求则更侧重于对外部的诱发。

另外,在制造业各细分部门对最终需求的生产诱发的承接中,如表4.11所示,承接总额位列前五位的部门分别为食品、饮料和烟草加工业(008),交通运输设备制造业(020),金属及其制品业(016),化学工业(012)和机械工业(017)。这些部门所接受的最终需求诱发额为14 486.4亿美元、14 324.9亿美元、13 405.9亿美元、10 670.4亿美元和8775.4亿美元。美国仍然凭借其强大的经济基础和最终需求

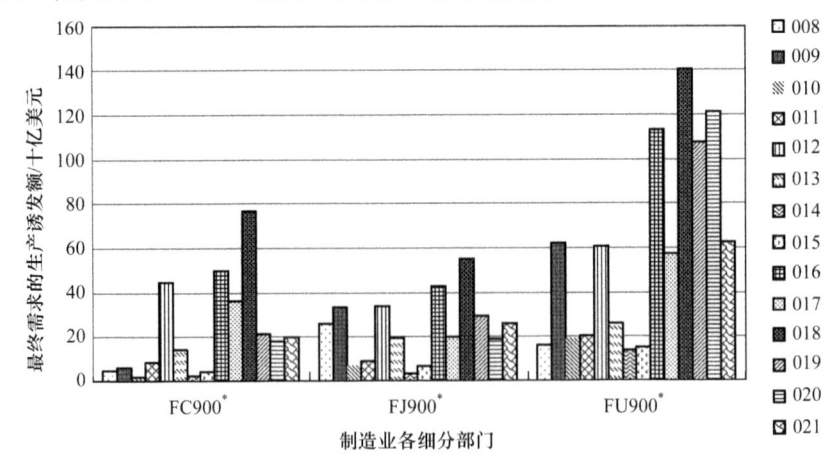

图4.9 剔除对自身的诱发后最终需求对制造业各细分部门的生产诱发效应
*表示已剔除对自身的诱发

对制造业内部的生产诱发起着主导作用,在上述五个部门中,美国最终需求的生产诱发额占诱发总额的 43.52%、55.80%、37.72%、47.38%和 36.47%,明显高于日本、中国及韩国;日本最终需求的生产诱发额所占比重分别为 23.63%、21.44%、22.73%、18.61%和 22.77%,除化学工业(012)外,均保持在 20%以上;中国最终需求的生产诱发额比重分别为 18.89%、12.29%、24.90%、22.87%和 28.78%,并且在金属及其制品业(016)、化学工业(012)及机械工业(017)三个部门中,均已超过日本;韩国最终需求的生产诱发额的比重均在 8%以下,与美国、日本和中国相比,韩国最终需求对制造业各细分部门的生产诱发作用还较为有限。

表 4.11 东亚制造业各细分部门对最终需求生产诱发效应的承接

位次	部门	承接诱发总额/十亿美元	受美国诱发	受日本诱发	受中国诱发	受韩国诱发
1	008	1448.64	43.52%	23.63%	18.89%	4.69%
2	020	1432.49	55.80%	21.44%	12.29%	4.00%
3	016	1340.59	37.72%	22.73%	24.90%	7.70%
4	012	1067.04	47.38%	18.61%	22.87%	5.24%
5	017	877.54	36.47%	22.77%	28.78%	5.98%
6	013	802.00	53.83%	18.69%	13.35%	5.82%
7	018	710.25	47.10%	22.02%	19.71%	3.98%
8	021	680.65	53.57%	21.06%	13.59%	4.61%
9	011	635.96	55.55%	24.98%	11.37%	3.81%
10	019	611.47	38.28%	25.12%	21.79%	6.84%
11	009	413.72	34.30%	16.53%	33.92%	6.39%
12	015	367.04	31.36%	15.21%	42.04%	5.01%
13	010	284.75	62.44%	14.66%	14.72%	3.67%
14	014	80.05	49.55%	19.93%	15.11%	5.35%

资料来源:作者根据《亚洲国际投入产出表 2005》计算得出

综合以上分析可以看到,无论是在以制造业部门为主的中间需求市场还是以消费与投资为主的最终需求市场,美国庞大的市场需求仍然是东亚区域经济增长与产业发展的主要驱动力。日本由于国内经济增长疲软、失业与老龄化问题的进一步突出,其在区域内的产业关联作用逐渐减弱,特别是对制造业各细分部门的生产拉动作用正在逐渐弱化。中国的崛起对区域经济发展有着重大且深远的影响,随着国民收入的快速增加,最终需求规模正在逐渐扩大,对外部及内部制造业的生产诱发效应越来越明显,特别是在制造业中产业关联与产业融合的主导作用越来越强。但值得注意的是，中国的制造业生产诱发效应更多的仍然集中在简单加工制造业，在精深加工制造业中不明显，有待于向附加值较高的资本和技术密集型制造业发展，进一步提升其在东亚乃至国际分工中的地位与作用。

　　本章以 IDE-JETRO 编制的亚洲国际投入产出表作为基础数据，利用相关理论和模型，分别测算了东亚区域产业关联效应与产业波及效应，并从经济体层面和产业层面对不同经济体进行了比较。研究中发现，在产业关联效应方面，1995年到2005年间，东亚区域整体的中间需求率与中间投入率总体保持上升趋势，区域内各经济体产业关联程度不断提高。从中间需求率的变化与中间需求的分配情况来看，区域外美国和区域内日本等发达经济体在东亚区域中间产品市场中由最初的主要供给者转变为主要需求者，马来西亚、新加坡等经济体则由初始的需求者转变为供给者。中国的中间产品虽大部分被本土所吸纳，但对其他经济体的供给在不断增加。从中间投入率的变化和中间投入的分配情况来看，经济规模较大的经济体，如美国、日本、中国、韩国及印度尼西亚，其中间投入的自给率较高；而经济规模较小的经济体，如马来西亚、新加坡、菲律宾、泰国及中国台湾等，其中间投入的自给率较低，对进口的中间产品具有较大的依赖性。东亚区域对来自美国、日本的中间投入仍具有较强的依赖性，但依赖程度正趋于弱化，来自中国的中间投入逐渐上升，甚至在一些经济体超过了日本和美国。东亚区域产业关联不再局限于对美国、日本等发达经济体的依赖，而是趋于内生化和多元化。在产业波及效应方面，从后向关联效应来看，中国产业整体的后向关联效应在东亚区域居于首位，说明中国产业需求的增加对东亚区域产业发展具有明显的带动作用，美国、日本的影响正逐渐弱化。在产业层面，制造业的后向关联效应最大，表明东亚区域各经济体主要通过制造业联结在一起，形成相互带动、相互依存的产业结构。在制造业内部，纺织、皮革及相关制品业，机械工业，计算机及电子设备制造业，其他电子设备制造业和其他制造业的后向关联效应较大，反映出这些产业为其他产业的生产提供了充足的需求市场，成为东亚区域产业发展的主要驱动力。同时，从制造业内各细分部门的要素密集性来看，东亚区域内制造业的后向关联效应正逐渐向资本与技术密集型产业过渡，说明区域内产业结构的相互关联性和相互依存性正逐渐向高端行业发展。从最终需求的生产诱发效应来看，美国、日本、中国与韩国的最终需求的生产诱发效应较大，对区域整体产出的增长发挥着重要的带动作用；中国台湾、印度尼西亚、泰国、马来西亚、菲律宾及新加坡的最终需求的生产诱发效应较小。在剔除对自身的生产诱发效应之后，我们发现，美国和日本对东亚区域生产的影响仍大于中国，但中国与日本的差距正逐渐缩小。总体来看，受自然资源、人口数量及产业开放程度等因素的影响，经济规模较大、产业开发程度相对较低的经济体，最终需求更倾向于对内部产业生产的诱发；经济规模较小、产业开放程度较高的经济体，最终需求更侧重依靠外部市场来满足。在产业层面,制造业仍然是最终需求的生产诱发程度最高的产业。在制造业内部,食品、饮料及烟草加工业,交通运输设备制造业,金属及其制品业,化学工业和机械工业的最终需求的生产诱发效应较高,橡胶制品业和木材、家具及其他木制品业的最终需求的诱发效应较低,这主要与制造业的技术程度存在密切联系,简单加工制造业部门的生产诱发效应要低于精深加工制造业部门。另外,在剔除对自身制造业的生产诱发效应后可以发现,最终需求的生产诱发效应在轻工业部门更侧重于对内部的诱发,在重工业部门,特别是资本、技术密集型产业部门,更倾向于对外部的诱发。

第5章 东亚区域产业结构演进与国际(地区)分工格局变迁

区域产业结构的整体演进与国际分工的不断深化存在着密切的内在联系。如第3章所述,区域内各经济体产业结构内在联系的紧密程度一方面取决于国际生产力和科学技术的发展,另一方面与国际分工的深化程度密切相关。国际分工深化程度越高,各经济体产业结构间的联系就越广泛、越复杂。随着经济全球化的不断发展,国际分工模式已从传统的产业间、产业内分工深化至产品内分工,逐渐形成了一个以跨国公司为主导、众多厂商以垂直型分工为基础的国际生产体系。在新型国际生产体系下,一经济体出口的产品除了需要本经济体生产要素的投入,也需要大量进口其他经济体的产品作为中间投入,也就是说,一经济体出口的产品既有来自其内部的成分也有来自其外部的成分。因此,各经济体产业结构就通过贸易价值的分配相互紧密联结在一起,形成"我中有你、你中有我"的整体性演进,单独经济体的产业结构已不能离开整体而顺利实现调整与升级。国际生产体系的组织效果在区域层面表现得更加突出,东亚恰好就是一个基于零部件和中间产品贸易高速发展而形成的区域生产体系。因此,本章基于贸易增加值角度,以国际(地区)生产网络式分工为切入点,考察东亚区域产业结构的演进。

5.1 产业结构国际化下的贸易价值分配机制

在经济全球化背景下,生产分工对象的层面从不同行业扩展到不同产品,再扩展到不同工序或区段,特定产品生产过程中的零部件及中间产品在不同国家间多次流动,形成跨国性生产链条及生产体系,经济学家将这一变化称为"分散化生产"(Jones and Kierzkowski,1990)、"全球外包"(Arndt,1997)、"全球生产共享"(Ng and Yeats,1999)、"垂直专业化"(Hummels et al.,2001)等。这种新型分工模式运行的基本特征是价值链跨越国界的分解,越来越多的国家与企业参与到同一产品的生产过程中,更多的产品由多个国家的多个企业共同完成,中间产品特别是制造业的零部件被独立地生产并且进行多次跨国交易,从而使参与国际生产网络分工的国家出口的最终产品中,往往包含大量进口的中间产品的价值,其结果必然导致了贸易价值分配主体的多元化。以下通过图5.1对贸易价值分配机制加以解释。

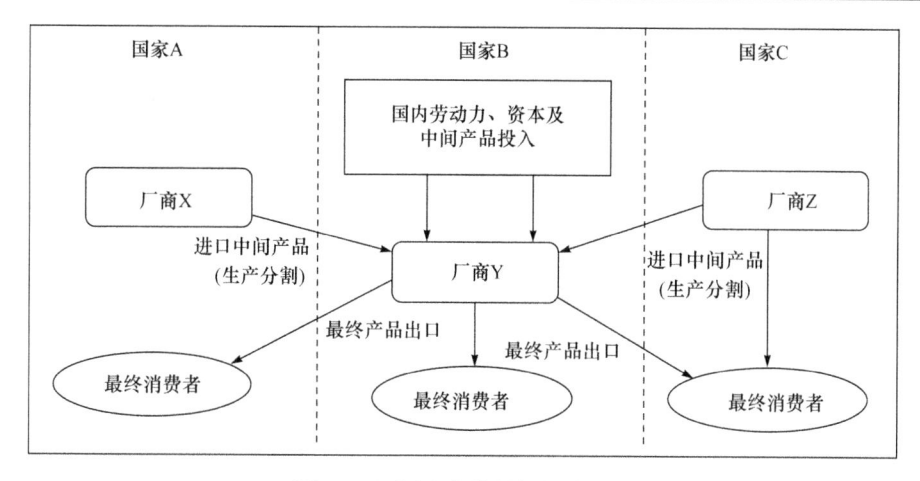

图 5.1 国际生产分割与贸易流动

在图 5.1 中，国家 A 的厂商 X 将产品生产的部分工序转移到国家 B 的厂商 Y，在这一生产转移过程中伴随着国家 B 对国家 A 的中间产品及零部件的进口。倘若厂商 Y 能够完成所有剩余的最终制造环节，那么其产品将转化成国家 B 的最终产品直接供全世界最终消费者消费。但如果厂商 Y 只具备加工、组装等环节的生产能力，那么在产品生产的过程中除了投入本国的中间产品与劳动力、资本等生产要素外，还需要从第三方即国家 C 进口中间产品做进一步加工制造，直至将最终产品生产过程完成，并出口至世界市场。在该模型中，产品的生产由三个国家分工完成，在国家 B 最终产品的出口中，不仅包含了国家 C 的贸易价值转移效应，而且包含了国家 A 的贸易回流效应，因为国家 A 提供的中间产品价值被包含在国家 B 对国家 A 出口的最终产品中。如果单纯应用传统的贸易总量指标来衡量各方贸易利益，必然会产生贸易利益重复计算(double counting)的误差(Koopman et al., 2008)。因此，在研究国际分工下贸易利益的分配机制时，必须考虑国际生产分割(production fragmentation)的特征事实，进而明确贸易中的价值分配机制，只有这样才能够准确地刻画一国参与国际分工而获得的实际贸易利益。由此可见，随着跨国公司生产的国际分割，中间产品及零部件在国际市场的跨国流动越来越频繁，极大程度上加大了国际贸易流动的复杂性，从而使国际贸易利益的分配主体也趋于多元化。上述贸易价值分配的机制中，就包括跨国公司的母国、东道国及其他参与最终产品生产的国家。总而言之，产品生产环节及参与者越多，贸易利益的分配主体就越多，贸易利益的流动就越复杂。

在新型国际分工模式下，贸易利益分配的条件是由不同国家在基于要素禀赋的产品价值链中的分工地位决定的。跨国公司为了追求生产成本的最小化及利润的最大化，在全球范围内根据各国所具有的不同要素优势进行资源配置，如劳动密集、资本密集、技术密集、知识密集等，从而将同一产品的不同生产环节或工序分布在不同国家，形成产品内国际分工。为了更进一步理解贸易价值国际分配的新模式，我们可以引入要素分工理论。根据施振荣(2005)提出的"微笑曲线"，我们将产品的价值链分解成五个环节，分别为设计与研发环节、核心零部件生产环节、一般零部件生产环节、加工组装环节、营销与售后环节。不同国家分别处于上述五个环节，显然，各国所获得的贸易利益不同，贸易利益获取的高低则由该国在价值链上的分工地位所决定，而分工地位又是由其所拥有的要素优势来确立的。如图 5.2 所示，价值链的不同环节所创造的附加值是不同的，由于各国所投入的密集要素的性质不同，其所获得的贸易利益也不尽相同。"微笑曲线"两端的环节，如设计与研发、营销与售后等，所创造的附加值较高，从而专业化于该环节的国家与厂商可以获得更多的贸易利益。越靠近曲线的中间环节，如加工组装等环节，所创造的附加值较低，因而专业化于该环节的国家和厂商获得的贸易利益就较少。

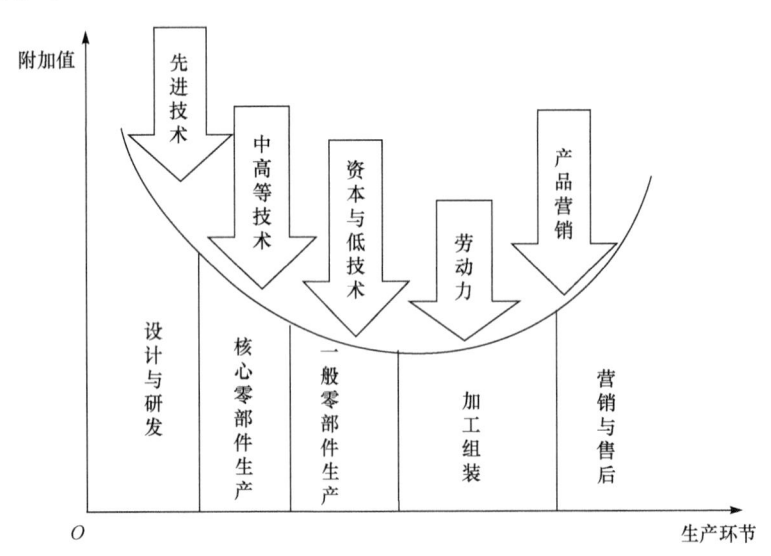

图 5.2 价值链要素分工与贸易利益分配

5.2 贸易价值与国际(地区)分工地位的衡量方法

从上述价值链角度来看，这种新型分工模式下的国际贸易价值可以分为两个部分：内部价值和外部价值，而内外价值含量的高低能够从客观上刻画一国在国际生产网络中的分工地位。由于传统的贸易统计数据不足以反映一国通过出口而获取的真实贸易利益，也不能准确地测度一国及其产业在国际分工体系下的比较优势和价值链地位，越来越多的学者为了改进和完善传统的贸易统计方法，准确衡量一国在国际分工体系下的贸易利益和价值链地位，不断尝试用新的理论和方法来诠释当前国际分工、生产和贸易的新模式，分析各国在全球化中的利益所得和价值链地位[①]。其中，Hummels 等(2001)提出的 HIY 方法[②]在相关研究中得到普遍应用。该方法运用投入产出模型，将一国进口品分为用于国内最终消费与用于生产出口品两个部分，然后计算进口品用于生产出口品的价值占总出口额的比率，即"垂直专业化比率"(share of vertical specialization，VSS)。并且，Hummels 等(2001)用此方法对世界不同国家出口中的国外价值进行测算，得出经济规模较小的国家，其出口中的国外价值含量较高的结论。但是，HIY 方法含有两个严格的假设条件：进口中间品在出口生产和国内生产中的使用程度相同；进口中间品完全属于国外增值。因此，该方法只适用于在一国不参与任何加工贸易环节时，计算出口产品的国内外价值含量。显然，在大量发展中国家从事加工贸易的情况下，第一条假设是脆弱的(Koopman et al.，2012)，而第二条假设在多个国家同时出口中间产品时，也是不切实际的。因此，近年来越来越多的学者纷纷从研究方法和数据选取等方面对 HIY 方法加以改进与完善。Lau 等(2007)通过构建非竞争型投入占用产出模型，分析中国和美国出口对各自国内价值增值的影响，认为计算出口中的国内价值和国外价值，比仅计算出口贸易总额更能反映本国的贸易利得。Koopman 等(2008)从加工贸易角度测算了中国出口产品的国内外价值含量，认为中国出口产品中的国外价值含量高达 50%。本章侧重对东亚区域产业结构演进与国际(地区)分工的变化进行分析，因此，在数据选取与模型构建上继续延用亚洲国际投入产出表，并在此基础上将东亚区域主要经济体的出口贸易价值进行分解，从整体和产业层面，分析比较各经济体出口中的内部价值创造和来自外部特别是东亚区域的价值转移状况，揭示不同经济体在东亚区域中的国际(地区)分工地位和价值体现，进一步挖掘东亚区域产业结构整体演进的实质与变化趋势。

5.2.1 出口贸易价值的分解

如第 4 章所述，根据亚洲国际投入产出模型的均衡关系，我们能够测算最终需求的生产诱发额。在此基础上，本章进一步计算出口对增加值的生产诱发额，并借鉴 Kuroiwa(2014)的方法对模型中一经济体总出口价值进行分解，具体如下。

设 S 经济体 j 产业的增加值率为 v_j^S，则 $v_j^S = V_j^S / X_j^S$，用 $\hat{V}^S$ 代表 S 经济体各

[①] 2011 年世界贸易组织与 IDE-JETRO 共同发布的《东亚贸易模式与全球价值链》报告中指出，传统的贸易统计侧重于计算进出口贸易总值，从而使国际贸易出现所谓"失衡"，考虑到国际分工模式的变化，应以进出口贸易中各国国内增加值的变化作为贸易统计标准。

[②] HIY 方法是由 Hummels、Ishii、Yi 提出的利用垂直专业化比率研究贸易价值的方法，因此该方法由此三人名字首字母命名。

产业增加值率的 n 维对角矩阵，那么 S 经济体由全球最终需求诱发的各产业增加值向量可以表示为 va^S，结合式(4.10)，则亚洲国际投入产出模型内东亚各经济体各产业的增加值向量可以表示为

$$\begin{bmatrix} \text{va}^1 \\ \vdots \\ \text{va}^G \end{bmatrix} = \begin{bmatrix} \hat{V}^1 & \cdots & 0 \\ \vdots & & \vdots \\ 0 & \cdots & \hat{V}^G \end{bmatrix} \begin{bmatrix} b^{11} & \cdots & b^{1G} \\ \vdots & & \vdots \\ b^{G1} & \cdots & b^{GG} \end{bmatrix} \begin{bmatrix} \sum_{g=1}^{G} F^{1g} + L^1 \\ \vdots \\ \sum_{g=1}^{G} F^{Gg} + L^G \end{bmatrix} = \begin{bmatrix} \sum_{S=1}^{G} \hat{V}^1 b^{1S} (\sum_{g=1}^{G} F^{Sg} + L^S) \\ \vdots \\ \sum_{S=1}^{G} \hat{V}^G b^{GS} (\sum_{g=1}^{G} F^{Sg} + L^S) \end{bmatrix} \quad (5.1)$$

根据式(5.1)，我们可以计算东亚区域内某一经济体 S 出口到 K 经济体的内部增加值 v_d^{SK}：

$$v_d^{SK} = u' \hat{V}^S \sum_{g=1}^{G} b^{Sg} F^{gK} = v^{S'} \sum_{g=1}^{G} b^{Sg} F^{gK} \quad (5.2)$$

其中，u' 为元素均为 1 的 n 维行向量。将 S 经济体出口的目标经济体 K 及区域外经济体进行加总，可以得到 S 经济体出口到世界的贸易增加值，表示为

$$v_d^{S*} = u' \hat{V}^S \sum_{g=1}^{G} b^{Sg} \left(\sum_{K \neq S} F^{gK} + L^g \right) = v^{S'} \sum_{g=1}^{G} b^{Sg} \left(\sum_{K \neq S} F^{gK} + L^g \right) \quad (5.3)$$

设 K 经济体 j 产业的进口系数为 m_j^K，满足 $m_j^K = M_j^K / X_j^K$，从亚洲国际投入产出表的列向均衡可知，增加值率矩阵、进口系数矩阵及里昂惕夫逆矩阵满足如下关系[①]：

$$\sum_{K=1}^{G} u' (\hat{V}^K + \hat{M}^K) b^{KS} = \sum_{K=1}^{G} (v^{K'} + m^{K'}) b^{KS} = u' \quad (5.4)$$

其中，$\hat{M}^K$ 为 K 经济体从区域外经济体以中间需求形式所体现的进口系数的对角矩阵。另外，我们同样可以根据国际投入产出模型的行向均衡关系将 S 经济体 n 个产业部门的出口表示为

$$e^{S*} = \sum_{K \neq S}^{G} e^{SK} = \sum_{K \neq S}^{G} (a^{SK} X^K + F^{SK}) + L^S \quad (5.5)$$

[①] 不同于一国非竞争型投入产出模型，多国间模型的各个内生国家间的直接消耗系数矩阵(A)按照生产者价格计算，未包含运费与保险(BA)，这里本章按照各内生经济体间各产业的中间投入率将其分解到直接消耗系数矩阵中。类似地，直接消耗系数矩阵(A)与其他进口系数矩阵(M)均未包含关税与商品税(DA)，因此我们应用相同的方法将关税与商品税(DA)分解到直接消耗系数矩阵(A)和其他进口系数矩阵(M)中。

将式(5.4)的函数关系代入式(5.5)中，S 经济体的总出口额则可以被写为

$$\begin{aligned} u'e^{S*} &= \sum_{k=1}^{G}\left(v^{K'}+m^{K'}\right)b^{KS}e^{S*} \\ &= \left(v^{S'}+m^{S'}\right)b^{SS}e^{S*} + \sum_{K\neq S}^{G}\left(v^{K'}+m^{K'}\right)b^{KS}e^{S*} \end{aligned} \tag{5.6}$$

根据式(5.3)和式(5.5)的函数关系，式(5.6)中的第一项可以被改写为

$$\begin{aligned} \left(v^{S'}+m^{S'}\right)b^{SS}e^{S*} &= v_d^{S*} + m^{S'}\sum_{g=1}^{G}b^{Sg}\left(\sum_{K\neq S}^{G}F^{gK}+L^g\right) \\ &\quad + \left(v^{S'}+m^{S'}\right)b^{SS}\left[\sum_{K\neq S}^{G}\left(a^{SK}X^K+F^{SK}\right)+L^S\right] \\ &\quad - \left(v^{S'}+m^{S'}\right)\left[\sum_{g=1}^{G}b^{Sg}\left(\sum_{K\neq S}^{G}F^{gK}+L^g\right)\right] \end{aligned} \tag{5.7}$$

将式(5.7)中的第三项和第四项用函数 Z^S 表示，由于 $X^S = \sum_{K=1}^{G}\left(a^{SK}X^K+F^{SK}\right)+L^S$，同时又满足 $X^S = \sum_{g=1}^{G}b^{Sg}\left(\sum_{K=1}^{G}F^{gK}+L^g\right)$，那么函数 Z^S 可以被改写为

$$\begin{aligned} Z^S &= \left(v^{S'}+m^{S'}\right)\left[b^{SS}\left(X^S-a^{SS}X^S-F^{SS}\right)-\left(X^S-\sum_{g=1}^{G}b^{Sg}F^{gS}\right)\right] \\ &= \left(v^{S'}+m^{S'}\right)\left\{\left[b^{SS}\left(I-a^{SS}\right)-I\right]X^S+\left(\sum_{g=1}^{G}b^{Sg}F^{gS}-b^{SS}F^{SS}\right)\right\} \end{aligned} \tag{5.8}$$

根据式(4.10)可知：

$$\begin{bmatrix} b^{11} & \cdots & b^{17} \\ \vdots & & \vdots \\ b^{71} & \cdots & b^{77} \end{bmatrix} \begin{bmatrix} I-a^{11} & \cdots & -a^{17} \\ \vdots & & \vdots \\ -a^{71} & \cdots & I-a^{77} \end{bmatrix} = \begin{bmatrix} I & \cdots & 0 \\ \vdots & & \vdots \\ 0 & \ldots & I \end{bmatrix} \tag{5.9}$$

所以有 $b^{SS}\left(I-a^{SS}\right)-I = \sum_{K\neq S}^{7}b^{SK}a^{SK}$，将其代入式(5.8)中，整理后得

$$Z^S = \left(v^{S'}+m^{S'}\right)\left[\sum_{K\neq S}^{G}b^{SK}\left(a^{KS}X^S+F^{KS}\right)\right] \tag{5.10}$$

将式(5.10)代入式(5.7)中，再将式(5.7)代入式(5.6)，则

$$u'e^{S*} = v_d^{S*} + m^{S'}\sum_{g=1}^{G}b^{Sg}\left(\sum_{K\neq S}^{G}F^{gK} + L^g\right) + \left(v^{S'} + m^{S'}\right)\left[\sum_{K\neq S}^{G}b^{SK}\left(a^{SK}X^S + F^{KS}\right)\right]$$

$$+ \sum_{K\neq S}^{G}\left(v^{K'} + m^{K'}\right)b^{KS}e^{S*}$$

$$= \underbrace{v_d^{S*}}_{\text{I}} + \underbrace{v^{S'}\left(\sum_{K\neq S}^{G}b^{SK}e^{KS}\right)}_{\text{II}} + \underbrace{\sum_{K\neq S}^{G}v^{K'}b^{KS}e^{S*}}_{\text{III}} \quad (5.11)$$

$$+ \underbrace{m^{S'}\sum_{g=1}^{G}b^{Sg}\left(\sum_{K\neq S}^{G}F^{gK} + L^g\right) + m^{K'}\left(\sum_{K\neq S}^{G}b^{SK}e^{KS}\right) + \sum_{K\neq S}^{G}m^{K'}b^{KS}e^{S*}}_{\text{IV}}$$

在式(5.11)中，S 经济体的出口总额被分解为四个部分："Ⅰ"表示出口的直接内部价值，即包含在最终产品和服务中直接被进口方吸纳的 S 经济体内部价值；"Ⅱ"表示再进口的内部价值，也就是 S 经济体的产品价值最初以中间投入的形式出口到 K 经济体，但最终又被包含在 S 经济体对 K 经济体的进口中以最终产品或中间产品的形式返回到 S 经济体；"Ⅲ"表示东亚价值，即 S 经济体出口中所包含的在亚洲国际投入产出模型内(除本经济体以外的其他经济体)的价值；"Ⅳ"表示区域外经济体中间产品价值，即从区域外经济体进口的中间产品价值。因此，一经济体出口总额的分解可以被写为

$$\begin{aligned}\text{出口总额} &= \text{直接内部价值(Ⅰ)} + \text{再进口的内部价值(Ⅱ)} \\ &\quad + \text{东亚价值(Ⅲ)} + \text{区域外经济体中间产品价值(Ⅳ)}\end{aligned} \quad (5.12)$$

在式(5.12)中，"Ⅰ"和"Ⅱ"均由经济体内部生产要素创造，因此属于出口中内部价值部分[①]。而"Ⅲ"和"Ⅳ"均来自出口经济体 S 以外的经济体，故为外部价值。

5.2.2 垂直专业化指标

Hummels 等(2001)提出通过计算一国出口中所包含的国外中间投入价值的方法来衡量垂直专业化程度，进而测算一国在垂直专业化国际分工体系中的位置。本书在该方法的基础上，结合上述贸易价值分解框架，通过构建相关指标，分别考察东亚各经济体参与区域生产分工的程度及在价值链上的地位，从而勾勒出东亚区域分工的格局，具体方法如下。

---

① Koopman 等(2012)认为，再进口的中间产品交易中存在一部分"完全重复计算"(pure double-counted)，所以，这里"Ⅱ"也因包含一定比例的"完全重复计算"而导致再进口的内部价值被高估。作者对亚洲国际投入产出表中各经济体出口中的内部价值含量进行测算时发现，"完全重复计算"部分非常小(不足出口总额的 0.6%)，对出口价值含量测算的影响较小，因此本书仍将"Ⅱ"全部计入出口中的内部价值。

在亚洲国际投入产出模型中，S 经济体出口中所包含的东亚成分(VSS^S)可以表示为

$$\mathrm{VSS}^S = \left(\sum_{K \neq S}^{G} v^K B^{KS} e^{S*} \right) \Big/ e^{S*} \quad (5.13)$$

其中，v^K 为 K 经济体的增加值率；B 为里昂惕夫逆矩阵；e^{S*} 为 S 经济体的出口总额。类似地，S 经济体出口中所包含的用于满足其他东亚经济体出口的成分(VSS_1^S)为

$$\mathrm{VSS}_1^S = \left(v^S \sum_{K \neq S}^{G} B^{SK} e^{K*} \right) \Big/ e^{S*} \quad (5.14)$$

根据 VSS^S 和 VSS_1^S 的含义，可以进一步观察一经济体在东亚区域的分工地位。如果一经济体处于价值链下游，它就会使用大量来自东亚其他经济体的中间产品生产其出口产品，这样的经济体 VSS 值较大。相反，如果一经济体处于价值链上游，它就会通过向其他东亚经济体提供大量中间产品来参与东亚区域分工，其 VSS_1 值较大。

5.3 产业结构演进中出口贸易价值含量的国际(地区)比较

利用上述出口贸易价值的分解方法，在《亚洲国际投入产出表 1995》《亚洲国际投入产出表 2000》《亚洲国际投入产出表 2005》的 26 部门数据体系[①]下，对东亚区域内日本、中国、新兴工业化经济体(韩国、新加坡和中国台湾，简称 NIEs)及东盟四国(印度尼西亚、马来西亚、菲律宾和泰国，简称 SE4)的出口进行价值含量分解，分别从整体和产业两个层面分析比较各经济体出口贸易价值含量及来源。

5.3.1 整体层面

对各经济体出口贸易价值进行分解，如图 5.3 所示。随着生产的国际(地区)分工在东亚区域不断扩大与深化，各经济体出口的直接内部价值含量呈明显下降的发展趋势。其中，日本出口的直接内部价值从 1995 年的 91%下降到 84%，下降了 7 个百分点；中国由 83%降至 72%，下降了 11 个百分点；NIEs 从 63%降至 55%，下降了 8 个百分点；SE4 从 70%下降到 55%，降幅高达 15 个百分点。

[①]《亚洲国际投入产出表 1995》为 24 部门数据。

与之相对应的是，各经济体出口中的外部价值特别是来自东亚区域的中间投入部分的价值快速提升。1995 年到 2005 年间，来自东亚区域的中间产品价值在日本出口中的份额从 2.9%上升至 5.2%，在中国出口中由 5.7%上升至 9.4%，在 NIEs 出口中从 19.1%上升至 19.5%；在 SE4 出口中由 16.7%提高至 21.9%。由此说明，东亚各经济体参与区域分工的程度在不断加深，彼此之间的贸易与产业结构的联系也日益增强。从各经济体之间的比较来看，日本作为东亚唯一的发达经济体，出口中的内部价值含量较高，一直保持在 80%以上；其次为中国，内部价值含量在出口中的比重在 70%以上；相比之下，NIEs 和 SE4 出口中的内部价值含量较低，不高于 70%，并且到 2005 年这一比例更是降至 60%以下。这一结果不仅反映出出口贸易价值在传统的贸易统计下极易被高估，存在"统计假象"，同时也说明在东亚区域分工体系下，大部分经济体(除日本外)出口中来自其外部中间投入的价值含量较高，对外部中间产品的依赖程度较大。另外，我们还发现，再进口的内部价值在除日本以外的经济体中所占份额十分微小，其主要原因在于日本作为东亚区域的重要投资经济体，一直以来以跨国(地区)公司为载体对东亚区域其他经济体进行对外直接投资，以达到获取廉价生产要素、提高资源配置效率的产业海外转移目的，因此，在其出口中所包含的再进口的内部价值明显高于东亚区域其他经济体。

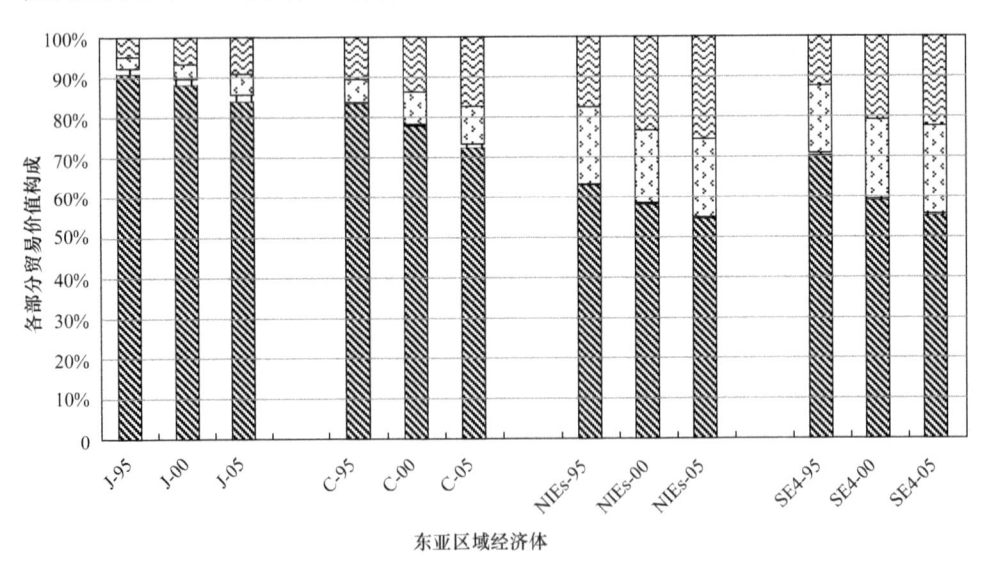

图 5.3　东亚区域经济体出口贸易价值构成

图例：直接内部价值　再进口的内部价值　东亚价值　区域外经济体中间价值

J 为日本，C 为中国，NIEs 为新兴工业化经济体(韩国、新加坡、中国台湾)，SE4 为东盟四国(印度尼西亚、马来西亚、菲律宾、泰国)。95、00、05 分别为 1995 年、2000 年和 2005 年

为了进一步分析在东亚区域分工模式下，各经济体之间产业结构的关联关系，我们将出口中的国外价值按区域来源进行分解，进而更清楚地展现东亚区域各经济体出口中的外部价值来源，计算结果列于表5.1。

表5.1 东亚区域各经济体出口中的外部价值来源

经济体	年份	国外价值/亿美元	占出口总额的比重	区域来源					
				日本	中国	NIEs	SE4	美国	区域外经济体
日本	1995	392.69	7.79%	—	0.39%	0.37%	0.95%	1.15%	4.93%
	2000	549.42	10.36%	—	0.57%	0.56%	1.08%	1.34%	6.81%
	2005	937.39	14.37%	—	1.29%	0.84%	1.57%	1.50%	9.17%
中国	1995	285.18	16.28%	2.25%	—	1.25%	0.92%	1.32%	10.54%
	2000	653.51	21.74%	2.79%	—	2.66%	0.99%	1.56%	13.74%
	2005	2361.69	26.69%	3.21%	—	2.98%	1.39%	1.79%	17.32%
NIEs	1995	1364.76	36.68%	6.73%	1.45%	1.41%	4.29%	5.28%	17.52%
	2000	2053.92	41.50%	6.38%	1.77%	1.38%	3.85%	4.80%	23.32%
	2005	3236.76	45.02%	5.14%	3.47%	1.49%	4.56%	4.76%	25.60%
SE4	1995	1294.80	29.07%	6.87%	1.02%	3.20%	1.85%	3.74%	12.39%
	2000	1210.52	40.55%	7.12%	1.58%	3.99%	2.90%	4.15%	20.81%
	2005	1572.73	44.19%	5.99%	4.22%	4.84%	3.46%	3.36%	22.32%

资料来源：根据历年亚洲国际投入产出表计算得到

由表5.1可以看出，NIEs与SE4出口中的外部价值含量较高，并且呈上升趋势，分别从1995年的36.68%和29.07%上升至2005年的45.02%和44.19%，上升幅度为8.34个百分点和15.12个百分点。除来自区域外经济体的价值部分外，NIEs和SE4出口转移的外部价值来源于日本和美国的比例较高，但基本上呈下降的发展趋势。其中，NIEs出口中来自日本与美国的中间投入价值从6.73%和5.28%下降至5.14%和4.76%，降幅分别为1.59个百分点和0.52个百分点；SE4出口中来自日本与美国的价值含量从6.87%和3.74%降至5.99%和3.36%，降幅为0.88个百分点和0.38个百分点。与之相反的是，NIEs和SE4出口中来自中国及其内部的中间产品价值有所上升，特别是来自中国的部分。例如，NIEs出口中来自中国、SE4及其自身的价值分别从1.45%、4.29%和1.41%上升至3.47%、4.56%和1.49%，上升幅度为2.02个百分点、0.27个百分点和0.08个百分点；SE4出口贸易中所包含的来自中国、NIEs及其自身的价值从1.02%、3.20%和1.85%上升至4.22%、4.84%和3.46%，升幅分别为3.20个百分点、1.64个百分点和1.61个百分点。与上述两类经济体不同的是，中国出口贸易的外部价值来源中，无论是来自东亚区域内各经济体还是区域外经济体的份额，均保持上升的发展趋势，说明中国融入东亚区域乃至世界分工体系的程度在不断加强。其中，在东亚区域来自日本和 NIEs 的比重相对较高,1995 年至 2005 年间,分别从 2.25%和 1.25%提高到 3.21%和 2.98%,升幅为 0.96 个百分点和 1.73 个百分点。

通过上述分析可以发现，东亚区域内各发展中经济体出口贸易中所转移的外部价值仍主要来源于日本、美国等发达经济体，但这一部分的比重在除中国外的其他发展中经济体中呈现明显的下降趋势，说明这些经济体的产业结构变动对日本和美国产业结构调整的依存性在逐渐减弱。与之相对应的是，各发展中经济体之间出口贸易价值的转移逐渐增强，特别是来自中国的部分，由此反映出在东亚区域分工体系中，各发展中经济体彼此之间已然形成了较强的相互依赖关系，并且中国在东亚区域产业结构调整与贸易价值转移中的作用日益加强。但值得注意的是，虽然发展中经济体之间提供的贸易价值含量在不断上升，但在绝对量上仍与日本、美国等发达经济体之间存在一定差距，彼此之间出口贸易价值的互利性存在较大的上升空间。因此，东亚区域内的发展中经济体应有效利用对彼此有利的贸易与经济条件，加强合作，构建以互利性为主导的生产贸易格局。

5.3.2 产业层面

根据比较优势理论和要素禀赋理论，经济体之间在国际(地区)分工体系下基于要素禀赋差异与技术差异而获取贸易利益。因此，我们参照 Lall(2000)对产品按照技术分类的标准，将亚洲国际投入产出表中 26 个产业部门划分为 6 类，分别为：①初级产业；②资源密集型产业；③低技术制造业；④中等技术制造业；⑤高技术制造业；⑥服务业。在此基础之上对东亚区域各经济体上述分类产业的出口贸易价值进行分解，计算结果列于表 5.2。

表 5.2　各经济体分类产业出口比重及其外部价值含量

经济体	贸易价值含量	年份	初级产业	资源密集型产业	低技术制造业	中等技术制造业	高技术制造业	服务业
日本(J)	出口比重	2000	0.21%	3.05%	7.05%	35.89%	32.01%	21.79%
		2005	0.17%	3.57%	6.31%	38.41%	25.33%	26.22%
	外部价值含量	2000	26.16%	26.29%	11.80%	13.14%	19.15%	3.25%
		2005	31.79%	33.84%	15.24%	19.98%	22.98%	3.94%
	东亚价值含量	2000	1.13%	2.49%	4.92%	5.67%	8.81%	0.40%
		2005	1.45%	4.02%	6.57%	8.10%	15.01%	1.11%
中国(C)	出口比重	2000	2.73%	8.64%	34.88%	17.28%	24.27%	12.20%
		2005	1.25%	6.03%	27.38%	17.82%	35.28%	12.44%
	外部价值含量	2000	2.59%	17.50%	29.36%	23.18%	47.66%	6.56%
		2005	3.08%	22.85%	29.39%	34.04%	56.93%	6.15%
	东亚价值含量	2000	0.71%	4.75%	13.05%	6.83%	20.00%	2.86%
		2005	0.49%	5.41%	13.14%	6.91%	26.35%	2.26%

续表

经济体	贸易价值含量	年份	初级产业	资源密集型产业	低技术制造业	中等技术制造业	高技术制造业	服务业
NIEs	出口比重	2000	0.30%	7.59%	12.94%	19.49%	38.32%	21.36%
		2005	0.38%	9.73%	8.45%	25.72%	36.39%	19.33%
	外部价值含量	2000	15.97%	63.34%	41.11%	41.27%	65.57%	18.69%
		2005	26.08%	71.21%	42.14%	49.19%	61.69%	22.64%
	东亚价值含量	2000	6.01%	10.75%	21.78%	18.55%	37.24%	3.28%
		2005	8.55%	12.37%	23.14%	21.85%	37.54%	5.38%
SE4	出口比重	2000	8.26%	12.43%	16.99%	8.37%	35.23%	18.72%
		2005	9.07%	13.16%	16.28%	10.92%	30.90%	19.67%
	外部价值含量	2000	6.11%	31.46%	40.80%	47.71%	76.45%	11.80%
		2005	5.63%	35.97%	40.17%	53.04%	70.33%	12.96%
	东亚价值含量	2000	2.41%	11.87%	19.51%	20.51%	42.87%	3.37%
		2005	1.77%	12.62%	18.26%	23.69%	41.36%	5.40%

资料来源：根据历年亚洲国际投入产出表计算得到

注：本表数据因进行了约分，出口比重可能存在比例合计不等于100%的情况

表 5.2 的行向可以对各经济体出口贸易结构及价值组成进行分析比较。日本的出口贸易主要集中在中等技术、高技术制造业和服务业，初级产业与资源密集型产业的出口份额较低。从出口贸易的价值构成来看，中等技术、高技术制造业及服务业出口的外部价值含量明显低于初级产业和资源密集型产业，由此可以看出，日本作为亚洲发达经济体，主要通过初级产业和资源密集型产业获取资源，通过中等技术、高技术制造业产品和服务的出口获取贸易利益。中国的出口以制造业产品为主，以 2005 年数据为例，低技术、中等技术和高技术制造业产品分别占出口总额的 27.38%、17.82%和 35.28%，但从产业出口贸易的价值含量来看，高技术制造业出口的外部价值含量高达 56.93%，反映出中国出口的内部价值含量更多的仍来源于低技术、中等技术制造业，高技术制造业主要扮演的是外部价值转移的角色。在 NIEs 的出口贸易中，中等技术、高技术制造业和服务业占有较大比重，这一贸易结构特征与日本较为相似，但不同的是，这些产业在 NIEs 出口中的外部价值含量明显高于日本，特别是 NIEs 的高技术制造业，出口中的外部价值含量达 60%以上，而日本仅为 20%左右，由此我们可以判断，NIEs 出口中的内部价值更多的是通过中等技术制造业和服务业实现的，高技术制造业的发展

仍主要依赖于外部中间产品的投入。SE4 的出口贸易集中体现在低技术、高技术制造业和服务业，但高技术制造业出口的外部价值含量达 70%以上，与 NIEs 相比，SE4 高技术制造业产品的生产与出口对外部中间投入的依赖性更为明显。

表 5.2 的列向可以考察各产业出口贸易价值构成在各经济体之间的差异。比较初级产业和资源密集型产业的出口，SE4 明显高于其他东亚经济体，并且这两类产业的出口在 SE4 所转移的外部价值含量低于制造业，说明 SE4 作为初级产品和资源密集型产品的供给者能够获取一定的贸易利益。低技术制造业的出口在中国与 SE4 占比较高，并且出口的外部价值含量也相对较高，反映出中国与 SE4 作为低技术制造业的主要供给者，在区域分工体系中具有较高的参与程度。中等技术制造业在除 SE4 外的其他东亚经济体出口中占比较高，不同的是出口贸易的外部价值含量存在差异，日本中等技术制造业出口的外部价值含量较低，NIEs 出口转移的外部价值含量较高。高技术制造业在东亚区域所有经济体出口中的份额均具有优势，但只有日本高技术制造业出口的外部价值含量较低，中国、NIEs 和 SE4 高技术制造业产品出口的外部价值含量均在 50%以上，说明东亚各经济体在高技术制造业中的区域分工更加明显，但分工地位存在一定的差异。从服务业的出口贸易来看，日本、NIEs 和 SE4 的服务贸易出口份额较高，说明这些经济体的服务贸易在东亚乃至世界上具有一定的比较优势。与其他产业相比，服务贸易出口的外部价值含量较低，也就是说，国内价值含量较高，从而反映出服务贸易对各经济体内部价值增值具有较大贡献。另外，从各经济体主要产业出口的贸易价值构成来看，东亚价值含量只有在 SE4 的高技术制造业和低技术制造业随外部价值含量减少而降低，在其他经济体大部分产业出口中均保持上升的发展态势，说明在东亚区域分工体系下，各经济体产业结构的相互关联性和相互依存性也在不断加强，从而在产业结构调整和升级的过程中产生相互影响、相互波及的效应。

为了进一步分析各经济体出口中东亚价值的产业来源，根据式(5.11)，对各经济体出口中包含的东亚价值在产业层面进行分解，并对其东亚价值的产业来源进行排序，将处于前 10 位的产业列于表 5.3。

表 5.3 各经济体出口中东亚价值的产业来源

位次	日本(J)	中国(C)	NIEs	SE4
1	SE4-P	J-S	J-S	J-M
2	C-S	NIEs-S	J-M	NIEs-M
3	NIEs-S	NIEs-M	SE4-P	J-S
4	SE4-S	J-M	SE4-S	C-M
5	C-M	SE4-P	C-S	SE4-R
6	C-L	NIEs-H	C-M	J-H
7	SE4-R	SE4-S	SE4-R	SE4-M

续表

位次	日本(J)	中国(C)	NIEs	SE4
8	C-P	J-H	C-L	NIEs-S
9	C-R	J-L	NIEs-S	C-S
10	NIEs-M	NIEs-R	C-R	NIEs-H

资料来源：作者根据《亚洲国际投入产出表 2005》计算得出

注：表 5.3 为各经济体出口中所转移外部价值排名前十位的产业来源。前半部分为各经济体：J 为日本，C 为中国，NIEs 为新兴工业化经济体(韩国、新加坡、中国台湾)，SE4 为东盟四国(印度尼西亚、马来西亚、菲律宾、泰国)。后半部分为产业：P 为初级产业、R 为资源密集型产业、L 为低技术制造业、M 为中等技术制造业、H 为高技术制造业、S 为服务业。例如，J-S 为"日本的服务业"

由表 5.3 可以看出，服务业与制造业是各经济体出口中东亚价值的主要产业来源，也就是说服务业与制造业产品作为中间投入，通过融入其他经济体的生产体系而将其价值体现在其他经济体的出口贸易中并占有较大的份额。但是，各经济体出口中转移东亚价值的产业来源仍有所不同。日本出口中除含有大量其他东亚经济体的服务价值外，来源于 SE4 和中国的初级产品与资源密集型产品的价值也较为明显，而在其他东亚经济体出口中，大量转移了日本的中等技术、高技术制造业和服务业的价值。由此可以看出，日本通过吸收东亚其他经济体特别是 SE4 和中国的初级产品和资源密集型产品，经过研发和创新，转化成中等技术、高技术产品再进行出口，从而获得较大的贸易利益。在中国的出口中，主要转移的是日本和 NIEs 的服务业及其中等技术、高技术制造业的价值，而从其他东亚经济体出口转移中国的产业价值来看，主要是服务业和中等技术、低技术制造业的价值，也就是说，中国虽完全融入东亚区域分工体系，但制造业的价值转移主要体现在中等技术、低技术制造业，说明中国在东亚垂直型生产体系中主要专业化于生产的加工环节，核心技术、高端技术与发达经济体相比还有较大差距。NIEs 和 SE4 作为出口中东亚价值占比较高的经济体，其价值产业来源的产业技术差别较为明显。NIEs 出口中对日本的价值转移主要体现在服务业与中等技术制造业，对中国的价值转移集中在服务业、中等技术制造业、低技术制造业及资源密集型产业，对 SE4 的价值转移则以服务业、初级产业和资源密集型产业为主。在 SE4 出口中，来源于日本与 NIEs 的价值转移主要体现在服务业与中等技术、高技术制造业，来自中国的价值部分则以服务业与中等技术制造业为主。由此可见，在东亚区域分工体系中，NIEs 和 SE4 对外部中间产品依赖的产业来源不同，NIEs 更多依赖于中等技术、低技术制造业的中间投入，而 SE4 中间产品的进口则主要集中在中等技术、高技术制造业。同时我们也看到，随着信息化、数字化的发展，服务业在出口价值转移中的作用越来越明显，谁赢得服务业谁就将赢得更大的贸易利益。

本节基于亚洲国际投入产出模型,对东亚区域主要经济体的出口贸易价值进行分解,得到以下结论。

第一,从出口创造的内部价值和转移的外部价值来看,东亚区域各经济体出口的内部价值含量呈明显的下降趋势,来自东亚区域的价值快速提升,由此说明区域内各经济体参与区域分工的程度在不断加深,彼此之间的贸易与产业结构联系也日益增强。在各经济体中,日本出口中的内部价值含量较高,其次为中国,NIEs 和 SE4 较低,这不仅反映出在以中间品、零部件商品贸易高速发展为特征的东亚生产网络中,出口贸易价值在传统的贸易统计下极易被高估,存在"统计假象",同时也说明,大部分东亚经济体(除日本外)出口中来自外部中间投入的价值含量较高,对外部中间产品的依赖程度较大。

第二,从出口贸易中转移东亚价值的经济体来源看,美国、日本等发达经济体仍占主导地位,但其份额正逐渐下降。与之相对应的是,东亚各经济体出口中来自中国的中间产品价值含量逐渐上升,说明在东亚区域分工体系中,各发展中经济体的产业结构变动对美国和日本产业结构调整的依存性在逐渐减弱,而彼此之间的产业依存性正逐渐增强,特别是中国在东亚区域产业结构调整与贸易价值转移中的作用日益加大。但值得注意的是,虽然发展中经济体之间提供的贸易价值含量在不断上升,但在绝对量上仍与美国、日本之间存在一定差距,一方面反映出彼此之间出口贸易价值的互利性存在较大的上升空间,另一方面也说明在东亚区域分工体系中,发展中经济体所获得的实际贸易利益并没有因分工体系深化而增加,反而对美国、日本等发达经济体的中间产品严重依赖而导致贸易利益被大量掠夺,这种贸易价值的分配模式对东亚区域产业结构的整体演进与升级的影响存在较大的不确定性。

第三,从出口贸易及其价值转移的产业构成来看,各经济体均基于要素禀赋和技术差异从比较优势产业获取贸易利得。服务业和制造业是转移价值的主要产业,其中,服务业已形成区域共享,但制造业却呈现明显的层次分工:发达经济体占据中等技术、高技术制造业产业的价值转移,发展中经济体只占据中等技术、低技术制造业的价值转移。而且,中国和 SE4 有较大的初级产业和资源密集型产业价值的转移,说明在东亚垂直型生产体系中,中国和 SE4 主要专业化于生产的加工环节,核心技术、高端技术与发达经济体相比还有较大差距。

5.4 产业结构演进中东亚区域分工格局的变迁

在区域分工不断深化的同时,各经济体产业结构也在不断调整,从而在区域分工体系中的地位也会随之发生变化。通过 5.3 节对出口贸易价值构成的分析可以看到，无论在整体层面还是在产业层面，东亚各经济体出口转移的区域内部成分不断上升，参与区域生产网络的分工程度也在逐渐加强，充分反映出东亚区域产业结构的相互关联、相互依存效应也随之日益深化。但考虑到即使不同经济体参与区域分工的程度相同，其在价值链中的地位也会存在差异，因此，本节进一步对东亚各经济体及其制造业在区域生产网络中的分工地位及变化趋势进行测算和分析，揭示东亚区域产业结构整体演进中区域分工格局的变迁。

根据式(5.13)和式(5.14)，将东亚区域各经济体 VSS 和 VSS_1 的计算结果列于表 5.4。在各经济体内部，我们发现，1995 年至 2005 年期间，除 SE4 产业整体的 VSS 值和中国制造业的 VSS_1 值下降之外，其他各经济体的 VSS 值和 VSS_1 值无论在产业整体层面还是在制造业层面均有所上升，由此说明东亚区域内各经济体间的投入产出关联程度通过中间产品的交换得到加强。其中，日本和 NIEs 在产业整体和制造业中，VSS_1 值和 VSS 值均上升；中国产业整体和制造业的 VSS 值均保持一定程度的上升，但 VSS_1 值在产业整体中有微弱上升，在制造业层面却呈下降趋势；SE4 的 VSS_1 值在产业整体和制造业层面均上升，而 VSS 值在产业整体中下降，在制造业领域中上升。这充分反映出东亚各经济体在区域产业结构整体演进中，区域分工地位的变化存在一定差异。为了更准确地描述东亚区域分工格局的变迁，我们将表 5.4 的数据描绘在以 VSS 和 VSS_1 为横、纵坐标的坐标轴中，见图 5.4 和图 5.5。

表 5.4 东亚区域各经济体垂直专业化系数比较

经济体	年份	产业整体 VSS	产业整体 VSS_1	制造业 VSS	制造业 VSS_1
日本	1995	0.0432	0.1295	0.0344	0.1002
	2000	0.0474	0.1501	0.0430	0.1134
	2005	0.0686	0.1658	0.0539	0.1144
中国	1995	0.0729	0.0563	0.0710	0.0463
	2000	0.1121	0.0678	0.0901	0.0380
	2005	0.1441	0.0723	0.1051	0.0355
NIEs	1995	0.2356	0.0656	0.2229	0.0570
	2000	0.2449	0.0839	0.2220	0.0661
	2005	0.2521	0.0964	0.2239	0.0748
SE4	1995	0.2591	0.0434	0.1548	0.0402
	2000	0.2251	0.0882	0.2641	0.0598
	2005	0.2128	0.0978	0.2357	0.0722

资料来源：根据历年亚洲国际投入产出表计算得到

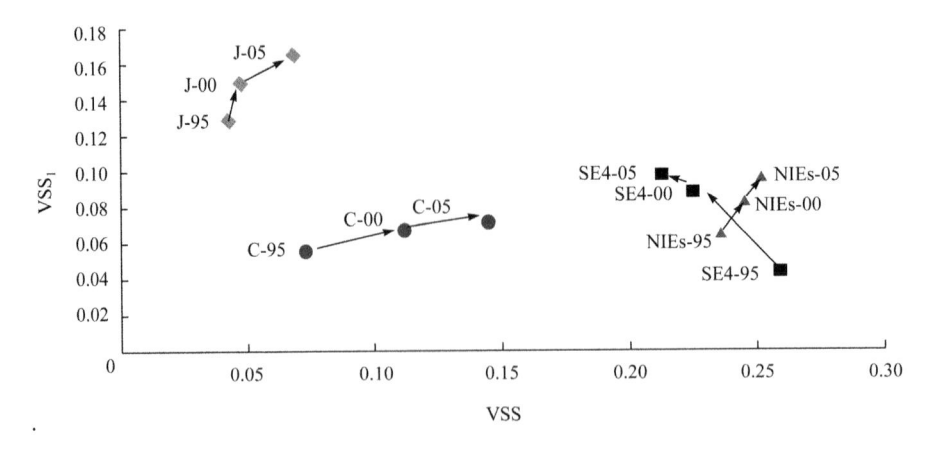

图 5.4　东亚区域各经济体国际分工地位及变化趋势

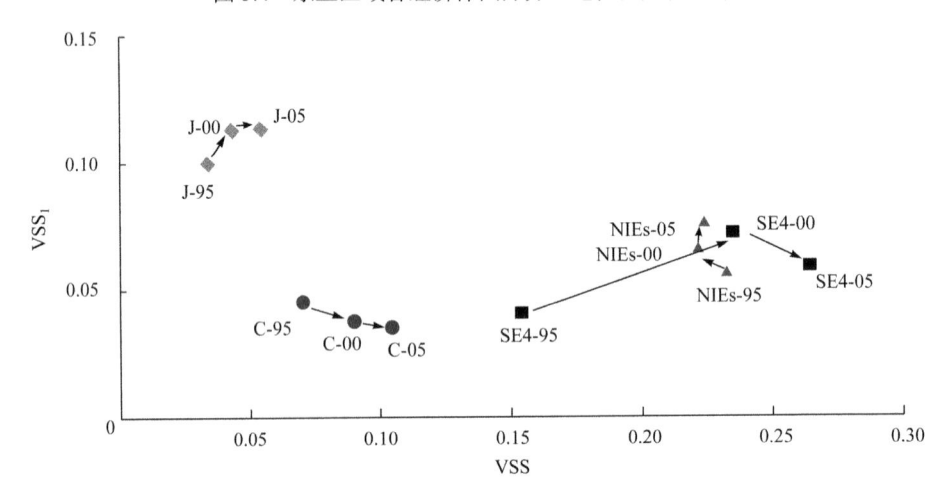

图 5.5　东亚区域制造业分工体系下各经济体区域分工地位及变化趋势

如图 5.4 所示，从产业整体层面来看，东亚区域各经济体的区域分工地位和变化趋势各不相同。日本具有较低的 VSS 值和较高的 VSS_1 值，根据 VSS 和 VSS_1 的含义，说明在日本的出口中东亚价值含量较低，而用于满足其他经济体中间投入的价值含量较高，并且从变化趋势来看，VSS_1 值的上升幅度高于 VSS 值，显然，在东亚区域分工体系中，日本专业化于高附加值的生产环节，处于价值链的高端。与东亚其他经济体相比，中国产业的 VSS 值和 VSS_1 值较低，这主要是由于中国参与区域分工的时间相对较晚，在初期参与区域分工的程度不高。但在亚洲金融危机后，随着经济迅速崛起并积极制定与实施对外开放的贸易政策，中国参与东亚区域分工的程度也快速提升。但在此过程中我们也注意到，中国的 VSS 值上升程度较为明显，而 VSS_1 值提升不大，也就是说，中国出口中所转移的东亚价值不断增加，而用于满足东亚其他经济体中间投入的价值较少。这充分说明在东亚区域分工体系中，中国承接大量来自本区域的中间产品，通过加工、组装等生产流程再以最终产品的形式出口到世界各地，专业化于低附加值的生产环节，更多地扮演着"制造中心"与"出口平台"的角色而处于价值链的低端。NIEs 和 SE4 在 20 世纪 90 年代期间，VSS 值较高而 VSS_1 值较低，说明两者在此期间出口中所包含的东亚价值较高，生产与出口对来自东亚区域的中间投入具有较强的依赖性。随后，NIEs 和 SE4 的 VSS_1 数值均有所提升，VSS 值的变化方向却截然相反，NIEs 的 VSS 值上升，SE4 的 VSS 值下降。如图 5.4 所示，NIEs 和 SE4 虽然都具有较高的 VSS 值和 VSS_1 值，但两者在东亚区域的分工地位仍有所不同。NIEs 在承接来自东亚中间投入的同时，也将自身产品价值大量转移到其他东亚经济体的出口中，从这个角度来看，NIEs 处于价值链的中高端地位。相比之下，SE4 出口中所包含的东亚价值较低，主要出口大量用于满足其他经济体生产的中间产品，由此说明 SE4 仍处于价值链的中低端。

在东亚区域制造业领域，如图 5.5 所示，日本的 VSS 值最低而 VSS_1 值最高，说明日本制造业出口中的东亚价值较低，而供其他经济体生产出口产品的内部价值含量较高，明显处于价值链高端。另外，日本制造业 VSS_1 值在 20 世纪 90 年代上升的幅度较大，而进入 21 世纪后的变化十分微小，由此反映出日本制造业在东亚区域分工体系中的上游化发展趋势在逐渐减弱。中国制造业在融入东亚区域分工体系后，积极利用自身生产要素的比较优势不断提高在区域生产中的参与程度。但如图 5.5 所示，中国制造业 VSS 值大幅度提升，而 VSS_1 值却一直下降，说明在中国出口中的东亚价值在增加，而供其他经济体生产出口产品的内部价值在减少，显然，在东亚区域制造业生产分工体系中仍处于价值链低端，且下游化趋势较为显著，面临"价值链地位固化"的风险。NIEs 在全球化浪潮中，利用各种内外条件，抓住国际(地区)产业结构调整和产业转移的机遇，努力提升在东亚区域分工体系中的位置，这一点通过其制造业 VSS_1 值的明显上升就可以看出，从而成为新兴工业化经济体。SE4 制造业在东亚区域分工体系中的地位变迁更多地表现在 VSS 值的大幅度提高，来自东亚的中间产品价值在其制造业出口中占有较大的份额，从而其生产与出口对东亚中间产品投入的依赖程度也较强，在东亚区域制造业分工体系中，处于价值链的低端环节。

综合以上分析可以注意到，进入 20 世纪 90 年代以来，在经济全球化浪潮和科学技术快速发展的背景下，区域分工格局发生了新的变化，这种新的变化在东亚区域主要体现在以下两个方面。

第一，从区域分工的状态来看，日本仍占据当今东亚区域分工体系的顶尖处，发挥其在以信息技术为核心的高技术领域中的创新优势，主要专业化于高附加值产品的生产环节。韩国、新加坡及中国台湾等经济体则发挥其在应用技术领域中善于吸收并转换最新技术的比较优势，主要从事标准化的高附加值产品的生产。由马来西亚、印度尼西亚、菲律宾及泰国组成的东盟四国，在灵活且高度开放的贸易政策下，充分发挥其区位优势和要素禀赋优势，主要从事一般性中、低附加值产品的生产和制造。中国由于在区域分工体系中起步较晚，生产技术相对滞后，只能凭借其低廉的劳动力成本优势，专业化于产品生产的加工、组装等低附加值生产环节。这样，东亚区域分工呈现出"多重结构"的格局。当然，在信息化高度发展的时代，处于不同结构层面乃至相同结构层面的经济体之间始终保持在相互追赶、相互超越的激烈竞争状态中。因此，彼此之间出现的差距也在不断地动态变化，时而处于"平行状"，时而处于"阶梯状"，在知识经济崛起的背景下，在知识密集和技术密集产业中具有领先优势的经济体，将在今后相当长的一个时期中处于区域乃至世界分工体系的顶端，发挥优势主导作用，占据最有利的分工地位。

第二，从区域分工体系中发达经济体与发展中经济体的地位变化来看，其差距仍在继续拉大，极有可能出现两极分化的发展趋势。在这中间存在一些处于工业化进程阶段产业技术较差过渡中的经济体，它们在分工体系中的位置不稳定。有些经济体能够抓住经济全球化浪潮下产业结构调整与产业转移的机遇，积极吸收并转化为新技术、新产品，缩短其在不同收入水平的经济体间依次转移的时间，努力提升在区域分工体系中的地位，从而向发达经济体靠拢，使原本在同区域分工中的地位由"阶梯状"向"平行状"方向发展，如韩国、新加坡、中国台湾等经济体；而未能抓住机遇的经济体，则有可能滑向一般发展中经济体一端，面临经济"贫困式"增长与"价值链地位固化"的危险。

形成上述区域分工格局的主要原因在于，在经济全球化与信息技术经济快速发展的背景下，经济体间的分工模式已由传统的产业间分工过渡到产业内分工甚至细化到产品内分工。在新型分工模式的主导下，产业内最具有竞争力的企业往往专业化于具有垄断地位的价值链环节，获得最多的价值量增值；具有一定竞争力的企业占据不完全竞争的环节，获取一定的价值增值；而在行业中不具有竞争力的企业，则只能处于价值链中的完全竞争环节，获取很少的价值增值。因此，区域分工体系中企业乃至经济体的竞争优势不再体现在最终产品的生产上，而是体现在其在区域生产价值链中所处的环节上。正如上述对东亚区域制造业分工格局的分析，在价值链的设计与研发—核心零部件生产—一般零部件生产—加工组装—营销与售后这五个环节中，日本处于第一与第五环节，韩国、新加坡与中国台湾等亚洲新兴工业化经济体处于第二环节，马来西亚、印度尼西亚、菲律宾及泰国等东盟四国处于第三环节，中国则处于第四环节，从而形成我们所看到的"多重结构"区域分工模式。这种区域分工中地位的变化，表面上是由各经济体发展水平、产业结构水平及竞争力等因素所导致的，而实际上是由要素禀赋结构所决定的。在当今知识经济时代，决定一个经济体在国际(地区)分工中地位高低的已不再是工业经济要素，如土地与自然资源、生产资本、劳动力及生产性管理等，而是知识经济要素，如信息、知识、金融、核心技术、创新能力等。20世纪90年代之后，发达经济体在发展知识方面取得了十分显著的成就，掌握了知识主导型的金融要素与信息要素，大力发展现代服务业以提升本经济体的产业结构，将研究与开发作为参与国际(地区)分工的主要方式，从而在国际(地区)分工体系中处于强势地位。发展中经济体虽经历快速的工业化阶段，经济发展取得一定的成就，并且其中不少经济体通过现代制造业的发展，具备了较强的出口能力和国际(地区)竞争力，但由于所拥有的知识经济核心要素特别是信息技术及其创新能力与发达经济体存在较大差距，在国际(地区)分工中仍处于从属的弱势地位。因此，从总体上看，发达经济体与发展中经济体在国际(地区)分工体系中的距离在拉大，极有可能出现两极分化的发展趋势。

由上述分析，可以获得以下启示：第一，尽管在东亚区域产业结构演进过程中，中国制造业的作用越来越重要，进出口规模不断扩大，但在区域贸易中的利益所得却不尽如人意，尤其是中等技术、高技术制造业，出口贸易价值的获利能力有待提高；第二，随着东亚区域分工体系的重构，中国制造业的分工地位在20世纪处于价值链低端，长期专业化于产品生产的加工组装等低附加值环节，缺乏对产品的设计与研发、营销与售后等高端环节的控制能力，但进入21世纪有所改变，随着经济规模的扩大和科学技术的进步，中国制造业在东亚区域中的分工地位逐步提高。为此，我们应至少从以下两个方面着手，积极提高中国制造业在东亚区域内分工的价值获得与地位。

第一，增强产业的技术吸收和再创造能力。从东亚区域分工体系的形成与发展来看，各经济体均基于要素禀赋和技术差异从比较优势产业中获取贸易利得。一直以来，中国凭借丰富的劳动力资源，不断提高参与区域分工的程度，成为东亚区域的"制造中心"。然而，随着出口贸易规模的快速扩大，贸易价值的获取能力却极其有限，主要表现在长期通过低技术制造业的出口和中等技术、高技术制造业的加工环节获取贸易利益。而在高技术制造业，产品生产的核心技术依赖进口，出口贸易中的内部价值含量很低，而转移的发达经济体和新兴工业化经济体的价值含量却很高，因此，要在区域产业结构演进的过程中实现制造业产业升级，必须提升出口贸易的获利能力，这就要增强产业的技术吸收与再创造的能力。理论与实证研究表明，在当代国际(地区)分工体系中，跨国(地区)公司的生产组织方式将众多分散、独立的国(地区)外市场联结成满足生产需求的国际(地区)市场，从而产生出特有的技术扩散与技术溢出效应，为发展中经济体及其企业提升技术能力提供了良好的机遇。但是，技术扩散与技术溢出效应的获取并不是自然而然的，还需要技术吸收能力的支撑，因此，企业的组织学习能力和意愿、研发投入状况、劳动者的素质及产业关联效应等因素都会直接影响企业对新技术的吸收能力。这就要求各级政府和企业，特别重视对外来技术的学习、吸收、再创造，不要仅局限在对先进技术与管理经验的简单引进，而要结合自身的发展情况积极开展学习与研究，特别是对于不具有技术优势的产业，更要重视先进技术吸收和再创造能力，为产业竞争力的提升奠定坚实的基础；加大技术引进再创新的研发投入力度，为引进技术迅速升华为自我创新技术提供坚实的物质保障，促进企业由贴牌加工商向自有品牌制造商转型，推动中等技术制造业向高技术制造业发展，使中国"制造"迅速向中国"智造"迈进，实现从价值链低端向价值链高端的跃升，推动制造业产业升级。

第二，构筑以自主创新为主的核心竞争力。制造业出口贸易的获利能力主要取决于其在国际分工中所处的地位。中国制造业长期专业化于价值链低端的加工组装生产环节，不仅不利于对外贸易中的利益获取，而且面临着"价值链地位固化"的风险。因此，要改变中国在国际分工体系中的不利地位，实现产业升级，除了要增强技术吸收和再创造的能力，更重要的是要走出一条自主创新的道路。中国应以开放的视角，充分利用创新资源，提高自主创新能力，构筑以自主创新为主的核心竞争力。首先，应强化自主创新意识，弘扬创新文化，营造自主创新的文化氛围，制定并落实鼓励自主创新的科技政策。不仅要在宏观层面上重视科学技术资源的分布与配置效率，加大技术创新与产业生产的整合力度，还要深入到企业、个人等微观层面，确立企业的创新主体地位和主导作用，强化其创新意识，打破国有企业对先进技术"等、靠、要"的传统观念，树立将自主创新贯穿于整个价值链的新观念，鼓励企业加大对产品设计与研发等高端生产环节的研发投入，为自主创新做好物质保障。其次，应重视人才培养，加大对教育的投入。在知识经济时代，技术创新与技术进步的关键是人才培养，经济全球化导致知识传播与技术溢出的速度加快，劳动者的素质与受教育程度将直接影响知识传播与技术外溢的接受效果，因此，在积极引进国外先进人才与技术的同时，还应重视国内创新人才的培育，扩大高校及科研院所的自主权，加大对教育的投入，开展多层次、多形式的国际科技创新活动，更多地为创新型人才参与国际交流与合作创造机会，通过不同领域的学习与交流，努力提升劳动者的知识水平与创新能力。最后，搭建产、学、研相结合的技术创新平台，以高等院校、科研院所及各类重点实验室等机构为依托，聚集创新资源，发挥创新要素的集聚功效。积极发挥国家自主创新示范区的示范作用与扩散能力，建立将科研成果向社会生产转化的平台与渠道，制定并落实科研人员成果转化的收益分配机制，鼓励更多的科研成果尽快转化为现实生产力。

第6章 东亚区域产业结构演进下的中国制造业产业升级

自20世纪80年代以来,中国在市场经济建设和对外开放政策的正确引领下,国内经济走向健康快速的发展道路。特别是在20世纪90年代,东亚区域掀起新一轮产业结构的纵深化调整浪潮,中国正是抓住这一历史机遇,通过承接来自发达经济体和亚洲新兴工业化经济体向外转移的部分产业,发展劳动密集型加工贸易,由此成功地融入东亚乃至世界生产网络。随着经济的迅速崛起,中国在东亚生产网络中的作用日益凸显,并为推动东亚区域产业结构整体演进做出了重要贡献。然而,正如本书第5章所述,中国在东亚新一轮区域分工格局中,处于价值链低端,面临"价值链地位固化"的危险,那么,融入东亚生产网络对中国产业结构调整产生的影响如何,特别是进入21世纪,中国加入世界贸易组织,加快了制造业参与东亚区域分工体系的步伐后,产业升级的具体效果又如何,值得我们进一步关注。因此,本章在梳理一国融入国际生产网络对产业升级的影响机理的基础上,使用历年中国投入产出表数据和联合国商品贸易统计数据库数据,对中国制造业融入东亚生产网络的程度与发展趋势及产业升级状况进行系统描述,并构建计量模型,对融入东亚生产网络后中国制造业的产业升级效应进行实证分析,揭示其对产业升级影响的实质。

6.1 基于国际生产网络视角的产业升级机理

进入21世纪以来,随着经济全球化的不断发展,国际分工模式从产业间、产业内分工深化至产品内部,逐渐形成了一个以跨国公司为主导、众多厂商以垂直型分工方式融入的国际生产网络。在新型国际分工模式下,对于一国融入区域及国际生产网络对本国经济发展与产业升级的影响,学术界众多学者从不同角度做了相关研究:Gereffi(1999b)以全球商品链为分析框架,考察了亚洲服装业,发现随着生产成本的增加和市场准入门槛的提高,亚洲四小龙不断将生产环节国际化,通过建立区域内的三角贸易与贸易网络,实现了由最初来料组装到创建自有品牌的产业升级。Kessler(1999)对北美自由贸易区的跨国服装生产网络进行了研究,发现通过国际生产网络内技能、知识和技术的传递,参与国纺织、服装产业不断升级，并占据了较高的附加值环节。Ernst 和 Kim(2002)考察了领导厂商与国际生产网络内供应商的关系，发现加入国际生产网络后，领导厂商为网络内供应商提供了新的技术和管理方式，并提出新的要求和激励，促使供应商提高产品质量与层次，从而促进产业升级。但是也有学者认为，参与国际生产网络分工所产生的产业升级效应并非都是积极的。Ernst(2004a)指出，融入国际生产网络越深、一体化程度越高，经济体对出口的依赖性就越大，特别是出口导向型的中小国家极易受到外部冲击。Lall 等(2005)研究发现，在制造业全球生产网络中，一些发展中国家长期被锁定在低端制造环节，陷入比较优势的分工陷阱，无法改变。刘志彪和张杰(2007)发现，在发展中国家的代工者与发达国家的跨国公司形成的俘获型生产网络关系中，后者强大的技术和市场势力，使前者无法实现向高端价值链的攀升。由此可见，融入国际生产网络对产业升级既有益处也存在弊端。一般认为，适度融入国际生产网络参与国际分工对于产业升级将起到正面作用，而过度融入则有可能阻碍产业升级，导致所谓的产业"锁定效应"(lock-in effect)。

本节首先对适度融入和过度融入国际生产网络的内涵进行介绍，然后分别利用适度融入与过度融入生产网络的机理对一国参与国际分工所衍生出的产业升级的积极影响与消极影响进行比较分析。

6.1.1 适度与过度融入国际生产网络

Uzzi(1997)在对企业间网络关系的研究中发现，网络参与者之间的联系主要有两种形式：一种是正常联系，另一种是密切或特殊联系。正常联系又被称为市场联系，是指企业之间形成的简单市场关系，交易双方在确定交易价格与交易数量之后即达成买卖协议，这种交易形式通常是一次性的，双方的责任和义务被严格规定在交易协议内，在协议外彼此之间不存在互惠性的经济活动。密切联系又被称为嵌入联系，是指企业之间建立在充分信任基础上的长期联系，这种联系通常具有明显的互惠性，交易双方会主动向彼此提供额外的帮助或承担额外的成本。类似地，如果存在相互联系的企业处于不同国家，那么它们之间的联系形式就会上升到国际层面，而形成的关联网络自然就过渡到国际生产网络。以此为基础，根据 Uzzi(1997)对企业间网络的分类标准，我们将融入国际生产网络的程度分为三类：低度融入、适度融入和过度融入，并将其对应的国际网络联系形式列于图 6.1。

在图 6.1 中，A 表示低度融入，其中，第一层国际网络关系中，领导厂商即核心企业与一级供应商之间的关系是正常联系；第二层国际网络中一级供应商和二级分包商之间也是正常联系，也就是说该网络中所有来自不同国家或地区的参与者之间所形成的关系均为简单的市场关系，所以，企业对此生产网络的融入程度较低。C 表示过度融入，与 A 的情况正好相反，领导厂商与一级供应商之间的关系是密切联系；一级供应商与二级分包商之间同样建立了密切联系，因此，不同国家的参与厂商之间均形成了特殊的嵌入关系，对该网络的融入程度较深。B 表示适度融入，来自不同国家或地区的领导厂商与一级供应商、一级供应商与二级分包商之间既存在密切联系又存在正常联系，并且比例相对均衡，属于典型的适度融入类型。总之，适度融入意味着企业在国际网络中的上下游关系既不是过于依存的纵向约束关系，也不是过于独立松散的无约束关系。

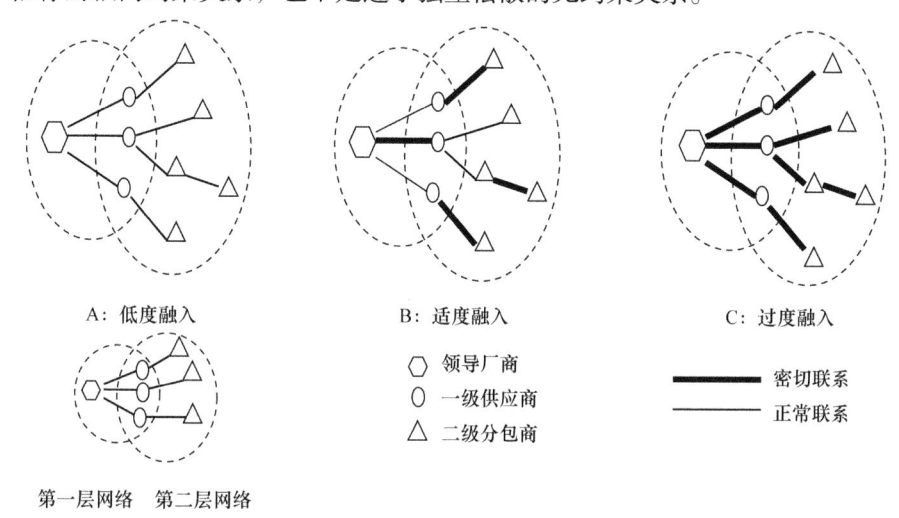

图 6.1 低度融入、适度融入与过度融入示意图
资料来源：作者根据 Uzzi(1997)图 2 绘制

6.1.2 适度融入国际生产网络对产业升级的积极影响

根据企业适度融入国际生产网络的特征，我们可以推断出，厂商之间存在着信任、高密度信息传递及共同问题解决机制等价值链治理方式。通常情况下，领导厂商与一级供应商位于发达经济体和次发达经济体，二级分包商则更多地分布在发展中经济体，在适度融入国际生产网络的模式下，厂商之间的信任、高密度信息传递及共同问题解决机制不仅能够促进一级供应商所在的次发达经济体产业升级，也有利于推动分包商所在的发展中经济体产业升级。

首先，各级厂商之间的信任确保彼此在长期的合作过程中形成互惠的紧密关系，有利于东道国的产业升级。在适度融入国际生产网络的第一个层次，由于科学技术的快速发展缩短了产品的生命周期，居于品牌销售终端的领导厂商经常根据市场的变化对产品设计和研发做出改变，这就要求各级厂商与领导厂商之间保持一种互惠的紧密关系以满足市场需求。在适度融入国际生产网络的第二个层次，一级供应商承接来自领导厂商的订单，利用自身的技术优势对产品进行进一步研究与开发，并将加工组装的生产环节放到劳动力低廉的发展中经济体进行，这样在一级供应商与更低层次的供应商之间也形成了一种长期互惠的紧密关系，以上两种互惠关系的发展与完善将会直接推动相关经济体的产业升级。

其次，产业升级往往意味着生产技术与效率的提升，而在生产网络下，这两种竞争能力的提升主要来源于高级厂商对低级厂商的高度信息传递。如前文所述，领导厂商与一级厂商之间为了满足市场需求的变化而建立起基于彼此信任的互惠性紧密关系，在产品的设计理念与研发信息等方面要不断地进行交流，从而使隐性知识从领导厂商传递到一级厂商；一级厂商在承接来自领导厂商的订单后，利用自身的优势对产品进行进一步研究与开发，之后，会向二级分包商或更低层次的厂商转移模块化的生产技术，从而使显性知识从二级厂商向更低层次的厂商传递并转化为现实生产力，实现基于效率提升的"过程升级"。

最后，共同问题解决机制为低层次厂商面临的生产问题提供了解决制度安排。由于不同层次的厂商往往处于发展水平不同的经济体，在实际生产时容易面临诸多外部因素的影响，如制度、政治、文化等，如果不能妥善解决，生产将无法保障，产业升级更不可能实现。因此，在适度融入国际生产网络中建立共同问题解决机制，可以通过科学管理的运营方法与手段，合理解决低层次厂商所面临的生产问题，同样有利于与各级厂商具有产业联系的本土企业实现"过程升级"及"产品升级"。

6.1.3 过度融入国际生产网络对产业升级的消极影响

过度融入国际生产网络对产业升级的消极影响主要体现在价值链地位的锁定效应上。锁定效应一词最早由 Arthur(1989)提出，他认为在现实经济中，后进国家常常会陷入一种初始发展模式而难以改变，造成这一现象的主要原因在于技术创新方面，一国现有的技术条件容易对技术创新的方向和路径具有一定的约束，使该国的技术水平停滞不前，不利于其产业升级。在以产品内分工为特征的国际生产网络背景下，锁定效应在微观上表现为本土企业无法通过拥有自主品牌而摆脱代工者角色，从而无法控制最终市场，削弱了其长久的竞争力；在宏观上则表现为一国产业的发展模式对跨国公司主导的价值链分工中"依附性"代工角色的路径依赖，最终可能损害经济或产业的可持续发展(杜宇玮，2011)。

如图6.1所示，过度融入国际生产网络中低级厂商与高级厂商之间形成严格的层级制关系，极容易导致微观层面的产业锁定效应，最终阻碍其所在经济体的产业升级。以下我们仍从信任、高密度信息传递及共同问题解决机制三个方面来解析过度融入国际生产网络对低级厂商及其所在经济体的产业锁定机理。

首先，根据过度融入国际生产网络的特征，无论是领导厂商与一级供应商之间还是一级供应商与二级分包商乃至更低层次的厂商之间均形成了密切的交易关系，由此说明在该类型生产网络中信任是最重要的价值链治理方式。位于发展中经济体的低层次厂商的融入模式往往表现为"价值链整体投资"，即大量零部件供应商跟随领导厂商对发展中经济体的某些特定区位进行投资，表面上这种投资所产生的生产行为出现在发展中经济体的特定区位，实际上其价值链活动联系与信息技术联系却是非本地化的，也就是说，这种过度融入国际生产网络的发展中经济体往往会呈现出"伪本地化"的特点。造成这一模式的主要原因在于，在国际生产网络下，发展中经济体的产业后向关联效应与技术溢出效应较弱，本土厂商与上级厂商之间几乎没有技术与知识的传递，无法获得先进的技术与知识信息，从而制约了本土厂商在价值链上实现"功能升级"。

其次，过度融入国际生产网络中第二层信息的传递具有明显的选择性、排挤性，不利于发展中经济体厂商获取知识与技术信息。过度融入国际生产网络中低级厂商与高级厂商之间形成严格的层级制关系，低层次厂商只负责价值链中的低附加值生产环节，因此其获得的信息是极其有限的，仅与自身模块化生产任务的技术信息相关。另外，受政治、制度、历史等非经济因素的影响，发达与次发达经济体的厂商向位于发展中经济体的低层次厂商转移的技术与知识具有战略选择性和排挤性，导致后者仅能围绕前者的投资策略来制定自身的研发和生产目标，从而在生产技术和创新能力等方面产生明显的锁定效应。

最后，过度融入国际生产网络中的共同问题解决机制可能引发发展中经济体低层次厂商的技术锁定。厂商之间"严苛"的层级制关系必然要求对生产中所面临的共同问题给出制度化与常态化的解决方式，这种解决方式不具有协商性，仅体现为服从性。这种服从性在技术方面要求形成一致的技术标准和生产流程，在管理方面要求设置一致的管理模式与经营制度，在设备和人员使用方面要求形成专业化，由此导致位于发展中经济体的低层次厂商只需从事不变的分工，提供不变的产品和服务，不必主动寻求技术创新。最终，这一机制使生产的各个环节都被固定下来，产生一系列的锁定效应。

6.2 中国制造业融入东亚生产网络的程度测评

自2001年加入世界贸易组织以来，作为新兴市场经济体，中国加快了融入东亚生产网络的步伐，并以劳动力成本优势与一系列FDI政策迅速成为东亚生产网络的制造中心。对于中国加入东亚生产网络后的状况，国内已有不少学者做了相关研究。例如，唐海燕和张会清(2008)采用净贸易指数分析中国在东亚生产网络中所处的专业化位置与竞争力，研究结果发现，随着融入的加深，中国在东亚生产网络中的专业化层次呈明显的上升趋势，半成品、零部件及资本品的国际竞争力也大幅度增强。鲁晓东和史卫(2011)通过对中国和东亚其他国家及地区的出口数据进行比较分析，认为中国的比较优势已经由以资源密集型为主的初级产品转向以劳动密集型为主的低技术产品，并且正进一步向以资本和技术密集型为主的中等技术、高技术产品过渡。喻春娇和王雪飞(2012)就东亚生产网络分工对中国制造业出口竞争力的影响进行了实证分析，研究发现，东亚生产网络分工对中国制造业整体及不同行业的出口竞争力均具有促进作用。但是，对于中国融入东亚生产网络，特别是制造业融入东亚生产网络后，产业的具体升级效果如何，还没有深入、系统的研究。因此，本节利用中国投入产出表数据和联合国商品贸易统计数据库等数据，通过建立相关指标体系，考察中国制造业融入东亚生产网络的程度。

6.2.1 指标、方法与数据说明

目前，学术界尚没有形成一致的方法来衡量一个经济体融入国际生产网络的程度。根据喻春娇和王雪飞(2012)的归纳，常见的度量方法主要有四类：一是利用投入产出表数据与国际贸易数据计算垂直专业化程度来衡量；二是通过零部件贸易流动数据来测度；三是通过跨国公司层面的微观数据，即母公司与其海外分支机构的公司内贸易数据加以衡量；四是通过跨国公司生产网络的本地嵌入性(local embeddedness)来衡量，即通过跨国公司在本地的零部件采购、生产活动的分包、本地商业服务的使用、与本地企业的研发合作等方面的"本地嵌入"来测算东道国融入跨国公司生产网络的程度。这些方法各有利弊，都是对融入国际生产网络程度的不完全测度，相比较而言，垂直专业化程度的衡量方法，即上述第一种方法由于其数据获得较为容易，产业部门划分较全面，在学术界应用广泛。因此，本书对中国制造业融入东亚生产网络程度的测算也采取该种方法。

如本书第5章所述，Hummels等(2001)提出VSS，用以衡量一国垂直专业化贸易在总出口中的比重，进而反映一国融入以垂直专业化为特征的国际生产网络的程度。计算公式为

$$\text{VSS} = \frac{\text{VS}^M}{X} = \frac{[\mu A^M (I-A^D)^{-1} X^V]}{X} \quad (6.1)$$

其中，VS^M为一国出口中的进口含量或出口中所包含的国外价值增值；$\mu = [1,1,\cdots,1]$；X^V为行业出口向量；A^M为中间产品的进口系数矩阵，A^D为国内消耗系数矩阵，并且满足$A^M + A^D = A$，A为直接消耗系数矩阵；$(I-A^D)^{-1}$为里昂惕夫逆矩阵；I为单位矩阵；X为出口总额。VSS越高，融入国际生产网络的程度越高。中国历年投入产出表均为竞争性投入产出表，也就是说我们只能计算出直接消耗系数矩阵A，无法直接获得进口系数矩阵A^M和国内消耗系数矩阵A^D。因此，这里借鉴北京大学中国经济研究中心课题组(2006)的方法，做出两点假设：第一，国民经济所有部门使用的i部门中间产品中，进口投入品的比例在各部门间相同，即按比例进口假设；第二，对于某部门的产品，定义为只有中间产品和最终产品，因此，中间产品中进口与国内生产的比例等于最终产品中进口

和国内生产的比例。用 C_i^M 和 C_i^D 表示 i 部门的最终产品中进口的和国内生产的数量；用 I_i^M 和 I_i^D 表示 i 部门的中间产品中进口的和国内生产的数量。那么，根据第二条假设可知，$\frac{C_i^M}{C_i^D}=\frac{I_i^M}{I_i^D}=\frac{I_i^M+C_i^M}{I_i^D+C_i^D}$，则有 $\lambda_i=\frac{I_i^M}{I_i^M+I_i^D}=\frac{I_i^M+C_i^M}{I_i^M+I_i^D+C_i^M+C_i^D}$，$\lambda_i$ 为进口的 i 部门产品中中间产品所占的比例，也就是说各部门的系数 λ 等于其总进口与总产品(总产出+进口-出口)之比。由于本节要对中国制造业融入东亚生产网络的程度进行测度，需计算从东亚区域进口的中间产品所占的比例，在计算这一比例时，总产出和出口数据可从历年中国投入产出表中获得，东亚区域进口的中间产品占比可以从联合国商品贸易统计数据库获得。需要指出的是，联合国商品贸易统计数据库对制造业的行业划分标准与中国投入产出表不同，因此这里我们根据盛斌(2002)的方法需要对出口数据按照《国际贸易标准分类》3.0 版进行重新分类，统一整合为 16 个制造业细分行业。用上述方法获得 λ_i 的向量后，将其分别乘以直接消耗系数矩阵 A 的各列，就可以得到来自东亚的进口系数矩阵 A^M，再由公式 $A^M+A^D=A$，得到国内消耗系数矩阵 A^D，进而通过式(6.1)计算出中国制造业总出口中从东亚进口中间产品的 VSS。

6.2.2 中国制造业融入东亚生产网络的程度与发展趋势

为了反映中国不同要素密集型制造业融入东亚生产网络的差异，我们按照谢建国(2003)的方法将制造业各行业按要素密集程度划分为劳动密集型、资本密集型及资本技术密集型三类[①]，根据上述方法对中国制造业各行业的东亚 VSS 进行测算，具体计算结果如表 6.1 所示。

表 6.1 2002~2012 年中国制造业各行业的东亚 VSS

类型	部门	2002 年	2005 年	2007 年	2010 年	2012 年	均值
劳动密集型	食品制造及烟草加工业	0.0253	0.0400	0.0513	0.0477	0.0418	0.0412
	纺织业	0.0921	0.1017	0.0739	0.0603	0.0524	0.0761
	服装皮革羽绒及其制品业	0.0848	0.0622	0.0447	0.0292	0.0243	0.0490

① 劳动密集型制造业包括食品制造及烟草加工业、纺织业、服装皮革羽绒及其制品业；资本密集型制造业包括木材加工及家具制造业、造纸印刷及文教用品制造业、化学工业、非金属矿物制品业、金属冶炼及压延加工业、金属制品业；资本技术密集型制造业包括石油加工、炼焦及核燃料加工业，通用、专用设备制造业，交通运输设备制造业，电气、机械及器材制造业，通信设备、计算机及其他电子设备制造业，仪器仪表及文化办公用机械制造业，工艺品及其他制造业。

续表

类型	部门	2002年	2005年	2007年	2010年	2012年	均值
资本密集型	木材加工及家具制造业	0.0633	0.1008	0.0532	0.0603	0.0512	0.0657
	造纸印刷及文教用品制造业	0.0505	0.0772	0.0587	0.0538	0.0528	0.0586
	化学工业	0.0806	0.1124	0.1065	0.0934	0.0862	0.0958
	非金属矿物制品业	0.0550	0.0652	0.0529	0.0447	0.0411	0.0498
	金属冶炼及压延加工业	0.0985	0.1029	0.0851	0.0991	0.1014	0.0974
	金属制品业	0.0736	0.1199	0.0985	0.0942	0.0941	0.0961
资本技术密集型	石油加工、炼焦及核燃料加工业	0.1605	0.1385	0.2028	0.2232	0.2688	0.1988
	通用、专用设备制造业	0.0751	0.1052	0.0981	0.0972	0.0976	0.0938
	交通运输设备制造业	0.0591	0.0919	0.0768	0.0754	0.0725	0.0759
	电气、机械及器材制造业	0.1238	0.1568	0.1477	0.1313	0.1270	0.1373
	通信设备、计算机及其他电子设备制造业	0.1829	0.2373	0.2114	0.1964	0.1891	0.2034
	仪器仪表及文化办公用机械制造业	0.1331	0.1712	0.1638	0.1530	0.1437	0.1530
	工艺品及其他制造业	0.0362	0.0746	0.0680	0.0324	0.0393	0.0501

资料来源：根据联合国商品贸易统计数据库及中国投入产出表计算得出

由表6.1可以看出，2002年至2012年，中国制造业各行业的东亚VSS差别较大，说明不同行业融入东亚生产网络的程度存在一定差异。

从这一期间各行业的东亚VSS的均值来看，通信设备、计算机及其他电子设备制造业，石油加工、炼焦及核燃料加工业，仪器仪表及文化办公用机械制造业与电气、机械及器材制造业等行业较高，在0.13以上；而食品制造及烟草加工业、服装皮革羽绒及其制品业与非金属矿物制品业等行业较低，不足0.05。这说明中国资本技术密集型制造业融入东亚生产网络的程度较高，而劳动密集型制造业融入程度较低。

从变化趋势来看，2002年至2012年间，除了纺织业、服装皮革羽绒及其制品业、木材加工及家具制造业和非金属矿物制品业的融入程度下降外，其他行业的融入程度都有所提高。在这十年间，融入程度也经历了起伏变化。21世纪初，在中国劳动力要素价格低廉、税收和对外贸易政策优惠的吸引下，大量日本、韩国等东亚国家的外资涌入中国制造业，而中国制造业又专业化于加工组装等生产环节，表现为对来自东亚区域中间产品的大量进口和产成品的大量出口，使中国制造业融入东亚生产网络的程度迅速提高。2005年后，特别是2008年金融危机后，受国际环境变化和国际贸易疲软的影响，再加上中国劳动力价格上涨，人民币升值，外资企业在中国的生产成本增加，迫使部分东亚跨国公司将一些加工组装等生产环节转移至其他国家，导致中国制造业融入东亚生产网络的程度有所下降。

6.3 中国制造业融入东亚生产网络的产业升级现状

根据 Ernst 和 Guerrieri(1998)的观点,产业升级表现在两个方面:产业间升级和产业内升级。产业间升级是指不同产业间的结构转换与升级,这种转变表现为产业结构由低级形态向高级形态、由低技术层次向高技术层次的转变。产业内升级是指产业素质与效率的提高,即产业内生产效率、产出水平及获利能力的提高,表现为产业内部由低技术向高技术、由低加工度向高加工度、由低附加值向高附加值的转变。我们从这两个方面考察 2002 年至 2012 年中国制造业的产业升级状况。

6.3.1 中国制造业产业间升级状况

根据前文对制造业各行业要素密集程度的划分及历年《中国工业经济统计年鉴》数据,本部分计算出中国制造业各行业产值占总产值的比重,见表 6.2。

表 6.2 中国制造业各行业产值占制造业总产值的比重

类型	部门	2002 年	2005 年	2007 年	2010 年	2012 年
劳动密集型	食品制造及烟草加工业	11.00%	9.33%	9.17%	10.05%	10.41%
	纺织业	6.50%	5.82%	5.30%	4.68%	4.43%
	服装皮革羽绒及其制品业	4.81%	3.87%	3.61%	3.32%	3.04%
	合计	22.31%	19.02%	18.08%	18.05%	17.88%
资本密集型	木材加工及家具制造业	2.12%	2.17%	2.41%	2.80%	2.70%
	造纸印刷及文教用品制造业	5.77%	4.72%	4.27%	4.06%	3.67%
	化学工业	7.49%	8.00%	7.23%	6.92%	7.07%
	非金属矿物制品业	7.13%	6.13%	6.30%	7.59%	7.70%
	金属冶炼及压延加工业	14.23%	19.60%	20.95%	18.93%	19.16%
	金属制品业	5.16%	4.37%	4.64%	4.77%	4.47%
	合计	41.90%	44.99%	45.80%	45.07%	44.77%
资本技术密集型	石油加工、炼焦及核燃料加工业	10.35%	10.08%	10.00%	10.07%	10.68%
	通用、专用设备制造业	5.13%	5.52%	5.93%	6.76%	6.81%
	交通运输设备制造业	6.06%	5.19%	5.55%	6.61%	6.41%
	电气、机械及器材制造业	4.46%	4.60%	4.91%	5.17%	5.21%
	通信设备、计算机及其他电子设备制造业	8.19%	8.92%	8.02%	6.56%	6.47%
	仪器仪表及文化办公用机械制造业	0.79%	0.92%	0.88%	0.76%	0.77%
	工艺品及其他制造业	0.80%	0.77%	0.83%	0.95%	0.99%
	合计	35.78%	36.00%	36.12%	36.88%	37.34%

资料来源:根据《中国工业经济统计年鉴》计算得出
注:本表数据因进行了约分,可能存在比例合计不等于 100%的情况

由表 6.2 可以看到，2002 年至 2012 年，中国制造业中劳动密集型产业产值占总产值的比重由 22.31%下降为 17.88%，下降了 4.43 个百分点；资本密集型制造业产值所占比重由 41.90%上升为 44.77%，上升了 2.87 个百分点，但是资本密集型制造业产值所占比重经历了先升后降的过程，2002 年至 2007 年上升了 3.90 个百分点，2007 年至 2012 年下降了 1.03 个百分点；而资本技术密集型制造业产值所占比重一直处于上升态势。这一趋势表明，融入东亚生产网络后，中国制造业产业结构已经由低技术层次向高技术层次升级；但是这一升级过程还比较缓慢，资本密集型制造业产值所占比重仍很大，资本技术密集型制造业产值所占比重上升还不够快，2002 年至 2012 年间只上升了 1.56 个百分点，说明我国制造业还处于中等技术水平。

6.3.2 中国制造业产业内升级状况

产业由低附加值能力向高附加值能力的转变是产业内部升级的一种表现形式，本部分借助净附加值比率指标对中国制造业产业内升级的状况加以测度。净附加值的概念是由中国台湾学者陈宏易(2002)在 Hummels 等(2001)的垂直专业化贸易基础上提出的，并推导出考虑国内产业循环后的净附加值计算公式：

$$\begin{aligned}VA &= VS^M - VS^N = \mu A^M (I - A^D)^{-1} X^V - \mu A^M X^V \\ &= \mu A^M [(A^D)^1 + (A^D)^2 + \cdots + (A^D)^K] X^V\end{aligned} \quad (6.2)$$

其中，VS^M 和 VS^N 分别为考虑及不考虑国内产业循环或波及效应的垂直专业化贸易额，两者相减为进口中间产品在经过国内产业循环后新创造出的价值。在国际或区域生产网络下，一国进口的中间产品在经过循环加工后创造的附加值被定义为净附加值，其占出口额的比重即净附加值比率，反映一国融入国际或区域生产网络后产业内的升级效果，该比重越大，说明融入后的获利能力越强，产业内部升级效果越好。本部分对中国制造业各行业融入东亚生产网络后的净附加值比率进行计算，结果见表 6.3。

表 6.3 中国制造业各行业融入东亚生产网络后的净附加值比率

类型	部门	2002 年	2005 年	2007 年	2010 年	2012 年
劳动密集型	食品制造及烟草加工业	1.72%	2.75%	3.43%	3.15%	2.86%
	纺织业	4.91%	6.22%	5.21%	4.28%	3.78%
	服装皮革羽绒及其制品业	4.96%	4.70%	3.24%	2.17%	1.70%
资本密集型	木材加工及家具制造业	4.08%	6.82%	3.88%	4.44%	3.16%
	造纸印刷及文教用品制造业	2.95%	4.64%	3.76%	3.62%	3.07%
	化学工业	4.36%	6.53%	6.54%	5.96%	5.79%
	非金属矿物制品业	3.42%	4.32%	3.10%	3.33%	3.00%
	金属冶炼及压延加工业	5.03%	5.69%	4.88%	5.52%	5.14%
	金属制品业	4.45%	8.05%	7.22%	7.21%	6.74%

续表

类型	部门	2002年	2005年	2007年	2010年	2012年
资本技术密集型	石油加工、炼焦及核燃料加工业	4.52%	6.14%	5.51%	5.40%	4.63%
	通用、专用设备制造业	3.86%	6.28%	5.90%	6.54%	5.92%
	交通运输设备制造业	3.39%	5.96%	5.06%	5.31%	4.46%
	电气、机械及器材制造业	6.40%	9.25%	9.25%	8.90%	8.68%
	通信设备、计算机及其他电子设备制造业	7.17%	9.26%	8.61%	8.70%	7.47%
	仪器仪表及文化办公用机械制造业	5.01%	6.74%	6.63%	7.11%	7.69%
	工艺品及其他制造业	2.18%	4.86%	4.86%	1.84%	1.76%

资料来源：根据联合国商品贸易统计数据库及中国投入产出表计算得出

由表6.3可以发现，2002年至2012年期间，来自东亚的中间产品在中国制造业创造的净附加值比率，除了纺织业、服装皮革羽绒及其制品业、木材加工及家具制造业、非金属矿物制品业和工艺品及其他制造业下降外，其他11个产业部门的净附加值比率均呈上升态势，而且这些呈上升态势的产业部门主要集中在资本密集型和资本技术密集型制造业，说明在这一期间，我国制造业产业外部升级与产业内部升级是同步一致的。

但是，从制造业各产业部门出口中来自东亚中间产品创造的净附加值比率的动态特征看，其呈现出波动的发展趋势。2002年至2005年，各产业部门的净附加值比率大幅度提高，而2007年及以后却出现下降。这一方面说明2005年以前，中国制造业主要靠低廉的劳动力成本获利，随着劳动力价格的上升，成本优势不再存在，导致净附加值比率下降。另一方面，这一先升后降的趋势正好呼应了中国制造业融入东亚生产网络程度的发展趋势，说明中国制造业融入东亚生产网络程度越高，所创造的净附加值比率越高，反之则越低。这充分说明，积极参与国际分工，融入国际生产网络，不仅可以加速国内产业结构升级，更能加速产业获利能力和产业效率的提高，特别是对于资本密集型和资本技术密集型制造业，积极参与国际分工，不仅可以更多地获利，还可以通过国际交流，提高技术与管理水平，创造品牌效应，从而提高我国制造业在国际上的影响力与竞争力。

6.4 融入东亚生产网络对中国制造业产业升级影响的实证检验

为了从数量上更准确地考察融入东亚生产网络对中国制造业产业升级的影响，本节将参照张明志和李敏(2011)的方法构建计量模型，进行深入分析。

6.4.1 变量选取与模型设定

如 6.3 节所述,产业升级分为产业间升级与产业内升级,我们分别用制造业各行业(i)t期的产值占制造业总产值的比重T_{it}和净附加值率P_{it}表示。鉴于产业升级除了受参与国际生产网络分工、出口依存等外部因素的影响外,还受资本投入及技术进步与管理水平等内部因素的影响,这里选取制造业融入东亚生产网络的程度VSS_{it}、出口依存度EX_{it}、固定资产投入K_{it}及全员劳动生产率$PROD_{it}$作为解释变量。数据来源于历年《中国工业经济统计年鉴》《中国统计年鉴》及前文计算结果。为了分析融入东亚生产网络对不同要素密集型制造业产业升级效应的差异,对于样本中的混合截面数据,选择加权最小二乘法进行估计,并引入虚拟变量D_1和D_2以区分行业类型。D_1和D_2均为 0 表示劳动密集型制造业;$D_1=1$,$D_2=0$,表示资本密集型制造业;$D_1=0$,$D_2=1$,表示资本技术密集型制造业。虚拟变量与 VSS 的交互项则代表不同类型制造业融入东亚生产网络对产业升级的影响。μ_{it}是随机扰动项。

6.4.2 影响因素的实证检验

1. 产业间升级效应的检验

融入东亚生产网络对中国制造业产业间升级效应的模型如下:

$$T_{it} = C + \alpha_1 VSS_{it} + \alpha_2 EX_{it} + \alpha_3 PROD_{it} + \alpha_4 K_{it} + \alpha_5 D_1 \times VSS_{it} \\ + \alpha_6 D_2 \times VSS_{it} + \mu_{it} \quad (6.3)$$

依据数据,利用 Stata13.1 软件,得到回归结果,如表 6.4 所示。

表 6.4 融入东亚生产网络对中国制造业产业间升级影响的回归结果

解释变量	回归系数	t 值	p 值
C	0.0960	0.06	0.155
VSS	0.4856***	2.70	0.009
EX	4.5249*	3.67	0.086
PROD	0.2278***	4.59	0.000
K	1.8658**	2.15	0.035
VSS×D_1	−0.4385***	−3.36	0.001
VSS×D_2	−0.2603*	−1.95	0.055
R^2=0.6394		Prob. (F-statistic)=0.0000	

*、**、***分别表示在 10%、5%和 1%的水平上显著

回归结果(表 6.4)显示,各解释变量均通过显著性检验。当虚拟变量D_1和D_2都

为 0 时，VSS 系数为 0.4856；当 $D_1=1$，$D_2=0$ 时，VSS 系数为 0.0471；当 $D_1=0$，$D_2=1$ 时，VSS 系数为 0.2253，即 VSS 系数全部为正，表示提高制造业融入东亚生产网络的程度，对制造业产业间升级，亦即产业结构升级具有正向效应。但是不同类型的产业影响效应不同，劳动密集型制造业不具有竞争优势，融入程度低，产业比重必然快速下降，这正是产业结构优化的表现；资本技术密集型制造业融入程度高，产业升级也快，融入程度每提高 1 个百分点，产业比重增加 0.2253 个百分点；资本密集型制造业融入程度提高缓慢，产业升级效果也缓慢。这一结果表明我国制造业融入国际生产网络的速度和程度直接影响产业间的升级。同时我们也可以看出，出口依存度 EX_{it}、固定资产投入 K_{it} 及全员劳动生产率 $PROD_{it}$ 的提高，也可促进中国制造业产业间的升级。

2. 产业内升级效应的检验

为了检验融入东亚生产网络对制造业内部升级的影响，我们构建如下计量模型：

$$P_{it} = C + \alpha_1 VSS_{it} + \alpha_2 EX_{it} + \alpha_3 PROD_{it} + \alpha_4 K_{it} + \mu_{it} \tag{6.4}$$

依据数据，利用 Stata13.1 软件，回归结果如表 6.5 所示。回归结果显示，各解释变量均通过显著性检验。VSS 的系数为正，说明融入东亚生产网络对中国制造业整体内部升级呈正向效应，也就是说，通过融入东亚生产网络提高了中国制造业在产业循环与产业波及过程中的附加值能力。

表 6.5 融入东亚生产网络对中国制造业整体内部升级影响的回归结果

解释变量	回归系数	t 值	p 值
C	5.3452***	8.06	0.000
VSS	0.4022***	11.24	0.000
EX	−4.4057***	−3.24	0.002
PROD	0.1012***	4.72	0.000
K	−1.5213***	−4.27	0.000
R^2=0.7048		Prob.(F-statistic)=0.0000	

***表示在 1%的水平上显著

另外，模型中全员劳动生产率 $PROD_{it}$ 的系数为正，说明全员劳动生产率的提高直接促进制造业附加值能力的提升；出口依存度 EX_{it} 和固定资产投入 K_{it} 的系数为负，说明过度依赖进口加工再出口，产业的盲目、重复投资将大大降低制造业的附加值能力。

为了进一步分析不同要素密集型制造业产业内升级效应的差异，将区分行业

类型的虚拟变量引入式(6.4)，得

$$P_{it} = C + \alpha_1 \text{VSS}_{it} + \alpha_2 \text{EX}_{it} + \alpha_3 \text{PROD}_{it} + \alpha_4 K_{it} + \alpha_5 D_1 \times \text{VSS} \\ + \alpha_6 D_2 \times \text{VSS} + \mu_{it} \quad (6.5)$$

同样，利用 Stata13.1 软件，得到回归结果，如表 6.6 所示。

表 6.6 融入东亚生产网络对不同要素密集型制造业产业内升级影响的回归结果

解释变量	回归系数	t 值	p 值
C	5.2111***	9.21	0.000
VSS	0.4918***	7.49	0.000
EX	−4.5737***	−3.96	0.000
PROD	0.1072***	5.92	0.000
K	−2.0931***	−6.63	0.000
VSS×D_1	0.1192**	2.51	0.014
VSS×D_2	−0.0520	−1.07	0.189
R^2=0.7964		Prob.(F-statistic)=0.0000	

、*分别表示在 5%和 1%的水平上显著

回归结果(表 6.6)显示，除了 VSS×D_2 交叉项系数不显著外，其他系数均通过显著性检验。系数表明，融入东亚生产网络对劳动密集型制造业和资本密集型制造业产业内升级，即净附加值比率的提升具有显著的正向作用，并且对资本密集型制造业的作用为 0.6110，大于对劳动密集型制造业的作用 0.4918。但是，对参与东亚生产网络分工程度最大的资本技术密集型制造业净附加值比率的提升作用并不显著。形成这一结果的主要原因在于中国资本技术密集型制造业虽然在产业结构中的比重逐渐上升，但是其大量的产出及出口实际上是由境外跨国公司主导的。从产品内分工的角度来看，中国资本技术密集型制造业往往专业化于加工组装等生产环节，而在设计与研发、营销与售后等高端生产环节较为薄弱，企业缺乏核心技术和自主创新能力，在国际分工中处于价值链低端的被动从属地位，难以获得更高的净附加值。另外，中国资本技术密集型制造业在东亚生产网络中对日本、韩国的相关核心技术还存在严重的依赖性，这也制约了中国资本技术密集型制造业净附加值比率的增长，使产业内升级效应对融入程度的影响不够显著。

通过本章对中国制造业融入东亚生产网络的程度和产业升级状况的描述与计量分析，我们可以得到以下结论。

第一，中国制造业各行业融入东亚生产网络的程度存在差异，劳动密集型行业的融入程度较低，资本技术密集型行业融入程度较高。从变化趋势看，融入程度经历了起伏变化。21 世纪初，凭借生产要素的价格优势与优惠的对外贸易政策，

中国制造业迅速融入东亚生产网络，表现为各行业出口中的"东亚成分"快速提升，中国成为亚洲乃至世界重要的"制造中心"。2005年后，特别是2008年金融危机后，受国际环境变化、国际贸易疲软、劳动力成本上升及人民币升值等因素的影响，中国制造业融入东亚生产网络的程度有所回落。

第二，融入东亚生产网络后，中国制造业产业间升级与产业内升级都有明显效果。劳动密集型制造业比重大幅度下降，资本密集型制造业与资本技术密集型制造业比重明显上升，反映出融入东亚生产网络后，中国制造业产业结构已经由低技术层次向高技术层次转变，但这一过程还比较缓慢，中国制造业仍处于中等技术水平；从各产业净附加值比率看，大部分行业呈上升态势，而且这些行业多集中在资本密集型和资本技术密集型制造业，说明融入东亚生产网络加速了中高端制造业的获利能力和产业效率的提高，实现了产业内由低附加值能力向高附加值能力的跃升。

第三，引入多变量的计量分析结果显示，融入东亚生产网络，对中国制造业产业间升级与制造业整体内部升级均有显著的正向促进作用。但是对不同要素密集型产业，其内部升级效果却存在明显差异。由于中国制造业还处于中等技术水平，资本密集型制造业在融入东亚生产网络后的内部升级效果最快，劳动密集型制造业由于劳动力成本优势，内部升级效果也较为显著，而资本技术密集型制造业由于缺乏核心技术和自主创新能力，竞争力还不够强，虽然内部升级效果的动态特征是随着融入东亚生产网络程度的加深而上升，但是这种上升并不是由融入程度决定的，而是由其他因素决定的。

在中国经济呈现出新常态的背景下，为了使中国制造业从参与东亚生产网络的分工模式中获得全面的产业升级效应，我国应致力于积极寻求参与国际分工的新途径，促进产业内外升级同步发展。近年来，随着全球经济形势的变化及劳动力成本的上升，中国参与国际分工的比较优势也在发生着实质性变化，廉价劳动力成本的比较优势正在减弱，资本的充足程度及技术的先进性仍在提高中。因此，中国应在继续发挥传统要素比较优势的基础上，尽快寻找基于高端要素竞争优势融入东亚生产网络的新途径。一方面，进一步吸引资本技术密集型行业的跨国公司投资，深化与发达经济体在高端产业及生产环节方面的合作，培育新的具有资本、技术优势特别是信息技术优势的产业融入国际生产网络，逐步改善中国在国际生产网络中的分工地位。另一方面，加大对外投资力度，以"走出去"带动产业结构转型。培育一批跨国企业，鼓励其开展对外投资，通过推动装备、技术、服务等生产要素"走出去"，使中国深度嵌入全球产业链、价值链的高端。从东亚区域来看，中国—东盟自由贸易区已全面建成，中国应抓住这一契机，在相对于越南、柬埔寨、缅甸等东盟国家拥有资本技术优势的基础上，积极利用自由贸易区的优惠条件，扩大对东盟区域的直接投资，提高资源配置效率与产业获利能力。

另外，随着信息化、数字化的迅猛发展，服务业在出口价值转移中的作用越来越明显。更多的跨国公司为了实现规模经济，降低经营成本，将生产过程中的服务环节以 FDI 或外包的形式转移给第三方运营，如研发设计、采购、物流、人力资源管理、客户关系管理、财务会计等生产性服务业。中国应抓住国际服务外包的产业转移机遇，开展加快发展现代服务业的行动，放宽市场准入条件，促进服务业优质高效地发展。推动生产性服务业向专业化和价值链高端扩展，将产业结构调整的重点放到研发设计、物流运输、营销与售后、供应链管理等制约国际分工地位提升的关键环节和生产性服务业上来，充分挖掘发展生产性服务业的要素供给优势，积极抢占国际服务外包市场，构建以生产性服务业为基础的主导行业竞争优势，掌握全球价值链的高附加值环节，促进制造业由生产型向生产服务型转变，实现产业内外的全面升级。

参 考 文 献

白钦先, 高霞. 2015. 日本产业结构变迁与金融支持政策分析[J]. 现代日本经济, (2): 1-11.
北京大学中国经济研究中心课题组. 2006. 中国出口贸易中的垂直专门化与中美贸易[J]. 世界经济, (5): 3-11.
波特 M. 1997. 竞争优势[M]. 陈小悦译. 北京: 华夏出版社.
卜国琴. 2007. 全球生产网络与中国产业升级研究[D]. 广州: 暨南大学.
陈丰龙, 徐康宁. 2012. 中国出口贸易垂直专业化的地区差异及其影响因素[J]. 世界经济研究, (6): 52-57.
陈宏易. 2002. 从国际垂直分工的观点探讨台湾贸易的形态及其动态[J]. 台湾经济预测与政策, (2): 60-92.
陈娟. 2009. 新世纪以来印尼经济结构调整与经济发展[D]. 武汉: 中南民族大学.
陈文府. 2015. 中国制造业参与全球价值链的竞争力——基于世界投入产出表的国际比较研究[J]. 产业经济研究, (5): 1-11.
陈锡康. 1991. 投入产出技术的发展趋势与国际动态[J]. 系统工程理论与实践, (2): 44-50.
戴翔. 2015. 中国制造业国际竞争力——基于贸易附加值的测算[J]. 中国工业经济, (1): 78-88.
代中强, 梁俊伟. 2007. 分工与贸易利益: 理论演进与中国经验[J]. 当代财经, (9): 104-108.
丁一兵, 刘璐, 傅缨捷. 2013. 中国在东亚区域贸易中的地位变化与其经济结构调整[J]. 国际商务——对外经济贸易大学学报, (4): 5-14.
杜宇玮. 2011. 国际代工的锁定效应及其超越[D]. 南京: 南京大学.
范文祥. 2010. 国际产业转移对我国产业结构升级的阶段性影响分析[J]. 经济地理, (4): 619-623.
傅京燕, 李丽莎. 2010. 环境规制、要素禀赋与产业国际竞争力的实证研究——基于中国制造业的面板数据[J]. 管理世界, (10): 87-98.
耿楠. 2011. 东亚生产网络发展及其与外部市场关系考察[J]. 亚太经济, (1): 32-37.
关志雄. 2002. 模块化与中国的工业发展[EB/OL]. http://www.rieti.go.jp/users/kan-si-yu/cn/c020816.html[2010-04-12].
郭克莎. 2000. 外商直接投资对我国产业结构的影响研究[J]. 管理世界, (2): 34-45.
郭亦玮, 郭晶, 杨艳. 2012. 基于非竞争型投入占用产出模型的中国制造业出口复杂度测度分析[J]. 管理世界, (5): 182-183.
韩斌. 2009. 基于区域间投入产出分析的成渝经济区产业关联研究[D]. 成都: 西南交通大学.
呼子彻. 2005. 采用投入产出模型对韩国经济的分析[C]//中村哲, 王玉茹译. 东亚近代经济的形成与发展——东亚近代经济形成史(一). 北京: 人民出版社: 283-298.
胡超, 王新哲. 2012. 后危机时代东亚区域生产网络的困境与转型[J]. 国际商务——对外经济贸易大学学报, (2): 76-86.
胡晶. 2013. 去工业化视角下:新加坡产业结构调整研究[D]. 南昌: 江西财经大学.
胡石其. 2000. 90年代东亚产业结构调整的特点[J]. 湘潭师范学院学报, (1): 52-54.

胡昭玲. 2007. 国际垂直专业化对中国工业竞争力的影响分析[J]. 财经研究, (4): 18-27.
胡昭玲, 张咏华. 2012. 中国制造业国际垂直专业化分工链条分析——基于非竞争型投入产出表的测算[J]. 财经科学, (9): 42-50.
户怀树. 2009. 新世纪以来马来西亚经济结构调整与发展研究[D]. 武汉: 中南民族大学.
华晓红, 周晋竹, 宫毓雯. 2013. 全球价值链与东亚生产网络[J]. 国际贸易, (7): 12-17.
黄亮雄, 安苑, 刘淑琳. 2013. 中国的产业结构调整: 基于三个维度的测算[J]. 中国工业经济, (10): 70-82.
黄庆波, 郭璐, 赵昌平. 2013. 中国服装出口产业升级路径——基于全球生产网络的视角[J]. 国际经济合作, (9): 69-72.
黄先海, 韦畅. 2007. 中国制造业出口垂直专业化程度的测度与分析[J]. 管理世界, (4): 158-159.
黄先海, 杨高举. 2009. 高技术产业的国际分工地位: 文献述评与新的分析框架[J]. 浙江大学学报(人文社会科学版), (6): 145-154.
黄先海, 杨高举. 2010. 中国高技术产业的国际分工地位研究:基于非竞争型投入占用产出模型的跨国分析[J]. 世界经济, (5): 82-100.
简新华, 叶林. 2011. 改革开放以来中国产业结构演进和优化的实证分析[J]. 当代财经, (1): 93-102.
江小涓. 2005. 产业结构优化升级: 新阶段和新任务[J]. 财贸经济, (4): 3-9.
金碚, 李鹏飞, 廖建辉. 2013. 中国产业国际竞争力现状及演变趋势——基于出口商品的分析[J]. 中国工业经济, (5): 5-17.
金芳. 2004. 产业全球化及其对中国产业发展的影响[J]. 世界经济研究, (9): 49-53.
金戈. 2010. 产业结构变迁与产业政策选择——以东亚经济体为例[J]. 经济地理, (9): 1517-1523.
金继红, 张琦. 2007. 中日产业相互依存关系——1990-1995-2000 年国际投入产出表的实证分析[J]. 现代日本经济, (2): 15-19.
金京, 戴翔, 张二震. 2013. 全球要素分工背景下的中国产业转型升级[J]. 中国工业经济, (11): 57-69.
雷达, 雷昭明. 2015. 金融危机冲击下的东亚生产网络体系[J]. 当代亚太, (3): 113-129, 159-160.
黎峰. 2015. 全球生产网络下的国际分工地位与贸易收益——基于主要出口国家的行业数据分析[J]. 国际贸易问题, (6): 33-42.
李非, 胡少东. 2009. 台湾经济发展规律探析——以经济增长、产业结构演变及对外贸易为视角[J]. 厦门大学学报(哲学社会科学版), (4): 65-71.
李京文, 郑友敬. 1989. 技术进步与产业结构——选择[M]. 北京: 经济科学出版社.
李善同, 钟思斌. 1998. 我国产业关联和产业结构变化的特点分析[J]. 管理世界, (3): 61-68.
李相文, 韩镇涉, 叶绿茵. 1988. 亚洲"四小龙"[M]. 北京: 新华出版社.
李晓, 丁一兵, 秦婷婷. 2005. 中国在东亚经济中地位的提升: 基于贸易动向的考察[J]. 世界经济与政治论坛, (5): 1-7.
李晓, 冯永琦. 2009. 中日两国在东亚区域内贸易中地位的变化及其影响[J]. 当代亚太, (6): 26-46.
李晓, 张建平. 2009. 中韩产业关联的现状及其启示: 基于《2000 年亚洲国际投入产出表》的分析[J]. 世界经济, (12): 40-52.
李晓, 张建平. 2010a. 东亚产业关联的研究方法与现状——一个国际/国家间投入产出模型的综述[J]. 经济研究, (4): 147-160.

李晓, 张建平. 2010b. 推进长吉图开发开放先导区建设的政策建议——基于地区间产业关联研究的结论[J]. 东北亚论坛, 19(3): 3-10.

李昕. 2012. 贸易总额与贸易差额的增加值统计研究[J]. 统计研究, (10): 15-22.

李玉梅. 2015. 东亚产业结构变迁中的"候鸟经济"现象与我国沿海产业转移因应策略[J]. 国际贸易, (11): 43-48.

厉无畏, 王慧敏. 2002. 产业发展的趋势研判与理性思考[J]. 中国工业经济, (4): 5-11.

梁优彩, 郭斌斌. 1990. 国际投入产出表简介[J]. 数量经济技术经济研究, (12): 60-66.

廖泽芳, 宁凌. 2013. 中国的全球价值链地位考察——基于附加值贸易视角[J]. 国际商务——对外经济贸易大学学报, (6): 21-30.

林白鹏. 1993. 中国消费结构与产业结构关联研究[M]. 北京: 中国财政经济出版社.

林桂军, 汤碧, 沈秋君. 2012. 东亚区域生产网络发展与东亚区域经济合作的深化[J]. 国际贸易问题, (11): 3-18.

林秀梅, 唐乐. 2015. 全球生产网络下出口贸易价值含量的国际比较基于金砖国家国际投入产出模型[J]. 国际经贸探索, (10): 39-51.

刘春生. 2010. 东亚区域生产网络的构建研究[J]. 中央财经大学学报, (6): 81-85.

刘德伟. 2015. 东亚区域生产网络与全球经济失衡[M]. 北京: 经济管理出版社.

刘林青, 李文秀, 张亚婷. 2009. 比较优势、FDI和民族产业国际竞争力——"中国制造"国际竞争力的脆弱性分析[J]. 中国工业经济, (8): 47-57.

刘林青, 谭力文. 2006. 产业国际竞争力的二维评价——全球价值链背景下的思考[J]. 中国工业经济, (12): 37-44.

刘仕国, 吴海英, 马涛, 等. 2015. 利用全球价值链促进产业升级[J]. 国际经济评论, (1): 64-84.

刘树林, 牛海涛, 余谦, 等. 2012. 产业经济学[M]. 北京: 清华大学出版社.

刘伟. 1992. 经济发展与结构转换[M]. 北京: 北京大学出版社.

刘伟. 1995. 工业化进程中的产业结构研究[M]. 北京: 中国人民大学出版社.

刘小瑜. 2002. 中国产业结构的投入产出分析[D]. 南昌: 江西财经大学.

刘志彪, 张杰. 2007. 全球代工体系下发展中国家俘获型网络的形成、突破与对策——基于GVC与NVC的比较视角[J]. 中国工业经济, (5): 39-47.

刘志彪, 张杰. 2009a. 从融入全球价值链到构建国家价值链:中国产业升级的战略思考[J]. 学术月刊, (9): 59-68.

刘志彪, 张杰. 2009b. 我国本土制造业企业出口决定因素的实证分析[J]. 经济研究, (8): 99-112, 159.

刘中伟. 2014. 东亚生产网络、全球价值链整合与东亚区域合作的新走向[J]. 当代亚太, (4): 126-156.

鲁晓东, 史卫. 2011. 中国正在挤出东亚其他国家和地区的出口吗[J]. 国际贸易问题, (8): 89-100.

吕明元, 尤萌萌. 2013. 韩国产业结构变迁对经济增长方式转型的影响——基于能耗碳排放的实证分析[J]. 世界经济研究, (7): 73-80.

马建堂. 1990. 周期波动和结构变动[M]. 长沙: 湖南教育出版社.

马明. 2012. 我国汽车产业的产业关联及效率演进研究[D]. 长春: 吉林大学.

马明, 林秀梅. 2011. 日本汽车产业关联分析及对中国产业发展的启示——在日本大地震的背景下[J]. 东北亚论坛, (6): 83-90.
毛捷, 杨晓兰. 2002. 东亚地区产业区域转移新特点探析——兼论其对我国产业结构调整和升级战略的借鉴[J]. 软科学, (1): 23-28.
梅耀林, 张培刚. 2007. 产业发展理论回顾及应用研究——以盐城市盐都区产业发展定位为例[J]. 河南科学, (6):1077-1080.
孟猛. 2012. 中国在国际分工中的地位:基于出口最终品全部技术含量与国内技术含量的跨国比较[J]. 世界经济研究, (3): 17-21.
慕海平. 1993. 世界产业结构变化趋势、影响及我国的对策[J]. 世界经济, (8): 31-36.
潘文卿, 娄莹, 张亚雄. 2016. 中国与东亚及美国的贸易流转: 空间结构与反馈回路[J]. 经济学报, (2): 21-41.
裴长洪. 2006. 吸收外商直接投资与产业结构优化升级——"十一五"时期利用外资政策目标的思考[J]. 中国工业经济, (1): 33-39.
彭支伟. 2009. 东亚生产与贸易一体化——结构、机制与外部冲击[D]. 天津: 南开大学.
彭支伟, 刘钧霆. 2008. 东亚垂直专业化分工的发展及其影响因素的实证研究[J]. 世界经济研究, (12): 74-86.
齐良书. 1998. 世纪之交的东亚产业结构调整与中国[J]. 世界经济研究, (1): 20-22.
秦长城. 2014. 东亚生产网络的调整与中国产业升级[D]. 北京: 中国社会科学院研究生院.
秦婷婷. 2008. 东亚区域产业转移研究[D]. 长春: 吉林大学.
沈玉良. 1998. 制度变迁与结构变动上海产业结构合理化研究[M]. 上海: 上海财经大学出版社.
盛斌. 2002. 中国对外贸易政策的政治经济分析[M]. 上海: 上海人民出版社.
盛斌, 陈帅. 2015. 全球价值链如何改变了贸易政策: 对产业升级的影响和启示[J]. 国际经济评论, (1): 85-97.
盛斌, 马涛. 2008. 中国工业部门垂直专业化与国内技术含量的关系研究[J]. 世界经济研究, (8): 61-67.
施振荣. 2005. 全球品牌大战略——品牌先生施振荣观点[M]. 北京: 中信出版社.
史明珠, 王建华. 2006. 对我国垂直专业化贸易影响因素的实证研究[J]. 国际商务——对外经济贸易大学学报, (5): 5-8.
世界银行. 2001. 东亚的复苏与超越[M]. 朱文晖, 王玉清译. 北京: 中国人民大学出版社.
孙浩进. 2013. 东亚国际产业转移中的区域福利效应比较研究[J]. 世界经济与政治论坛, (6): 52-66.
孙瑾, 张旭, 王硕琦. 2014. 东亚地区经济增长变革与产业结构调整[J]. 亚太经济, (3): 8-13.
孙尚清, 马建堂. 1988. 中国产业结构研究[M]. 北京: 中国社会科学出版社, 太原: 山西人民出版社.
谭力文, 马海燕, 刘林青. 2008. 服装产业国际竞争力——基于全球价值链的深层透视[J]. 中国工业经济, (10): 64-74.
汤婧, 于立新. 2012. 我国对外直接投资与产业结构调整的关联分析[J]. 国际贸易问题, (11): 42-49.
唐海燕, 张会清. 2008. 中国崛起与东亚生产网络重构[J].中国工业经济, (12): 60-70.
田文. 2005. 产品内贸易的定义、计量及比较分析[J]. 财贸经济, (5): 77-79.
汪斌. 1997. 东亚工业化浪潮中的产业结构研究[M]. 杭州: 杭州大学出版社.

参考文献

汪斌. 1998. 东亚国际产业分工的发展和21世纪的新产业发展模式——由"雁行模式"向"双金字塔模式"的转换[J]. 亚太经济, (7): 1-5.

汪斌. 2001. 当代国际区域产业结构整体性演进的理论研究和实证分析[J]. 浙江大学学报(人文社会科学版), (3): 60-72.

汪斌. 2002. 基于全球视角的产业结构研究——一个新的切入点和研究框架[J]. 社会科学战线, (2): 22-27.

汪斌. 2004. 全球化浪潮中当代产业结构的国际化研究[M]. 北京: 中国社会科学出版社.

汪斌. 2006. 中国产业: 国际分工地位和结构的战略性调整[M]. 北京: 光明日报出版社.

王静文. 2007. 东亚区域生产网络研究[D]. 长春: 吉林大学.

王科唯. 2009. 中日制造业产业关联研究——基于投入产出分析方法[D]. 沈阳: 辽宁大学.

王岚. 2014. 融入全球价值链对中国制造业国际分工地位的影响[J]. 统计研究, (5): 17-23.

王乐平. 1990. 赤松要及其经济理论[J]. 日本问题, (3): 117-126.

王述英, 姜琰. 2001. 论产业全球化和我国产业走向全球化的政策选择[J]. 世界经济与政治, (10): 44-49.

王耀平. 2011. 赶超战略下东亚产业结构调整的"极限"[D]. 沈阳: 辽宁大学.

王勇. 2016. 中日间经济影响的乘数效应、溢出效应与反馈效应——基于中日国际投入产出表的研究[J]. 国际贸易问题, (4): 83-94.

王育琨. 1989. 我国产业结构研究的新进展[J]. 管理世界, (5): 206-207.

王中华, 梁俊伟. 2010. 中国参与国际垂直专业化分工的行业国际竞争力效应分析[J]. 经济问题探索, (9): 110-114.

文东伟, 冼国明. 2009. 垂直专业化与中国制造业贸易竞争力[J]. 中国工业经济, (6): 77-87.

肖红军. 2015. 韩国产业政策新动态及启示[J]. 中国经贸导刊, (4):12-14.

谢建国. 2003. 外商直接投资与中国的出口竞争力——一个中国的经验研究[J]. 世界经济研究, (7): 34-39.

徐久香, 方齐云. 2013. 基于非竞争型投入产出表的我国出口增加值核算[J]. 国际贸易问题, (11): 34-44.

杨高举, 黄先海. 2013. 内部动力与后发国分工地位升级——来自中国高技术产业的证据[J]. 中国社会科学, (2): 25-45.

杨丽. 2014. 韩国优化产业结构的经验及对中国的启示[J]. 中国市场, (4): 24-27.

杨治. 1985. 产业经济学导论[M]. 北京: 中国人民大学出版社.

喻春娇. 2014. 中国在东亚生产网络中的分工效应研究[M]. 北京: 人民出版社.

喻春娇, 陈咏梅, 张洁莹. 2010. 中国融入东亚生产网络的贸易利益——基于20个工业部门净附加值的分析[J]. 财贸经济, (2): 70-77.

喻春娇, 王雪飞. 2012. 东亚生产网络分工提高了我国制造业的出口竞争力吗[J]. 国际贸易问题, (5): 53-63.

喻春娇, 张洁莹. 2010. 中国融入东亚跨国生产网络的影响因素分析[J]. 亚太经济, (1): 11-15.

曾铮, 张路路. 2008. 全球生产网络体系下中美贸易利益分配的界定——基于中国制造业贸易附加值的研究[J]. 世界经济研究, (1): 36-43.

张彬, 桑百川. 2015. 中国制造业参与国际分工对升级的影响与升级路径选择——基于出口垂直专业化视角的研究[J]. 产业经济研究, (5): 12-20.

张伯伟, 胡学文. 2011. 东亚区域生产网络的动态演变——基于零部件贸易产业链的分析[J]. 世界经济研究, (3): 81-86.

张光南, 陈广汉. 2009. 香港对外贸易与经济增长和产业结构升级——"一国两制"和改革开放的成功结合与实践[J]. 国际经贸探索, (1): 4-8.

张辉. 2004. 全球价值链理论与我国产业发展研究[J]. 中国工业经济, (5): 38-46.

张辉. 2005. 全球价值链下地方产业集群升级模式研究[J]. 中国工业经济, (9): 11-18.

张会清. 2009. 新国际分工、全球生产网络与中国制造业发展[D]. 上海: 华东师范大学.

张纪康. 2000. 论世界经济全球化中的产业国际化及其不平衡发展[J]. 世界经济与政治, (5): 75-80.

张建红, 葛顺奇, 周朝鸿. 2012. 产业特征对产业国际化进程的影响——以跨国并购为例[J]. 南开经济研究, (2): 3-19.

张建平. 2007. 东亚各国(地区)产业结构比较研究[D]. 长春: 吉林大学.

张建平. 2010. 东亚产业关联研究[D]. 长春: 吉林大学.

张建平, 边祺. 2009. 中国东北地区与韩国产业关联研究[J]. 社会科学战线, (2): 69-80.

张捷, 周雷. 2012. 国际分工对产业结构演进的影响及其对我国的启示——基于新兴工业化国家跨国面板数据的经验分析[J]. 国际贸易问题, (1): 38-49.

张坤. 2013. 东亚新贸易模式的形成与转型——基于中国地位及作用的考察[J]. 世界经济研究, (10): 75-80.

张丽娜. 2016. 基于国际投入产出关系的国内消费行业就业带动效率[J]. 人口与经济, (1): 78-88.

张明志, 李敏. 2011. 国际垂直专业化分工下的中国制造业产业升级及实证分析[J]. 国际贸易问题, (1): 118-128.

张鹏, 王娟. 2016. 全球生产网络中国产业升级结构封锁效应及突破[J]. 科学学研究, (4): 520-557.

张平. 2005. 论中国区域产业结构演讲的特征[J]. 武汉大学学报(哲学社会科学版), (3): 294-299.

张其仔. 2008. 比较优势的演化与中国产业升级路径的选择[J]. 中国工业经济, (9): 58-68.

张其仔. 2014. 中国能否成功地实现雁阵式产业升级[J]. 中国工业经济, (6): 18-30.

张琴. 2012. 国际产业转移对我国产业结构的影响研究——基于1983-2007年外商直接投资的实证分析[J]. 国际贸易问题, (4): 137-144.

张少军, 刘志彪. 2009. 全球价值链模式的产业转移——动力、影响与对中国产业升级和区域协调发展的启示[J]. 中国工业经济, (11): 5-15.

张小蒂, 孙景蔚. 2006. 基于垂直专业化分工的中国产业国际竞争力分析[J]. 世界经济, (5): 12-21.

张亚雄, 赵坤. 2006. 区域间投入产出分析[M]. 北京: 社会科学文献出版社.

张咏华. 2013. 中国制造业在国际垂直专业化分工体系中的地位——基于增加值角度的分析[D]. 天津: 南开大学.

张咏华. 2015. 制造业全球价值链及其动态演变——基于国际产业关联的研究[J]. 世界经济研究, (6): 61-70.

张宇馨. 2014a. 我国与东亚国家和地区中间品贸易面临的挑战及对策[J]. 经济纵横, (8): 111-116.

张宇馨. 2014b. 中国与东亚中间品贸易发展现状及挑战[J]. 世界经济与贸易, (6): 46-51.

赵张耀, 汪斌. 2005. 网络型国际产业转移模式研究[J]. 中国工业经济, (10): 12-19.

郑京淑, 李佳. 2007. "后雁形模式"与东亚贸易结构的变化[J]. 世界经济与政治论坛, (2): 6-11.
郑昭阳, 孟猛. 2009. 中国对外贸易的相对技术水平变化分析[J]. 世界经济研究, (10): 45-52.
郑昭阳, 孟猛. 2011. 基于投入产出法对中国出口中价值含量的分析[J]. 南开经济研究, (2): 3-15.
周劲. 2013. 日本、韩国产业结构升级过程中比较优势的变化及启示[J]. 经济纵横, (1): 108-112.
周小兵. 2012. 亚太地区经济结构变迁研究(1950-2010)[M]. 北京: 社会科学文献出版社: 101.
周昕. 2013. 东亚生产网络的形成与深化: 理论和实证研究[D]. 天津: 南开大学.
周振华. 1995. 现代经济增长中的结构效应[M]. 上海: 上海三联书店.
朱妮娜, 叶春明. 2011. 全球及东亚区域生产网络研究文献综述[J]. 云南财经大学学报, (6): 18-23.
宗毅君. 2008. 国际产品内分工与进出口贸易——基于我国工业行业面板数据的经验研究[J]. 国际贸易问题, (2): 7-13.
邹晓涓. 2010. 东亚地区产业转移和结构变动解析[J]. 亚太经济, (6): 15-18.
Lau L J, 陈锡康, 杨翠红. 2007. 非竞争型投入占用产出模型及其应用——中美贸易顺差透视[J]. 中国社会科学, (5): 91-103.
Amiti M, Wei S J. 2006. Service offshoring and productivity: evidence from the US [R]. NBER Working Paper, No. 11926.
Ando M. 2006. Fragmentation and vertical intra-industry trade in East Asia[J]. The North American Journal of Economics and Finance, 17(3): 257-281.
Arndt S W. 1997. Globalization and the open economy[J]. The North American Journal of Economics and Finance, (1): 71-79.
Arndt S W, Kierzkowski H. 2001. Fragmentation: New Production Patterns in the World Economy[M]. Oxford: Oxford University Press.
Arthur W B. 1989. Competing technologies, in creasing returns, and look-in by historical events[J]. The Economic Journal, 394: 116-131.
Athukorala P. 2005. Product fragmentation and trade patterns in East Asia[J]. Asia Economic Papers, 4(3): 1-27.
Athukorala P, Yamamshita N. 2006. Production fragmentation and trade intergration: East Asia in a global context[J]. The North American Journal of Economics and Finance, 17(3): 233-256.
Balassa B. 1966. Tariff reductions and trade in manufacturers among the industrial countries[J]. The American Economic Review, 56(3): 466-473.
Bhagwati J N, Dehejia V. 1994. Freer trade and wages of the unskilled is Marx striking again?[C]//Bhagwati J N, Kosters M H. Trade and Wages: Leaving Wages Down? Washington D C: American Enterprise Institute: 36-75.
Borrus M, Dieter E, Haggard S. 2002. International Production Networks in Asia: Rivalry or Riches[M]. London: Routledge Press.
Chenery H B. 1953. Regional analysis[C]//Chenery H B, Clark P G, Pinna V C. The Structure and Growth of Italian Economy. Rome: United States Mutual Security Agency: 96-115.
Coe N M, Dicken P, Hess M, et al. 2008. Global production networks: realizing the potential[J]. Journal of Economic Geography, 8(3): 271-295.

Dean J, Fung K C, Wang Z. 2007. Measuring the vertical specialization in Chinese trade [R]. U.S. International Trade Commission, Office of Economics Working Paper, No. 2007-01-A.

Deardorff A V. 2001. Rich and poor countries in neoclassical trade and growth[J]. The Economic Journal, 111: 277-294.

Dietzenbacher E, Romero I. 2007. Production chains in an interregional framework: identification by means of average propagation lengths[J]. International Regional Science Review, 30(4): 362-383.

Dixit A K, Grossman G M. 1982. Trade and protection with multistage production[J]. The Review of Economic Studies, 49(4): 583-594.

Egger P H. 2003. On market concentration and international out sourcing[J]. Applied Economics Quarterly, (49): 49-54.

Ernst D. 1997. From partial to systemic globalization: international production networks in the electronics industry[R]. BRIE Working Paper, 98.

Ernst D. 2002. Global production networks and the changing geography of innovation systems: implications for developing countries[J]. Economics of Innovation and New Technology, 11(6): 497-523.

Ernst D. 2004a. Global production networks in East Asia's electronics industry and upgrading prospects in Malaysia[R]. East-West Center Working Paper, Economics Series, No. 44.

Ernst D. 2004b. Searching for a new role in East Asian regionalization: Japanese production networks in the electronics industry[R]. East-West Center Working Paper, Economics Series, No. 68.

Ernst D. 2005. The new mobility of knowledge: digital information systems and global flagship networks[C] //Latham R, Sassen S. Digital Formations: It and New Architectures in the Global Realm. Princeton: Princeton University Press: 89-114.

Ernst D, Guerrieri P. 1998. International production networks and changing trade patterns in East Asia: the case of the electronics industry[J]. Oxford Development Studies, 26(2): 191-212.

Ernst D, Kim L. 2002. Global production networks, knowledge diffusion, and local capability formation[J]. Research Policy, 31 (8/9): 1417-1429.

Ernst D, Ozawa T. 2002. National sovereign economy, global market economy, and transnational corporate economy[J]. Journal of Economic Issues, 36(2): 547-555.

Feenstra R C. 1998. Integration of trade and disintegration of production in the global economy[J]. The Journal of Economic Perspectives, 12 (4): 31-50.

Feenstra R C, Hanson G H. 2004. Ownership and control in outsourcing to China: estimating the property-rights theory of the firm[R]. NBER Working Paper, No. 10198.

Fukao K, Ishido H, Ito K. 2003. Vertical intra-industry trade and foreign direct investment in East Asia[J]. Journal of the Japanese and International Economies, 17 (4): 468-506.

Gereffi G. 1995. Global production systems and third world development[C]//Stallings B. Global Change, Regional Response: The New International Context of Development. New York :Cambridge University Press: 100-142.

Gereffi G. 1999a. A commodity chains framework for analyzing global industries[R]. Working Paper for IDS.

Gereffi G. 1999b. International trade and industrial upgrading in the apparel commodity chain[J].

Journal of International Economics, 48(1): 37-70.

Gereffi G, Humphrey J, Sturgeon T. 2005. The governance of global value chains[J]. Review of International Political Economy, 12(1): 78-104.

Gereffi G, Korzeniewicz M. 1994. Commodity Chains and Global Capitalism Westport[M]. New York: Greenwood Press.

Glass A J, Saggi K. 2001. Innovation and wage effect of international outsourcing [J]. European Economic Review, (45): 67-86.

Grossman G M, Helpman E. 2002. Integration versus outsourcing in industry equilibrium[J]. The Quarterly Journal of Economics, 117(1): 85-120.

Grossman G M, Helpman E. 2003. Outsourcing versus FDI in industry equilibrium[J]. Journal of the European Economic Association, 1(2/3): 317-327.

Hartwick J M. 1971. Notes on the Isard and Chenery-Moses interregional input-output models[J]. Journal of Regional Science, 11(1): 73-86.

Heckscher E F, Ohlin B G.1991. Heckscher-Ohlin Trade Theory[M]. Cambridge: The MIT Press.

Henderson J, Dicken P, Hess M. 2002. Global production networks and the analysis of economic development[J]. Review of International Political Economy, 9(3): 436-464.

Hiratsuka D. 2005. The "catching up" process of manufacturing in East Asia[R]. IDE Discussion Papers, No. 22.

Hummels D, Ishii J, Yi K M. 2001. The nature and growth of vertical specialization in world trade[J]. Journal of International Economies, 54(1): 75-96.

Humphrey J, Schmitz H. 2000. Governance and upgrading: linking industrial cluster and global value chains research[R]. IDS Working Paper, 120.

Humphrey J. Schmitz H. 2002. How does insertion in global value chains affect upgrading in industrial clusters[J]. Regional Studies, 36(9): 1017-1027.

Isard W. 1951. Interregional and regional input-output analysis: a model of a space economy[J]. The Review of Economics and Statistics, 33(4): 318-328.

Jones L P. 1976. The measurement of Hirschmanian linkages[J]. The Quarterly Journal of Economics, 90: 323-333.

Jones R W, Kierzkowski H. 1990. The role of services in production and international trade : a theoretical framework[C]//Jones R W, Krueger A. The Political Economy of International Trade. Oxford: Blackwell: 31-48.

Jones R W, Marjit S. 2001. The role of international fragmentation in the development process[J]. American Economic Review, 91(2): 363-366.

Kaplinsky R. 2000. Globalisation and unequalisation: what can be learned from value chain analysis[J]. The Journal of Development Studies, 37 (2): 117-146.

Kaplinsky R, Morris M. 2003. Governance matters in value chains[J]. Developing Alternatives, 9 (1): 11-18.

Kessler J A. 1999. The North American Free Trade Agreement, emerging apparel production networks and industrial upgrading: the southern California/Mexico connection[J]. Review of International Political Economy, 6(4): 565-608.

Kim L.1997. Imitation to Innovation: The Dynamics of Korea's Technological Learning[M]. Boston:

Harvard Business School Press.

Kim L. 1998. Crisis construction and organizational learning: capability building in catching-up at Hyundai Motor[J]. Organization Science, 9 (4): 506-521.

Kimura F. 2006. International production and distribution networks in East Asia: eighteen facts, mechanics and policy implication[J]. Asian Economic Policy Review , 1(2): 326-344.

Kimura F, Ando M. 2005a. The economic analysis of international production/distribution networks in East Asia and Latin America: the implication of regional trade arrangements[J]. Business and Politics, 7(1):1-36.

Kimura F, Ando M. 2005b. Two-dimensional fragmentation in East Asia: conceptual framework and empirics[J]. International Review of Economics & Finance, 14 (3): 317-348.

Kimura F, Takahashi Y, Hayakawa K. 2007. Fragmentation and parts and components trade: comparison between East Asia and Europe[J]. The North American Journal of Economics and Finance, 18 (1): 23-40.

Kogut B. 1985. Designing global strategies: comparative and competitive value added chains[J]. Sloan Management Review , 26(4): 15-28.

Kogut B, Kulatilaka N. 1994. Operating flexibility, global manufacturing, and the option value of a multinational network[J]. Management Science, 40(1): 123-139.

Kojima K. 1970. Towards a theory specialization: the economics of integration[C]//Eltis W A, Scott M F G, Wolfe J N. Induction, Growth, and Trade: Essays in Honor of Sir Roy Harrod. Oxford: Clarendon Press: 305-324.

Kojima K. 2000. The "flying geese" model of Asian economic development: origin, theoretical extensions, and regional policy implications[J]. Journal of Asian Economics, 11(4): 375-401.

Koopman R, Wang Z, Wei S J. 2008. How much of Chinese exports in really made in China? Assessing domestic value-added with processing trade in pervasive[R]. NBER Working Paper, No. 14109.

Koopman R, Wang Z, Wei S J. 2012.Tracing value-added and double counting in gross exports [R]. NBER Working Paper, No.18579.

Krugman P R. 1979. Increasing returns, monopolistic competition, and international trade[J]. Journal of International Economics, 9 (4): 469-479.

Krugman P R, Cooper R N, Srinivasan T N. 1995. Growing world trade: causes and consequences[J]. Brookings Papers on Economic Activity, 1: 327-377.

Kuroiwa I. 2006. Rules of origin and local content in East Asia[R]. IDE Discussion Paper, No. 78.

Kuroiwa I. 2014. Value added trade and structure of high-technology exports in China[R]. IDE Discussion Paper, No. 449.

Kuroiwa I, Kuwamori H. 2010. Shock transmission mechanism of the economic crisis in East Asia: an application of international input-output analysis[R]. IDE Discussion Paper, No. 220.

Kuwamori H, Okamoto N. 2007. Industrial networks between China and the countries of the Asia-Pacific region[R]. IDE Discussion Paper, No. 110.

Lall S. 2000. Technological change and industrialization in the Asian newly industrializing economies: achievements and challenges[C]//Kim L, Nelson R R. Technology, Learning and Innovation:

Experiences of Newly Industrializing Economies. London: Cambridge University Press: 13-68.

Lall S, Weiss J, Zhang J K. 2005. Regional and country sophistication performance[R]. Asian Development Bank Institute Discussion Paper.

Leontief W. 1953. Interregional theory[C]//Leontief W. Studies in the Structure of the American Economy. New York: Oxford University Press: 93-115.

Meng B, Ando A. 2005. An economic derivation of trade coefficients under the framework of multi-regional I-O analysis[R]. IDE Discussion Paper, No. 29.

Meng B, Sato H, Nakamura J, et al. 2006. Interindustrial structure in the Asia-Pacific region growth and integration, by using 2000 AIO table[R]. IDE Discussion Paper, No.50.

Moses L N. 1955. The stability of interregional trading patterns and input-output analysis[J]. The American Economic Review, 45: 803-826.

Miller R E, Blair P D. 2009. Input-Output Analysis: Foundations a Extensions[M]. London: Cambridge University Press.

Ng F, Yeats A J. 1999. Production sharing in East Asia: who does what for whom, and why?[R]. The world Bank Policy Research Working Paper, No. 2197.

Ng F, Yeats A J. 2003. Major trade trends in East Asia: what are their implications for regional cooperation and growth[R]. The World Bank Policy Research Working Paper Series, No. 3084.

Olsen K B. 2006. Productivity impacts of offshoring and outsourcing[R]. OECD Working Paper.

Poon T S C. 2004. Beyond the global production networks: a case of further upgrading of Taiwan's information technology industry[J]. International Journal of Technology and Globalisation, 1(1):130-144.

Rasmussen P N.1956. Studies in Inter-Sectoral Relations[M]. Amsterdam: North-Holland Publishing Company.

Sturgeon T J. 2001. How do we define value chains and production networks[J]. IDS Bulletin, 32(3): 9-18.

Sturgeon T J. 2002. Modular production networks: a new American model of industrial organization[J]. Industrial and Corporate Change, 11(3): 451-496.

Uzzi B.1997. Social structure and competition in interfirm networks: the paradox of embeddedness[J]. Administrative Science Quarterly, 42: 35-67.

Wonnacott R J. 1961.Canadian-American Dependence: An Inter-industry Analysis of Production and Prices[M]. Amsterdam: North-Holland Publishing Company.

WTO, IDE-JETRO. 2011. Trade patterns and global value chains in East Asia: from trade in goods to trade in tasks[EB/OL]. https://www.wto.org/english/res_e/booksp_e/stat_tradepat_globvalchains_e.pdf[2016-03-05].

Yi K M. 2003. Can vertical specialization explain the growth of world trade?[J]. Journal of Political Economy, 111: 52-102.

附 录

附表1 《亚洲国际投入产出表2005》部门分类及行业对照

7部门		26部门		76部门	
代码	部门	代码	部门	代码	部门
中间需求/投入部分					
001	农林牧渔业	001	水稻	001	水稻
		002	其他农产品	002	其他谷物
				003	粮食作物
				004	非粮食作物
		003	牲畜和家禽	005	牲畜和家禽
		004	林业	006	林业
		005	渔业	007	渔业
002	采矿业	006	原油和天然气	008	原油和天然气
		007	其他矿物制品	009	铁矿石
				010	其他金属矿产
				011	非金属矿产和采石
003	制造业	008	食品、饮料及烟草加工业	012	研磨谷物和面粉
				013	鱼制品
				014	屠宰、肉制品和乳制品
				015	其他食物产品
				016	饮料
				017	烟草
		009	纺织、皮革及相关制品业	018	纺织
				019	编制和染色
				020	针织
				021	衣服
				022	其他制成纺织品

续表

7 部门		26 部门		76 部门	
代码	部门	代码	部门	代码	部门
003	制造业	009	纺织、皮革及相关制品业	023	皮革和皮革制品
		010	木材、家具及其他木制品业	024	木材
				025	木制家具
				026	其他木制产品
		011	纸浆、纸制品及印刷业	027	纸浆和纸张
				028	印刷和出版
		012	化学工业	029	合成树脂和纤维
				030	基础化工原料
				031	化学肥料和农药
				032	药物和医药
				033	其他化工制品
		013	石油及其制品业	034	精炼石油及其制品
		014	橡胶制品业	036	车胎和管制品
				037	其他橡胶制品
		015	非金属矿物制品业	038	水泥和水泥制品
				039	玻璃和玻璃制品
				040	其他非金属矿物制品
		016	金属及其制品业	041	钢铁
				042	非金属产品
				043	金属产品
		017	机械工业	044	锅炉、引擎和涡轮
				045	通用机械
				046	金属加工机械
				047	专业机械
		018	计算机及电子设备制造业	050	电子计算设备
				051	半导体和集成电路
				052	其他电子工业和电子产品
		019	其他电子设备制造业	048	重型电气设备
				049	电视机、收音机、音频和通信设备
				053	日用电气设备
				054	照明器材、电池、电线和其他
		020	交通运输设备制造业	055	机动汽车
				056	摩托车
				057	造船
				058	其他运输设备

续表

7 部门		26 部门		76 部门	
代码	部门	代码	部门	代码	部门
003	制造业	021	其他制造业	035	塑料制品
				059	精密仪器
				060	其他工业制品
004	电力、天然气和水的供应	022	电力、天然气和水的供应	061	电力和燃气
				062	供水
005	建筑业	023	建筑业	063	房屋建筑
				064	其他建筑
006	贸易与交通	024	贸易与运输	065	批发和零售
				066	运输
007	服务业	025	服务业	067	电话和电讯
				068	金融和保险
				069	不动产
				070	教育和研发
				071	医疗健康服务
				072	餐饮
				073	旅馆
				074	其他服务
				076	未分类
		026	公共行政	075	公共行政
最终需求部分					
001	居民消费支出	001	居民消费支出	001	居民消费支出
002	政府消费支出	002	政府消费支出	002	政府消费支出
003	固定资产总值	003	固定资产总值	003	固定资产总值
004	存货的变化	004	存货的变化	004	存货的变化
005	调整项目	005	调整项目	005	调整项目
增加值部分					
001	工资与报酬	001	工资与报酬	001	工资与报酬
002	经营盈余	002	经营盈余	002	经营盈余
003	固定资产折旧	003	固定资产折旧	003	固定资产折旧
004	间接税减去补贴	004	间接税减去补贴	004	间接税减去补贴

附表2 东亚各经济体最终需求对制造业细分部门的生产诱发效应　　单位：十亿美元

部门	FI900	FM900	FP900	FS900	FT900	FC900	FN900	FK900	FJ900	FU900	LO001
AI008	45.69	0.30	0.07	0.15	0.25	0.60	0.09	0.15	0.89	1.31	1.08
AI009	10.22	0.08	0.04	0.09	0.12	0.18	0.09	0.16	0.68	4.76	2.85
AI010	3.67	0.03	0.01	0.05	0.02	0.27	0.08	0.14	0.97	0.98	1.21
AI011	5.53	0.15	0.04	0.08	0.07	0.47	0.11	0.26	0.46	0.40	0.43
AI012	9.09	0.18	0.10	0.13	0.21	0.71	0.12	0.18	0.70	0.95	0.90
AI013	10.40	0.10	0.05	0.16	0.10	0.35	0.09	0.20	1.37	0.59	0.51
AI014	2.49	0.03	0.01	0.03	0.03	0.04	0.03	0.03	0.15	0.18	0.22
AI015	4.72	0.03	0.01	0.06	0.03	0.04	0.01	0.03	0.07	0.14	0.10
AI016	10.12	0.23	0.05	0.33	0.28	0.45	0.12	0.13	1.11	0.74	0.64
AI017	3.83	0.11	0.02	0.24	0.21	0.21	0.05	0.08	0.46	0.46	0.46
AI018	5.87	0.04	0.01	0.35	0.04	0.19	0.03	0.06	0.33	0.44	0.40
AI019	7.12	0.22	0.03	0.31	0.11	0.32	0.07	0.10	0.77	1.40	0.96
AI020	23.33	0.28	0.07	0.28	0.28	0.17	0.09	0.16	0.62	0.58	0.56
AI021	6.95	0.07	0.03	0.09	0.06	0.12	0.05	0.06	0.41	0.65	0.41
AM008	0.32	7.06	0.17	0.51	0.28	1.45	0.26	0.29	0.85	1.86	2.11
AM009	0.03	0.75	0.01	0.11	0.05	0.06	0.03	0.02	0.17	0.93	0.52
AM010	0.02	1.09	0.04	0.10	0.17	0.21	0.14	0.16	0.70	1.48	1.19
AM011	0.05	1.64	0.01	0.11	0.08	0.14	0.03	0.04	0.19	0.39	0.29
AM012	0.39	1.97	0.11	0.19	0.48	1.33	0.16	0.29	0.87	1.49	1.53
AM013	0.46	6.39	0.18	0.60	0.57	1.09	0.17	0.42	1.40	2.06	1.56
AM014	0.05	0.86	0.02	0.11	0.10	0.21	0.03	0.06	0.25	0.43	0.82
AM015	0.05	1.97	0.01	0.07	0.07	0.13	0.03	0.06	0.14	0.52	0.25
AM016	0.42	3.90	0.09	0.32	0.70	1.07	0.22	0.33	0.95	2.48	1.68
AM017	0.26	1.57	0.05	0.28	0.52	0.51	0.08	0.10	0.36	0.73	0.75
AM018	0.10	2.30	0.07	0.71	0.79	6.88	0.58	0.72	3.24	16.98	10.81
AM019	0.17	2.80	0.21	0.44	0.50	1.30	0.26	0.21	2.28	10.06	4.09
AM020	0.17	6.89	0.02	0.13	0.25	0.22	0.10	0.08	0.21	0.98	0.51
AM021	0.14	2.58	0.05	0.52	0.57	0.66	0.19	0.21	1.19	1.94	1.66
AP008	0.14	0.07	29.56	0.03	0.18	0.11	0.07	0.18	0.37	1.24	0.81
AP009	0.02	0.01	2.82	0.01	0.02	0.03	0.03	0.02	0.16	2.20	0.36
AP010	0.00	0.01	1.27	0.00	0.01	0.02	0.01	0.01	0.21	0.24	0.08
AP011	0.00	0.01	0.79	0.01	0.01	0.03	0.01	0.01	0.04	0.06	0.08
AP012	0.04	0.02	2.78	0.01	0.04	0.08	0.02	0.03	0.13	0.23	0.18
AP013	0.04	0.05	5.30	0.05	0.03	0.17	0.03	0.04	0.21	0.34	0.30
AP014	0.00	0.00	0.33	0.00	0.01	0.01	0.00	0.00	0.03	0.03	0.05
AP015	0.01	0.01	1.29	0.01	0.01	0.03	0.01	0.01	0.13	0.12	0.06
AP016	0.04	0.03	1.95	0.01	0.07	0.19	0.07	0.07	0.24	0.30	0.22

续表

部门	FI900	FM900	FP900	FS900	FT900	FC900	FN900	FK900	FJ900	FU900	LO001
AP017	0.01	0.01	0.87	0.01	0.03	0.06	0.01	0.02	0.14	0.12	0.11
AP018	0.15	0.23	0.63	0.26	0.23	3.38	0.44	0.51	3.03	5.19	6.90
AP019	0.04	0.08	2.99	0.04	0.20	0.55	0.07	0.08	1.82	0.87	0.57
AP020	0.15	0.03	0.96	0.00	0.26	0.01	0.01	0.02	0.21	0.47	0.71
AP021	0.04	0.05	3.31	0.01	0.10	0.15	0.06	0.04	0.42	0.72	0.62
AS008	0.15	0.09	0.07	0.92	0.05	0.08	0.04	0.08	0.28	0.10	0.15
AS009	0.03	0.02	0.01	0.02	0.01	0.02	0.00	0.03	0.02	0.20	0.07
AS010	0.02	0.01	0.00	0.25	0.01	0.01	0.00	0.01	0.01	0.04	0.03
AS011	0.09	0.08	0.03	0.83	0.08	0.09	0.04	0.05	0.09	0.24	0.23
AS012	0.93	0.30	0.25	1.08	0.52	2.26	0.26	0.56	0.93	2.95	8.49
AS013	3.25	1.05	0.74	0.47	0.17	1.72	0.19	0.26	1.32	0.96	2.23
AS014	0.01	0.02	0.00	0.03	0.01	0.03	0.00	0.01	0.01	0.03	0.04
AS015	0.02	0.05	0.00	0.26	0.02	0.04	0.00	0.05	0.03	0.12	0.06
AS016	0.30	0.26	0.05	0.55	0.25	0.43	0.09	0.25	0.29	0.49	0.52
AS017	0.21	0.34	0.09	0.31	0.12	0.88	0.14	0.19	0.17	1.03	0.46
AS018	0.12	1.03	0.13	1.90	0.71	4.60	0.80	1.47	3.42	9.74	11.34
AS019	0.46	0.41	0.12	0.27	0.38	0.90	0.25	0.32	0.33	1.54	0.89
AS020	0.28	0.18	0.06	2.93	0.43	0.36	0.03	0.30	0.15	1.07	0.59
AS021	0.12	0.49	0.05	0.43	0.22	1.53	0.10	0.28	0.54	1.03	1.33
AT008	0.53	0.50	0.28	0.13	22.46	0.41	0.37	0.34	2.81	2.27	2.92
AT009	0.08	0.08	0.03	0.08	11.55	0.22	0.10	0.13	0.79	3.71	2.31
AT010	0.02	0.05	0.00	0.00	2.93	0.21	0.03	0.06	0.35	0.52	0.29
AT011	0.07	0.07	0.03	0.03	2.46	0.14	0.08	0.08	0.18	0.39	0.43
AT012	0.43	0.26	0.12	0.10	5.30	0.75	0.16	0.16	1.41	1.44	1.27
AT013	0.34	0.38	0.11	0.35	12.90	0.62	0.10	0.16	1.04	1.14	0.92
AT014	0.08	0.08	0.02	0.02	0.70	0.13	0.05	0.05	0.23	1.64	0.63
AT015	0.04	0.05	0.01	0.04	5.27	0.08	0.03	0.04	0.36	0.44	0.33
AT016	0.30	0.21	0.05	0.10	5.93	0.54	0.10	0.10	1.20	1.31	1.18
AT017	0.56	0.27	0.04	0.06	1.83	0.43	0.09	0.13	0.71	1.40	0.57
AT018	0.05	0.52	0.04	0.31	1.29	4.04	0.68	0.42	3.23	5.53	3.78
AT019	0.25	0.62	0.13	0.13	2.54	0.99	0.19	0.16	2.22	5.48	1.55
AT020	1.24	0.55	0.33	0.13	15.39	0.28	0.10	0.08	1.56	2.59	1.32
AT021	0.13	0.16	0.04	0.03	7.00	0.36	0.09	0.10	1.41	2.85	2.00
AC008	0.41	0.36	0.10	0.24	0.30	268.72	0.40	2.09	10.42	6.75	7.48

续表

部门	FI900	FM900	FP900	FS900	FT900	FC900	FN900	FK900	FJ900	FU900	LO001
AC009	0.63	0.52	0.20	0.47	1.12	133.91	0.90	5.06	28.96	41.57	34.37
AC010	0.14	0.18	0.03	0.14	0.14	39.88	0.39	0.99	4.00	14.58	7.49
AC011	0.31	0.31	0.08	0.22	0.33	63.94	0.57	0.84	4.63	11.07	7.45
AC012	1.41	0.89	0.38	0.59	1.25	199.49	1.44	3.41	13.97	26.43	27.05
AC013	1.19	0.48	0.21	0.52	0.49	92.63	0.69	1.76	6.51	11.61	11.69
AC014	0.10	0.10	0.03	0.06	0.12	9.75	0.16	0.52	1.88	6.11	4.49
AC015	0.33	0.26	0.10	0.20	0.34	149.71	0.39	1.19	4.09	8.83	7.59
AC016	2.80	1.99	0.61	1.52	2.81	283.87	3.41	7.70	23.17	57.82	49.60
AC017	1.23	0.96	0.19	0.51	1.38	216.10	1.75	2.15	10.28	22.47	18.69
AC018	0.30	1.79	0.11	1.09	1.38	63.38	2.42	2.42	19.33	42.52	45.31
AC019	1.22	2.12	0.53	1.46	1.55	111.76	1.93	2.92	17.07	55.53	44.61
AC020	0.57	0.34	0.10	0.26	0.36	158.12	0.56	1.26	4.93	12.63	11.39
AC021	0.69	0.88	0.18	0.79	1.02	72.80	1.70	1.92	12.17	35.66	28.81
AN008	0.02	0.02	0.02	0.02	0.03	0.08	17.17	0.04	0.53	0.23	0.07
AN009	0.21	0.09	0.07	0.05	0.29	1.47	3.45	0.14	0.54	2.71	1.12
AN010	0.00	0.01	0.00	0.01	0.01	0.09	0.95	0.01	0.16	0.34	0.14
AN011	0.05	0.10	0.03	0.03	0.07	0.73	6.97	0.08	0.35	0.61	0.49
AN012	0.49	0.34	0.21	0.20	0.60	8.73	9.91	0.77	2.49	4.86	4.60
AN013	0.29	0.22	0.61	0.27	0.13	1.77	10.65	0.36	0.77	1.47	1.16
AN014	0.04	0.03	0.01	0.02	0.04	0.52	0.72	0.03	0.19	0.60	0.44
AN015	0.02	0.04	0.01	0.04	0.04	0.68	4.76	0.07	0.38	0.74	0.63
AN016	0.46	0.53	0.22	0.21	0.62	7.22	20.89	0.69	2.75	8.10	5.45
AN017	0.21	0.42	0.06	0.08	0.35	4.44	6.11	0.30	1.03	2.74	2.34
AN018	0.14	0.94	0.11	0.58	0.78	17.16	3.41	1.95	7.42	16.88	18.60
AN019	0.08	0.15	0.05	0.06	0.13	1.10	5.97	0.18	0.80	3.55	2.78
AN020	0.08	0.08	0.04	0.13	0.07	0.51	11.73	0.08	0.53	2.80	2.62
AN021	0.14	0.17	0.04	0.06	0.18	2.14	6.00	0.25	1.24	3.45	2.55
AK008	0.08	0.03	0.02	0.02	0.08	0.59	0.11	63.09	1.41	0.85	0.68
AK009	0.18	0.05	0.12	0.05	0.14	1.79	0.11	20.07	1.36	4.29	1.79
AK010	0.01	0.03	0.00	0.01	0.01	0.25	0.02	8.76	0.14	0.47	0.57
AK011	0.08	0.08	0.03	0.05	0.09	1.15	0.18	20.10	0.71	1.54	1.04
AK012	0.74	0.36	0.25	0.20	0.60	10.92	0.89	41.33	3.76	6.52	6.67
AK013	1.28	0.17	0.28	0.19	0.57	4.89	0.34	41.28	4.64	4.40	3.63
AK014	0.02	0.03	0.01	0.01	0.03	0.37	0.04	3.14	0.17	1.24	1.22

续表

部门	FI900	FM900	FP900	FS900	FT900	FC900	FN900	FK900	FJ900	FU900	LO001
AK015	0.04	0.06	0.01	0.04	0.06	0.99	0.11	15.49	0.58	1.02	1.15
AK016	0.97	0.84	0.34	0.44	1.10	13.67	1.19	81.21	6.39	12.31	11.93
AK017	0.26	0.33	0.09	0.11	0.30	5.61	0.82	38.61	1.95	4.32	4.41
AK018	0.18	0.75	0.11	0.53	0.66	13.72	1.35	13.30	6.48	11.75	16.46
AK019	0.19	0.45	0.12	0.12	0.43	4.79	0.69	34.36	1.79	12.16	12.28
AK020	0.16	0.69	0.06	0.11	0.16	3.10	0.36	50.18	0.83	15.55	21.12
AK021	0.12	0.18	0.06	0.09	0.21	4.67	0.39	22.95	1.48	3.62	3.60
AJ008	0.11	0.09	0.04	0.08	0.27	0.82	0.81	0.48	316.45	1.49	1.01
AJ009	0.10	0.09	0.06	0.06	0.25	2.05	0.36	0.47	34.74	1.84	1.43
AJ010	0.03	0.04	0.02	0.02	0.07	0.43	0.12	0.13	34.51	0.58	0.53
AJ011	0.33	0.37	0.15	0.23	0.75	3.44	1.19	1.68	149.57	5.44	4.35
AJ012	1.27	1.02	0.58	0.61	2.79	11.84	3.72	5.51	164.50	15.95	17.02
AJ013	0.27	0.22	0.09	0.14	0.46	2.56	0.67	1.20	130.46	3.53	3.53
AJ014	0.21	0.12	0.05	0.05	0.27	0.81	0.34	0.32	12.73	3.72	2.75
AJ015	0.16	0.20	0.15	0.18	0.58	2.12	0.59	1.18	49.25	3.08	2.78
AJ016	2.87	2.71	0.89	1.57	6.10	21.01	5.59	9.87	261.65	29.73	21.75
AJ017	1.93	1.83	0.61	0.95	3.05	18.02	10.01	7.33	179.81	23.86	17.50
AJ018	0.46	1.57	0.51	1.29	2.53	20.33	3.88	5.14	101.55	31.06	33.65
AJ019	0.70	1.47	1.12	0.68	2.05	9.79	1.74	2.63	124.30	17.08	15.71
AJ020	3.08	2.68	0.75	1.36	3.42	8.26	3.80	2.57	288.37	84.49	43.78
AJ021	0.53	0.69	0.42	0.55	1.31	5.80	2.76	3.15	117.43	12.74	9.93
AU008	0.42	0.18	0.28	0.22	0.33	0.87	1.07	1.24	8.37	614.35	6.93
AU009	0.06	0.05	0.04	0.09	0.14	0.61	0.16	0.32	0.97	79.69	2.61
AU010	0.06	0.05	0.03	0.06	0.07	0.51	0.12	0.19	0.70	158.55	2.34
AU011	0.20	0.23	0.13	0.28	0.51	2.19	0.67	1.12	2.63	333.15	8.43
AU012	0.89	0.70	0.36	1.08	1.27	7.99	2.10	3.64	9.79	444.80	50.92
AU013	0.33	0.17	0.09	0.25	0.23	1.23	0.37	1.01	2.16	405.61	8.27
AU014	0.05	0.03	0.01	0.05	0.04	0.24	0.09	0.13	0.32	25.68	1.40
AU015	0.05	0.07	0.02	0.11	0.09	0.51	0.16	0.29	0.78	100.10	2.80
AU016	0.64	0.88	0.20	1.01	1.05	5.30	1.61	2.90	6.94	392.37	22.07
AU017	0.85	0.91	0.17	0.67	0.84	6.29	3.45	3.58	4.91	262.87	21.24
AU018	0.18	1.14	0.15	0.51	0.74	6.31	1.04	2.29	8.38	194.45	25.66

续表

部门	FI900	FM900	FP900	FS900	FT900	FC900	FN900	FK900	FJ900	FU900	LO001
AU019	0.22	0.52	0.44	0.32	0.52	1.71	0.42	0.85	2.18	126.38	11.17
AU020	0.80	0.98	0.13	3.38	0.48	5.08	1.03	2.55	9.71	678.21	36.45
AU021	0.23	0.92	0.18	1.33	0.80	4.29	2.41	2.42	7.09	301.96	24.35
总额	197.35	90.66	72.78	47.69	160.05	2173.97	190.54	568.88	2296.55	4953.75	931.40
比重	1.69%	0.78%	0.62%	0.41%	1.37%	18.61%	1.63%	4.87%	19.66%	42.40%	7.97%

资料来源：根据《亚洲国际投入产出表2005》计算得到

注：AI008至AU021为印度尼西亚、马来西亚、菲律宾、新加坡、泰国、中国、中国台湾、韩国、日本、美国制造业细分部门的生产诱发

附表3 东亚经济体出口贸易价值构成

经济体	年份	直接国内价值	再进口的国内价值	东亚价值	区域外经济体中间价值
日本	1995	90.91%	1.30%	2.87%	4.93%
日本	2000	88.12%	1.52%	3.55%	6.81%
日本	2005	84.06%	1.55%	5.22%	9.17%
中国	1995	83.46%	0.27%	5.74%	10.54%
中国	2000	77.84%	0.42%	8.01%	13.74%
中国	2005	72.41%	0.89%	9.38%	17.32%
NIEs	1995	63.07%	0.25%	19.16%	17.52%
NIEs	2000	58.15%	0.35%	18.18%	23.32%
NIEs	2005	54.61%	0.35%	19.43%	25.60%
SE4	1995	70.42%	0.51%	16.69%	12.38%
SE4	2000	59.15%	0.31%	19.74%	20.81%
SE4	2005	55.42%	0.33%	21.92%	22.32%

资料来源：根据历年亚洲国际投入产出表计算得到

注：本表数据因进行了约分，可能存在比例合计不等于100%的情况

后　　记

本书是作者近年来对东亚区域经济发展与合作等问题研究的学术成果，获得了吉林财经大学著作出版基金的资助。

为了做到研究的系统性与深入性，作者认真对该领域的研究文献与相关理论进行了收集与梳理，对东亚区域产业结构演进的规律进行了系统的分析。这里首先要感谢我的导师林秀梅教授。在写作之前，林老师就书稿的写作框架、研究方法、研究角度等问题与我多次探讨、商榷。书稿完成之后，林老师又不辞辛苦帮我反复修改，各次修改稿上面的字迹，均凝聚着老师丰富的学识与严谨的态度。恩师对我学术研究上的言传身教一直激励着我不断求索和超越自我。在此，我要向恩师献上最崇高的敬意和最诚挚的感谢！其次，还要感谢我所在单位的领导丁堡骏教授、张振华教授、王云凤教授及郭天宝教授给予我的帮助与指导，感谢我的学生孟秋彤、王超男等在英文资料收集、数据处理等方面承担的工作。最后，还要感谢我的家人长期以来对我的无私奉献与默默支持，令我在求学之路上不断前行！

本书研究的主要内容是东亚区域产业结构演进，其中更侧重于对东亚区域产业结构演进的关联机制与分工效应的剖析，因此，本书重点使用国际投入产出模型进行实证分析。在数据方面，目前世界上并没有包含所有东亚国家和地区的国际投入产出表，学术研究使用的国际投入产出表主要为两种：一种是由欧盟委员会资助、多个机构合作开发的包含 40 个经济体的国际投入产出表；另一种是由 IDE-JETRO 研制的包含 10 个经济体的亚洲国际投入产出表。两者除在编制方法上有所不同以外，在覆盖的主要经济体和获得的最新数据上也存在较大差异。前者主要以欧盟为研究对象，包含的 40 个经济体中以欧盟国家为主；后者主要以亚洲为研究对象，包含的 10 个经济体中以东亚为主，并将美国这一亚洲"隐形"成员纳入进来。鉴于本书研究的是东亚区域产业结构演进与中国制造业产业升级，考虑到世界投入产出数据库的国际投入产出表仅包含日本、韩国、中国与印度尼西亚等东亚国家的数据，无法全面、完整地获取东亚区域产业的相关信息，在解释东亚区域产业结构关联与分工等方面会存在一定缺欠，作者选取了 IDE-JETRO 研制的亚洲国际投入产出表数据。但该数据更新周期较长，可获得的最新数据为 2013 年更新的《亚洲国际投入产出表 2005》的数据。因此，受数据所限，本书的部门研究内容动态分析只能使用 1995 年、2000 年、2005 年三期亚洲国际投入产出表数据，这也是本书主要的不足之处。为了弥补这一不足，本书在研究中国制造业融入东亚生产网络的程度时，没有继续使用亚洲国际投入产出表数据，而是利用了2015年更新的中国投入产出表数据，尽可能提高本书研究结论的时效性。

书稿虽几经修改，但受作者水平所限，不足之处在所难免，敬请学术界的前辈和同行批评指正。

唐 乐

2019年1月于吉林财经大学